AF309264

447 Chambre des Commissaires-Priseurs
Envoi à la Bibliothèque Nationale

LIVRES RARES ET CURIEUX

PRINCIPALEMENT

SUR LE RÈGNE DE LOUIS XIII

PROVENANT DE LA

BIBLIOTHÈQUE DE FEU M. AD. PÉCARD

Conservateur du Musée archéologique de Tours

VENTE AUX ENCHÈRES PUBLIQUES

**Du Lundi 23 Juillet au Samedi 28 Juillet 1888
à 8 heures du soir**

Dans un des Magasins de la Librairie A. Claudin

16, Rue Dauphine, 16

Au rez-de-chaussée, première cour à droite

**Par le Ministère de M⁰ Georges Boulland, Commissaire-Priseur,
26, Rue des Petits-Champs, 26**

THÉOLOGIE. — PROTESTANTISME.
ARRÊTS CURIEUX ET RELATIONS D'EXÉCUTIONS. — SORCELLERIE.
BEAUX-ARTS. — ENTRÉES ET CÉRÉMONIES.
SUITE REMARQUABLE DE POÈTES, AUTEURS DRAMATIQUES,
ROMANCIERS ET LITTÉRATEURS DE L'ÉPOQUE DE LOUIS XIII.
PIÈCES HISTORIQUES. — MÉMOIRES ET CORRESPONDANCES INÉDITES.
RELATIONS DE SIÈGES, BATAILLES ET AUTRES ÉVÉNEMENTS
MÉMORABLES DU RÈGNE DE LOUIS XIII.
HISTOIRE DES PROVINCES ET DES PAYS ÉTRANGERS.
ARCHÉOLOGIE. — NOBLESSE. — MÉLANGES HISTORIQUES.
BIOGRAPHIE.

POUR LE DÉTAIL DES ARTICLES PRINCIPAUX, voir page 2, en regard du titre.
POUR L'ORDRE DES VACATIONS, VOIR AU DOS DE LA COUVERTURE

PARIS

A. CLAUDIN, LIBRAIRE-EXPERT ET PALÉOGRAPHE
3, Rue Guénégaud, (près le Pont-Neuf).

M.D.CCC.LXXXVIII

CATALOGUE

DE LA

BIBLIOTHÈQUE PÉCARD

SUR LE

RÈGNE DE LOUIS XIII

ON Y REMARQUE :

GALERIE DU PALAIS-ROYAL, par J. Couché. 1786-1808, 3 vol. in-fol.
(N° 246). — LE SOLEIL AU SIGNE DU LYON et réception de Louis XIII à
Lyon. 1623. 2 entrées réunies en un vol. in-fol. (N°⁰ˢ 272 et 273). — ENTRÉE
DU PRINCE DE CONDÉ A DIJON. 1632, pet. in-fol. (N° 280). — DE LA SERRE.
Entrées de la Reyne-Mère dans les villes des Pays-Bas. Edition d'*Anvers*,
1632, avec figures de Paulus. In-fol. Exemplaire NON ROGNÉ. (N° 281). —
MARIE DE MÉDICIS entrant dans Amsterdam. 1638. In-fol. Exemplaire excep-
tionnel en *grand papier fort*, et de PREMIER TIRAGE *avant les numéros
des planches*. (N° 284). — ARMES TRIOMPHANTES DU DUC D'ESPERNON pour
son entrée dans la ville de Dijon. 1656. Pet. in-fol. (N° 285). — NICOT
(Jean). Thrésor de la langue françoyse. 1606. In-fol. (N° 295). — ANCIENS
POËTES FRANÇOIS, publ. à Paris par Ant.-Urb. Coustelier de 1723 à 1724.
10 vol. in-12, mar. rouge, reliés par Capé. (N° 370). — NOSTRADAMUS. Centuries et prophéties. Amsterdam, 1668. Charmant exemplaire de l'édition
des Elsevier, relié en maroquin vert par Duru et Chambolle. (N° 371). —
POÉSIES ET RENCONTRES du sieur de Neufgermain, poète hétéroclite. 1630-
37, 2 vol. in-4. TRÈS BEL EXEMPLAIRE, relié en veau fauve. (N° 404). —
RACAN. Poésies, avec commentaire autographe inédit de Loménie de
Brienne. (N° 406). — OEUVRES DU SIEUR GAILLARD. Paris, 1634. Pet. in-8,
rel. en mar. vert par Thibaron-Joly. (N° 417). — TRIOMPHES DE LOUIS LE
JUSTE, avec figures de J. Valdor. 1649. In-fol., mar. rouge. Exemplaire
d'HENRY D'ORLÉANS, duc de Longueville, avec son portrait, ses armes et un
sonnet manuscrit en son honneur. (N° 451). — L'AVEUGLE DE SMYRNE et LA
COMÉDIE DES TUILERIES par les cinq auteurs. 1638. *Editions originales*.
(N°⁰ˢ 576 et 577). — LA PUCELLE D'ORLÉANS, tragédie. 1642. In-4. Pièce fort
rare, attribuée à La Mesnardière, de l'Académie française. (N° 600). —
RACINE. OEuvres. Edition d'Amsterdam, 1743, avec figures de Tanjé d'après
Du Bourg, 3 vol. in-12, dans une belle reliure ancienne de maroquin rouge
par Derome. (N° 609). — MERCURE DE FRANCE, des règnes d'Henri IV et de
Louis XIII. Collection complète. 26 vol. in-8. (N° 776). — CORRESPONDANCE
INÉDITE DE GASTON D'ORLÉANS, frère de Louis XIII. 3 vol. in-fol. (N°⁰ˢ 794
et 795). — LETTRES DE DIVERS PERSONNAGES ILLUSTRES du XVIIᵉ siècle au
Cardinal Richelieu. Manuscrit in-fol. (N° 798). — GAZETTE DE FRANCE, pu-
bliée par Renaudot. Collection depuis l'origine en 1632 jusqu'en 1644. 14 vol.
in-4 (N°⁰ˢ 799 et 800). — MÉMOIRES AUTOGRAPHES ET INÉDITS DE L. FAVE-
REAU DE CHIZAY sur les règnes de Louis XIII et Louis XIV. (N° 822). —
MÉMOIRES DE LÉTOUF, baron de Sirot. 1683. Bel exemplaire en *grand papier
fort*, dans une reliure ancienne en maroquin rouge fleurdelysé. (N° 823). —
THÉATRE D'HONNEUR et de chevalerie, par Wulson de la Colombière. 1648.
Exemplaire de dédicace aux armes du cardinal Mazarin. (N° 1212). —
Etc., etc.

———

N. B. — *Pour l'ordre des Vacations, voir au dos de la
couverture.*

CATALOGUE

DE

LIVRES RARES ET CURIEUX

principalement

SUR LE RÈGNE DE LOUIS XIII

Provenant de la

BIBLIOTHÈQUE DE FEU M. AD. PÉCARD

Conservateur du Musée archéologique de Tours.

PARIS

A. CLAUDIN, Libraire-Expert et Paléographe

3, Rue Guénégaud et 16, rue Dauphine.

M.D.CCC.LXXXVIII

CATALOGUE

DE

LIVRES RARES ET CURIEUX

principalement

SUR LE RÈGNE DE LOUIS XIII

composant la

BIBLIOTHÈQUE DE FEU M. AD. PÉCARD

THÉOLOGIE

I. — ÉCRITURE SAINTE. — LITURGIE. — TRAITÉS DIVERS DE THÉOLOGIE.

1. — Biblia Sacra, Vulgatæ editionis, Sixti V, Pont. Max. jussu recognita atque edita. *Coloniæ Agripp.*, *B. Gualtherus*, 1630, pet. in-8, mar. n., fermoirs.

Bible dite des *Evêques*. — Elle est imprimée à 2 colonnes, en caractères elzéviriens très fins. Quoique portant la rubrique de Cologne, elle est sortie des presses de Blaeu, à Amsterdam.

2. — La Bible qui est toute la Saincte Escriture du Vieil et Nouveau Testament, autrement l'ancienne et nouvelle Alliance. *Sedan, J. Jannon, imprimeur de l'Académie*, 1633, 2 tom. en un vol. pet. in-12 à 2 col., mar. rouge, fil., plats dorés à petits fers, tr. dor. (*Reliure ancienne*).

Jolie édition imprimée en très petits caractères.

3. — Sacrorum Bibliorum Vulgatæ editionis Concordantiæ a Franc. Luca Audomaropolitano. *Coloniæ Agripp.*, *B. ab Egmont*, 1684, in-8 à 3 col., frontisp. gravé, v.

Belle édition de la Concordance. Elle est tout à fait dans le style des Elsevier et est sortie des presses de Blaeu, à Amsterdam.

1

4. — Diurnal ou livre de Caresme, contenant plusieurs sonnets spirituels, pieux et dévotieux sur les Evangiles de chaque jour de Caresme, sur lesquels tout chrétien pourra méditer, dédié à très haute et très chrestienne princesse Marie de Médicis, royne Régente, composé par M. Lazare de Selve, conseiller du Roy et président en la justice de Mets. *Paris, P. Sevestre,* 1614, pet. in-8, cart.

Volume rare.

5. — Les Heures du Chrestien divisées en trois journées, le tout fidèlement traduit en vers et en prose selon la diversité des matières, par le Sr Magnon, historiographe de Sa Majesté. *A Paris, se vendent chez l'autheur, à l'hostel de Dauphiné, rue de la Monnoye,* 1654, in-8, frontisp. gravé et fig. en taille-douce, mar. rouge, fil. à comp., tr. dor. (*Rel. ancienne*).

6. — L'Office de la Semaine Sainte, corrigé par le commandement du Roy, conformément au Bréviaire et Missel de N. S. P. le Pape. *Paris, Ch. Fosset et D. Chenault, s. d. (vers 1660),* in-8 réglé, mar. rouge, fil. à compartim., plats dorés à petits fers et au pointillé, armes du roi Louis XIV sur les plats et répétées plusieurs fois sur le dos, fleurs de lys aux angles, tr. dor. (*Riche reliure ancienne*).

Bel exemplaire.

7. — L'Office de l'église de S. André des Arcs pour le jour et feste de S. André apostre, le 30 novembre, pour les jours de son Octave et pour le jour et feste de la translation de ses sainctes reliques le dimanche plus proche du 9 mai selon l'usage du Bréviaire de Paris. *Paris,* 1650. — La vie et martire du glorieux apostre Sainct André. A. *Flamen fe.* (Suite de 7 planches, plus un frontispice, intercalés dans le texte de l'Office). — En un vol. in-8, v. br., tr. dor.

Volume peu commun. — Les figures à l'eau forte d'Alb. Flamen re-

présentant les principaux épisodes de la vie de St André sont remarquables par les détails de composition. — Bel exemplaire.

8. — Rituale seu liber Consuetudinum Beatiss. Mar-
tini Turonensis auctore Pagano Gastinello, edid.
Nobileau. *Tours*, 1873, gr. in-8, pap. vergé, br.
  Tiré à 100 exemplaires numérotés.

9. — Association à l'adoration perpétuelle du Sacré
Cœur de N. Seigneur Jésus-Christ, établie dans
l'église de S. Pierre de Varize, diocèse de Chartres.
Rouen, Ph.-P. Cabut, 1726, pet. in-12, v. br.

10. — Trois épistres de S. Hierosme, l'une à Hélio-
dore, l'autre à Julien et la dernière contre Vigi-
lantius, avec deux autres de J. Pic de la Mirande à
Jean-François, son neveu, trad. par Messire Jean
Davy, sieur du Perron et de la Guette. *Paris,Ant.
Estienne*, 1613, pet. in-8 de 144 pag., couv. en
pap.

11. — Traité de Bertram, prestre, à Charles-le-
Chauve, XXVe roy de France, du corps et du sang
de N. S. Jésus-Christ. *S. l.*, 1619, pet. in-8, dem.-
rel., toile lustrée.

12. — Introduction à la Vie dévote, par François de
Sales, evesque de Genève, édit. reveue et augmentée par l'autheur. *Arras, Gilles Bauduin, au
coing du petit Marché*, 1610, in-12, réglé, mar.
olive, fil., tr. dor. (*Reliure ancienne, avec armoiries*).
  Edition très rare et non citée. — Bel exemplaire dans sa première
  reliure. — On lit sur les plats le nom de S. (*Sœur*) Marie Gorlidot en
  lettres d'or et sur le dos on remarque un monogramme formé de lettres
  G entrelacées.

13. — Advis d'un docteur de Paris sur un livre intitulé : De la puissance ecclésiastique et politique
(par Cl. Durand, docteur de Sorbonne). *Paris*,
1612, pet. in-8 de 182 pag., couv. en pap.

14. — Conviction des fautes principales, tant contre
la Religion chrestienne que contre la majesté du
Roy, trouvées en l'épistre, par laq. le S. Casaubon

a dédié au roy de la Grande-Bretagne ses seize
travaux contre les travaux du Card. Baronius, par
Pompée de Ribemont, seigneur d'Espiney. *Cha-
lons, Jul. Baussan*, 1614, pet. in-8 de 4 ff. prél.
non ch. et 275 pp. chiff., vél.

Exemplaire bien conservé, avec témoins, d'un livre très rare.

15. — Les recommendations ordinairement faictes et
preschées en la chaire de Soissons durant sa conférence et Messeign. les Princes présents, par P. du
Blanc, protonotaire apostolique, aumosnier du
Roy. *Paris*, 1614, pièce pet. in-8, cart.

16. — Les Allumettes d'Amour du jardin délicieux
de la confrairie du S. Rosaire de la Vierge Marie,
patrimoine très riche des Religieux de Sainct Dominique, avec plusieurs beaux miracles de divers
endroicts, par le R. P. F. Antoine Alar, religieux
de l'Ordre des FF. Prescheurs, prédicateur général
et prieur du Couvent de S. Paul en Valenciennes.
Valenciennes, J. Vervliet, 1617, pet. in-12 de
près de 600 pag., frontisp. gravé par M. Baes, vél.

Volume rare. — Bel exemplaire dans sa première reliure.

17. — Glaive de David et de Louys XIII, roy de
France et de Navarre, de la vertu duquel est parlé
dans ce tome, de la matière de ce glaive, de la
personne et bras qui le porte, des effects du glaive
et contre qui il doit opérer, le tout composé à ce
temps de guerre contre les hérétiques, par le P.
Gilles Chaissy, Récolet d'Avignon. *Avignon, de
l'impr. de J. Bramereau*, 1623, pet. in-4, vél.

Livre rare et singulier.

18. — La Vierge mourante sur le mont du Calvaire,
livre enrichi d'un grand nombre de figures et dédié à la Reine, par le S. de La Serre. *Paris*, 1629,
pet. in-8, vél.

Les figures qui ornent ce volume, d'un style archaïque tout particulier, dans le genre des ornements d'orfèvrerie, sont signées : *E. Dau-
vet, exc.* — La première planche dans laquelle la reine est représentée
à genoux est signée de *J. Picart.*

19. — La nécessité de la puissance du Pape en l'E-
glise, pour remède contre le schisme, et pour une
légitime réformation dépend. du seul exercice de
la charité ecclésiastique, suiv. la définition de la
primauté de S. Pierre, instituée pour l'unité, par
Th. Brachet, S. de la Milletière. *Paris*, 1640, pet.
in-8, vél.

20. — Les illustres Pénitens et charitables, ensemble
les horribles punitions divines exercées contre
ceux qui ont esté cruels envers les pauvres, avec
la pitoyable histoire de Cariton, jeune adolescent,
lequel par sa mort sauva la vie à tous les Chrestiens de Jérusalem, par le R. P. Benoist Gonon,
Célestin de Lyon. *Lyon, P. Anard*, 1641, pet. in-
12, vél.

> Un des plus rares volumes du P. Gonon.

21. — Les Sainctes Curiositez, par Mre Pierre Clément, chanoine régulier. *A Lengres, chez Me Jean
Boudrot, s. d.* (1652), pet. in-8, titre gravé, cart.

> Livre rare et singulier. L'exemplaire est grand de marges, mais a
> quelques petites taches. Voici un exemple des questions qui y sont
> traitées : Lequel fut fait le premier, le jour ou la nuit. — De quoy fut
> fait le corps d'Adam. — Quel fut le sommeil d'Adam au Paradis Ter-
> restre. — Quelle estoit l'Eschelle de Jacob. — Quel est le goubelet où
> Joseph disoit qu'il devinoit. — Quel estoit le baston de Moyse avec
> lequel il faisoit tant de merveilles. — Quelle est la vertu des estoiles
> sur nous. — Pourquoy le corps d'un homme nouvellement tué découle
> du sang si le meurtrier s'en approche. — Pourquoy Nostre Seigneur fut
> plustôt condamné à la croix qu'à un autre supplice. — Etc., etc.

22. — Les Tableaux de la Pénitence, par Ant. Godeau, évêque de Vence. *Paris*, 1654, in-4, fig. de
Chauveau, dem.-rel., v.

> Les pages 29 et 30 manquent.

23. — Le Bouquet Sacré, ou le voyage de la Terre
Sainte, composé des Roses du Calvaire, des lys de
Bethléem et des Hiacinthes d'Olivet, par le R. P.
Boucher, Mineur Observantin. *Rouen*, 1698, in-12,
portr. s. bois, vél.

II. — THÉOLOGIE POLÉMIQUE. — OUVRAGES DE CONTROVERSE. — RELATIONS DE CONVERSIONS.

24. — Le portraict de l'hérésie représentant au vif les diverses humeurs des hérétiques et de leurs adhérens, à la justification des calomnies faussement imputées à ceux qui maintiennent la religion et l'Estat. *S. l.*, 1612, pet. in-8 de 125 pag., couv. en pap.

25. — Descouverte des ruses qui se pratiquent ès disputes de la Foy, quand on n'en peut rendre raison. *Paris*, 1613, pet. in-8, cart.

26. — Du juge des Controverses en général, par le R. P. Gontery, de la Comp. de Jésus. *Paris, Cl. Chappelet*, 1617, pet. in-8, vél.

27. — Excommunication de l'Eglise Romaine fulminée contre les Ministres de la Prétendue Réformée et autres hérétiques fauteurs de l'hérésie de Calvin, ensemble la preuve comme Calvin est un excommunié et menteur touchant l'invocation des Saints, par le grand et admirable docteur Théodoret, evesque de Cyre. *Paris*, 1618, pièce pet. in-8, cart.

28. — G. G. R. theologi ad Ludovicum XIII Galliæ et Navarræ regem Christianissimum admonitio fidelissimè, humillimè, verissimè, facta et ex gallico in latinum translata, qua breviter et nervose demonstratur Galliam fœde et turpiter impium fœdus iniisse et injustum bellum hoc tempore contra Catholicos movisse falsaque Religione prosequi non posse. *Augustæ Francor., cum facultate Catholic. Magistrat.* 1625, pet. in-4, cart.

29. — Les principaux poincts de la Foy de l'Eglise catholique, défendus contre l'écrit addressé au Roy par les quatre ministres de Charenton, par Arm.-Jean Du Plessis, card. de Richelieu, lors evesque

de Luçon. *Paris, Séb. Cramoisy*, 1629, in-4,front. gr. par J. Picart, v. br., ûl.

Exemplaire grand de marges et bien conservé de l'édition originale.

30. — Les princip. poincts de la Foy catholique défendus contre l'escrit adressé au Roy par les Ministres de Charenton, par Monseign. l'Eminentiss. Cardinal duc de Richelieu. *A Paris, de l'imprim. du Louvre*, 1642, in-fol., titre gravé par Cl. Mellan, dem.-rel.

31. — Traitté qui contient la méthode la plus facile et la plus assurée pour convertir ceux qui se sont séparez de l'Eglise, par le Card. de Richelieu. *Paris, S. Cramoisy*, 1657, pet. in-4, bas., ûl.

32. — Trois discours de Controverses par le Card. de Bérulle, instituteur et prem. supérieur gén. de la Congrégat. de l'Oratoire de Jésus, de la mission des pasteurs en l'Eglise, sur l'article 31 de la confession de Foy, impr. à Genève, du Sacrifice de la Messe célébrée en l'Eglise chrestienne, de la présence du corps de Jésus-Christ en la saincte Eucharistie, avec un brief disc. de la Salutation Evangélique, etc. *Paris, Fiacre Dehors*, 1631, in-8, v. br., ûl.

33. — Briefve réplique au dernier livre de Du Moulin, intitulé response à 4 demandes faictes par un gentil-homme de Poictou, par Franç. Véron, prédicateur du Roy pour les controverses et docteur en théologie. *Paris, J. Meslais*, 1623. 40 pag. — Nullité de la Confession de Foy des Ministres contre la Messe, l'Eucharistie et les Images, monstrée par la seule Bible, selon la nouv. méthode de rendre muets les Ministres, appliquée à ces matières principales pour servir à un chacun de modelle pour faire le mesme sur toutes les autres, seconde partie du Sommaire de lad. méthode, par Franç. Véron, professeur en théologie. *S. l., n. d.*, 40 pag. — Ens. en un vol. pet. in-8, cart.

15—, 34. — Les Ministres sans foy, avec l'examen des impostures de Dumoulin, ministre de Charenton, au livre intitulé par luy : le Bouclier de la Foy, à Monseign. le duc de Montmorency, pair et admiral de France et gouverneur pour le Roy en sa province de Languedoc, par le P. Alex. Regourd, de la Comp. de Jésus. *Béziers, J. Pech, imprimeur ordinaire du Roy,* 1625. — Les Ministres combatans la Passion de Jésus et l'efficace d'icelle. Seconde partie, contenant la response aux récriminations de Josué Rossel, ministre de Sauve, et la conformité de l'Eglise des Apostres et des quatre premiers siècles avec l'Eglise Romaine d'aujourd'huy, à Monseign. de Bonsi, evesque et seigneur de Béziers, pour le jour de son entrée, le 7 de juin 1626, par le R. P. Alex. Regourd, de la Comp. de Jésus. *Béziers, J. Pech,* 1626. — Ens. 2 vol. in-8, vél.

    On trouve très difficilement réunies ces deux parties de l'ouvrage du P. Regourd.

4—, 35. — Resjouyssance de la France sur la libre et volontaire conversion de Madame la Princesse de Condé à la Foy catholique, apostolique et romaine. *Paris, J. Le Blanc, rue du Paon, près la porte S. Victor, à l'enseigne du Soleil d'Or,* 1597, pet. in-8, cart.

    Pièce rare.

9—, 36. — L'heureuse conversion de deux ministres appellez M. Pierre Colette, cy-devant ministre de Bergerac en Périgord, et M. Gilles Rigot, ministre de Clérac en Agenois, lesquelz se sont rendus à la Foy catholique, apostolique, romaine, quictant les erreurs de la Prétendue Réformée, ayant vescu ès abus d'icelle vingt-deux ans, avec la Confession de Foy qu'ils ont faicte et abjuration de l'hérésie Calvinienne en l'église de Périgord, le xvj de may 1611. *Paris, Ant. Vitray,* 1611, in-12, non rel.

    Réimpression fac-simile faite à Lyon, chez Perrin en 1874. — Exemplaire sur PEAU DE VÉLIN.

37. — La Conversion publique de quatre personnes
de qualité faicte en l'église Sainct André des Arts,
en présence de plus de quatre mille assistans, le
dimanche 17 novembre. *Paris, N. Alexandre*,
1619, pièce in-12, n. rel.

> Réimpression fac-simile faite à Paris, chez Motteroz en 1875.— Exemplaire sur PEAU DE VÉLIN.

38. — Le qui-pro-quo volontaire et projeté du sieur
Cupif, apostat, à luy-mesme. *Paris, P. Durand*,
1627. — Décret de la sacrée Théologie et Faculté
de Paris contre François Cupif, Angevin, promeu
autrefois au degré de doctorat, maintenant déserteur de la vraye Foy. *Paris*, 1627. — Lettre au
sieur Cupif sur sa déclaration, escrite par un sien
amy. *Paris*, 1627. — Response à la déclaration du
sieur Cupif, déserteur de la Foy, par un prestre
angevin. *Paris*, 1637. — 4 pièces en un vol. pet.
in-8, dem.-rel., toile lustrée, tr. dor.

39. — Narré de la merveilleuse conversion des Hérétiques d'Aubenas à nostre saincte Foy. *Paris*,1628,
pet. in-8, br.

> Pièce originale très rare. — Bel exemplaire.

40. — Déclaration du sieur Perdrix, cy-devant faisant profession de la Prétendue Religion Réformée
où il faict voir les faussetez et profanations que
ceux de ladite prétendue religion enseignent et
aussi par conséquent les causes et motifs qui l'ont
poussé à la quitter. *Paris*, 1642, pet. in-8 de
40 pag., couv. en pap.

III. — HISTOIRE ECCLÉSIASTIQUE. — ORDRES RELIGIEUX.

41. — Trois mémoires relatifs à l'histoire ecclésiastique des premiers siècles : les Chrétiens de la Maison de Néron ; les Chrétiens de la famille de Domi-
tien ; essais de Christianisme de quelq. empereurs,
par J.-G.-H. Greppo. *Lyon et Belley*, 1840, in-8,

2.

br. — Notes histor., biographiques, archéolog. et littéraires concernant les premiers siècles chrétiens, par J.-G.-H. Greppo. *Lyon*, 1841, gr. in-8, br. — Ens. 2 vol.

42. — La sainteté de l'état monastique, où l'on fait l'histoire de l'abbaye de Marmoutier et de l'église royale de St-Martin de Tours, par D. E. B. E. M. B. (Dom Est. Badier). *Tours*, 1700. — Regula S. Stephani, confessoris, auctoris et fundatoris ord. Grandimontensis. *Rothomagi*, 1671, 2 ouvr. en 1 vol. in-12, vél.

43. — Contra monachos proprietarios plurimi egregiorum virorum tractatus : primus Magistri Joannis Currificis; secundus Magistri Joa. de Bomalia; tertius Magistri Petri Damiani ; quartus Magistri Petri Cantoris; quintus cujusdam alterius docti viri ; item tractatus Magistri Joannis Tinctoris contra defendentes aperturam claustrorum. *Qui omnes diligenter compressi venundantur Parrhisiis in vico Sancti Jacobi sub Pelicano.* (In fine :) *Exaratum Parisius summa cum diligentia, sumptibus et expensis honestorum virorum Gilberti et Gaufridi de Marnef, fratrum bibliopolarum alme Universitatis Parisiensis...* (circa 1500). Très pet. in-8, gothique, dem.-rel., mar. bl.

Petit volume rare. — La marque des frères de Marnef se voit sur le titre. — Exemplaire grand de marges et bien conservé.

44. — Reformationis Monasticæ vindiciæ seu defensio, noviter edita a viro bonarum artium perspicacissimo Guidone Juvenale ordinis Benedicti, necnon per eumdem versus, diligentissime castigata. *(In fine :) Finis hujus operis diligenter ab auctore suo recogniti et ab Ascensio mendis emuncti, impressi autem impensis Angelberti et Godfridi de Marnef, opera Joannis Barbier et Francisci Foucher sociorum, anno 1503.* Très pet. in-8, gothique, dem.-rel., mar. bl.

45. — Mémoires chronolog. et dogmatiques, pour
servir à l'hist. ecclésiastique, dep. 1600 jusqu'en
1716, av. des réflex. et des remarques critiques
(par d'Avrigny). *Sans lieu*, 1739, 4 vol. in-12, v. gr.

46. — Le Jubilé universel octroyé par N. S. Père le
Pape Paul V, pour implorer l'ayde de Dieu sur les
présentes nécessitez de l'Eglise. *Paris*, 1617, pièce
pet. in-8, non rel.

47. — Jubilé universel de Nostre très sainct Père
Paul, par la divine providence Pape V, pour implorer l'ayde divin aux présentes nécessitez de
l'Eglise, avec le mandement de Monseign. l'illustriss. et révérendiss. cardinal de Retz, evesque de
Paris, pour la célébration d'iceluy. *Paris, F. Ju-
liot*, 1620, pièce pet. in-8, cart.

48. — Advertissement et exhortation aux princes
chrestiens de modérer la trop grande puissance de
la Cour Romaine, trad. du lat. de l'original imprimé à Venise, par I. L. F. P. *S. l.*, 1616, pièce
pet. in-8, cart.

49. — Lettre de Monseign. l'Eminentissime Cardinal
duc de Richelieu à M. l'evesque de Belley (J.-P.
Camus), sur le sujet des Religieux, avec la responce dudit sieur evesque de Belley, ensemble la
lettre des Religieux à Monseign. le Cardinal. *Paris*, 1633, pet. in-8 de 48 pag., cart., *non rogné*.

50. — Réforme des Cordeliers sous Louis XIII. —
3 pièces pet. in-8, dérel.

 Très humble remonstrance à Sa Majesté sur ce qui se passe en la
réforme des Pères Cordeliers de son royaume.— Responce à la remonstrance présentée au Roy sur le faict de la Réforme des Cordeliers par
les zélateurs de l'observance régulière. — Révélation de Maistre Guillaume estant une nuit au grand Couvent des Cordeliers de Paris.

51. — La clef du très grand thrésor de l'archicon-
frairie du tressainct Rosaire, son invention et origine. A *S. Omer, de l'imprimerie de Ch. Boscart*,
1621, pet. in-12, dem.-rel., toile lustrée.

 Bel exemplaire. — A la fin, les relations de *Miracles advenus par
la vertu du très sainct Rosaire de la V. Sacrée Marie.*

*26—*52. — Recueil de 20 pièces sur les démêlés des Jésuites et de l'Université. — En un vol. in-8, parch.

> Plaidoyé de M. Antoine Arnauld, advocat en Parlement et cy-devant conseiller et procureur-général de la défuncte Roine-Mère du Roi pour l'Université de Paris demanderesse, contre les Jésuites défendeurs, des 12 et 13 juillet 1594. *Paris, Mamert Patisson,* 1594. — Le franc et véritable discours au Roy sur le restablissement qui luy est demandé pour les Jésuites. *S. l.,* 1602. — Advis de Louys Richeome, Provençal, de la Comp. de Jésus, sur l'advertissement du sieur du Plessis, publié ces jours passez. *Paris,* 1602. — Le Bouquet de fleur d'espine (en vers) *S. l.,* 1610. — Le Pacifique aux calomniateurs des Pères Jésuites, salut et augmentation de cervelle (par Pelletier). *Paris,* 1610. — Anti-Coton ou réfutation de la lettre déclaratoire du P. Coton, livre où est prouvé que les Jésuites sont coulpables et autheurs du parricide exécrable commis en la personne du Roy tres chrestien Henry IIII d'heureuse mémoire. *S. l.,* 1610. — Complainte au Roy sur la Pyramide. *S. l., n. d.,* (1610). — Arrest de la Cour de Parlement, ensemble la Censure de la Sorbonne contre le livre de Jean Mariana intitulé *de Rege et Regis institutione.* 1610. — Remonstrance très humble à MM. de la Cour de Parlement en recommandation du bon droict que poursuivent les Pères Jésuites sur leur restablissement en l'Université de Paris, nonobstant les calomnies qu'on sème aujourd'huy contre eux. *Paris,* 1610. — Lettre déclaratoire de la doctrine des Pères Jésuites conforme aux décrets du Concile de Constance, adressée à la Royne-Mère du Roy, régente en France, par le P. Pierre Coton, de la Comp. de Jésus. *Paris,* 1610. — Plaidoyé de M° Pierre de la Martelière, advocat en la Cour, fait en Parlement, assisté de M° Ant. Loisel, Denis Boutillier, Omer Talon, anciens advocats, les Grand Chambre, Tournelle et de l'Edict assemblées les 17 et 19 décembre 1611 pour le recteur et Université de Paris défendeurs et opposans contre les Jésuites demandeurs et requérans l'enthérinement des lettres patentes par eux obtenues afin de pouvoir lire et enseigner en ladicte Université. *Paris,* 1612. — Lettre justificative du P. François Solier respondant à un sien amy touchant la censure de quelques sermons faits en Espagne à l'honneur du Bienheureux Père Ignace de Loyola, fondateur de la Comp. de Jésus. *Poitiers, Ant. Mesnier,* 1611. — Théophile Eugène au très chrestien Roy de France Louys XIII pour la réformation des Jésuites en France. *S. l.,* 1614. — Défenses de ceux du Collège de Clermont contre les requestes et plaidoyés contre eux cy-devant imprimés et publiés. *S. l.,* 1594. — Correction fraternelle en forme de missive envoyée à M. Servin par un sien amy intime. *S. l.,* 1615. — Continuation et renouvellement de plusieurs oppositions cy-devant formées par l'Université de Paris contre l'establissement des Jésuites du 17 mars 1615. *S. l.,* 1615. — Etc., etc.

5-/10 53. — La deffense des puissances de la terre, contre Jean Mariana, par Ant. Leclerc, escuyer, sieur de

La Forest. *Paris, J. Lombart,* 1610, pet. in-8, curieux titre gravé, vél.

Bel exemplaire dans sa première reliure.

54. — Remonstrance très humble à MM. de la Cour
de Parlement en recommandation du bon droict
que poursuivent les Pères Jésuites sur leur restablissement en l'Université de Paris, nonobstant les
calomnies qu'on sème aujourd'huy contre eux.
(par Pelletier). *Paris,* 1610, pet. in-8 de 32 pag.,
cart., dos de toile.

55. — Jésuites sous Louis XIII. — 14 pièces pet.in-8,
dérel.

Déclaratoire de la doctrine des Pères Jésuites, par le P. Coton.*Paris,*
1610. — Les Jésuites establis et restablis en France. S. *l.* 1611.
(Pièce en vers, rognée en tête). — Le Pater Noster des Jésuites, déd.
à Philippe III, roy des Espagnes, pour ses estreines de la présente année (en vers). S. *l.,* 1611. — La Patenostre des Jésuistes, Loyalistes,
Marianistes, Bellarministes (en vers). S. *l.,* 1611. — Le Credo des Jésuistes, dédié aux François (en vers). S. *l.,* 1611. — Mémoires et advis
pour rendre les Jésuites utiles en France, où sont descouvertes plusieurs choses de leur Institut jusques à présent cachées. S. *l.,* 1614 —
Stances pour les Pères de la Compagnie de Jésus, avec la response par
les mêmes rimes. S. *l.,* 1618. — Advertissement aux Princes de la
façon que se gouvernent les Pères Jésuites, par un religieux vuidé de
passion. S. *l.,* 1619. *(Taché d'humidité).* — Bannissement faict contre les Jésuites au royaume de Hongrie. 1620.— Colloque entre le Pape,
l'Empereur, et autres princes catholiques et les Jésuites, avec le Roy de
Bohême, les Princes Protestans et Estats Evangéliques d'Allemagne.
S. *l.,* 1620.— L'avarice des Jésuites opposée au mespris qu'ont fait des
richesses Jésus-Christ, les Apostres et les premiers religieux. S. *l.,*
1620. — Les prophéties anciennes pour servir de Miroir aux PP. Jésuites et à tous les gens de bien. S. *l.,* 1625. — Advis notable et consultation des six plus fameux advocats du Parlement de Paris contre les
Frères, eux-disans Jésuites ou de la Société de Jésus. S. *l.,* 1626. —
Apologie de l'apologie faicte contre la procédure injurieuse et calom-
nieuse des Liepvres et de leurs fauteurs pour faire voir le juste sujet
que l'autheur d'icelle a eu de la composer pour sa justification et comme
elle ne peut passer pour un libelle diffamatoire, mais pour une deffence
juridique, légitime et naturelle contre les plaintes injustes et l'opinion
préoccupée desdits Liepvres premiers aggresseurs. S. *l.,* 1644.

56. — Recueil factice de 16 pièces en 1 vol. pet. in-8,
v. gr.

Remonstrance faite au Roy Henry le Grand par MM. de la Cour de
Parlement de Paris, le 24 déc. 1603, pour le dissuader de l'édict par

lequel les Jésuites ont esté depuis rappelez et restablis en France. *S.l.*, 1610. — Le remerciement des beurrières de Paris au sieur de Courbouzon Montgommery. *S. l.*, 1610. — Le Pater Noster des Jésuites (en vers). *S. l.*, 1611. — La Patenostre des Jésuistes, Loyalistes, Marianistes, Bellarministes (en vers). *S. l.*, 1611. — Le Pater Noster des Catholiques (en vers). *S. l.*, 1611. — L'Ave Maria des Catholiques, avec sa suite (en vers). *S.l.*, 1611. — Le Confiteor des Catholiques (en vers). *S. l.*, 1611. — La doctrine de Jésus-Christ Nostre Seigneur et celle de Robert, cardinal Bellarmin, Jésuite, touchant les Roys et Princes. *S.l.*, 1611. — Le passe-temps de M. Guillaume. *S. l.*, 1611. — Complainte à la Royne-Mère du Roy, régente en France, faite par le soldat catholique, touchant les fausses accusations que l'on faict contre les PP. Jésuites. *S. l.*, 1611. — La vie du pape Jules second, grand ennemy du bon Roy Louys douziesme, roy de France et des François, gens de bien tant ecclésiastiques qu'autres. *S. l.*, 1615. — Mémoires et advis pour rendre les Jésuistes utiles en France. *S. l.*, 1614. — L'Université en chemise, l'homme de lettres, l'escolier, dialogue. *S. l., n. d.* — Advis de Maistre Guillaume, nouvellement retourné de l'autre monde, sur le sujet de l'Anti-Coton, composé par P. D. C. (c'est à dire Pierre de Coignet), jadis mort et depuis naguères ressuscité. *S. l.*, 1611. — Etc.

57. — Trois très excellentes prédications prononcées au jour et feste de la béatification du glorieux patriarche le bienh. Ignace, fondateur de la Compagnie de Jésus, par le P. F.-P. de Valderame, le P. F.-P. Deza et le P. F.-Jacq. Rebullosa, le tout trad. par le P. Fr. Solier (Limousin). *Poictiers, Ant. Mesnier*, 1611, pet. in-8, dem.-rel., toile lustrée.

58. — Lettre justificative du P. François Solier respondant à un sien amy touchant la censure de quelques sermons faits en Espagne à l'honneur du bien-heureux Père Ignace de Loyola, fondateur de la Compagnie de Jésus. *Poictiers, Ant. Mesnier*, 1611, pet. in-8, dem.-rel., dos et coins de mar. bl.

Le P. Fr. Solier était Limousin. Cette lettre est datée de *Saintes, ce 9 octobre* 1611.

59. — Response apologétique à l'Anti-Coton et à ceux de sa suite, présentée à la Royne mère du Roy, régente en France, où il est monstré que les auteurs anonymes de ces libelles diffamatoires sont atteints de crimes d'hérésie, lèse-majesté, perfidie, sacrilège et très énorme imposture, par un P.

de la Comp. de Jésus (le P. Coton). *Paris*, 1611,
pet. in-8, v. m.

60. — Response apologétique à l'Anticoton et à ceux
de sa suite, où il est monstré que les autheurs anonymes de ces libelles diffamatoires sont atteints
des crimes d'hérésie, lèze-majesté, perfidie, sacrilège, et très énorme imposture, par un P. de
la Comp. de Jésus (le P. Coton). *Au Pont (à Mous-
son), par Mich. Gaillard*, 1611, in-12, vél.

61. — Response apologétique à l'Anti-Coton et à
ceux de sa suite, etc. (par le P. Coton). *Caen,
A. Cavelier*, 1611, pet. in-8, vél.

62. — Le premier coup de la retraite contre le tocsain
sonné par la statue de Memnon contre le livre du
cardinal Bellarmin, jésuite, par Alexandre de
Monréal. *A Montpellier, jouxte la copie imprimée à Saumur chez le Libertin*, 1611, pet. in-8 de
48 pag., cart.

63. — Epistola M. Arthusii de Cressoneriis Britonis
Galli ad dominum de Parisius super attestatione
sua justificante et nitidante Patres Jesuitas. *S. l.*,
1611, pet. in-8 de 37 pag., cart.

64. — Ordonnance des hauts et puissants seigneurs
les Estatz-Généraux-Unis du Pays-Bas, contenant
deffences à tous Jésuites, prestres, moines et autres personnes despendantes du siège de Rome de
venir ny s'habituer en ce pays et outre que personne ne pourra envoyer ses enfans à l'escolle ou
les mettre en aucune place, ville, université ou
collèges sans le commandement du Roy d'Espagne,
pays des ennemis, ny en aucun autre collège des
Jésuites, etc., translaté de flaman en françois.
*Jouxte la coppie imprimée à La Haye du Comte
(sic) par Hillebrant Jacobsoon*, 1622, pièce pet,
in-8, cart.

65. — Le Rabat-Joye du triomphe monacal tiré de

quelques lettres recueill. par P. D. P. D. S. Hilaire.
À *Lisle*, 1634, in-8, vél.

66. — Response au livre intitulé : Apologie pour l'U-
niversité de Paris contre le discours d'un Jésuite.
Paris, 1643, in-8, vél.

> Bel exemplaire. L'ouvrage est du P. Jacq. de La Haye, Jésuite.
> L'*Apologie* est de Godefroy Hermant.

67. — Requeste, procès-verbaux et advertissemens
faits à la diligence de M. le recteur et par l'ordre
de l'Université pour faire condamner une doctrine
pernicieuse et préjudiciable à la société humaine et
particulièrement à la vie des Rois, enseignée au
collège de Clairmont, détenu par les Jésuites, à
Paris. *Jouxte les copies imprimez par le mandement de M. le Recteur de l'Université, chez Ju-
lian Jacquin, imprimeur à Paris*, 1644. — Seconde apologie pour l'Université de Paris, imprimée par le mandement de M. le Recteur,
donnée en Sorbonne le sixiesme octobre 1643 contre le livre fait par les Jésuites (par Godefroi Her-
mant). *Paris*, 1643. — Troisiesme requeste de
l'Université de Paris présentée à la Cour de Parlement le 7 de décembre 1644 contre les libelles que
les Jésuites ont publiez sous les titres d'Apologie,
par le P. Caussin, et de Manifeste apologétique,
par le P. Le Moine, et autres semblables, avec les
répliques qu'icelle Université employe pour luy
servir tant au jugement de cette resqueste que des
deux précédentes. *Imprimées par l'ordre de l'U-
niversité, à Paris*, 1644. — Ens. 3 vol. in-8, vél.

68. — Histoire abrégée de l'abbaye de Port-Royal depuis sa fondation en 1204 jusqu'à l'enlèvement des
religieuses en 1709. *S. l.*, 1710, 2 part. en 1 vol.
in-12, v.

> « Ce livre est l'apologie des religieuses de Port-Royal-des-Champs
> contre celles de Port-Royal de Paris. On les accusait de jansénisme.
> Elles furent chassées de leur demeure et leur biens donnez à l'abbaye
> de Port-Royal de Paris. » (*Note ms. sur la garde de l'exemplaire*).

69. — Abrégé chronolog. des princip. événemens qui
ont précédé la Constitution Unigenitus, qui y ont
donné lieu ou qui en sont les suites. *S. l.*, 1732. —
Explication abrégée des principales questions qui
ont rapport aux affaires présentes, par demandes
et par réponses, ou par forme d'entretien, entre un
ecclésiastique et un laïc. *S. l.*, 1732, avec 12 figures
gravées en belles épreuves, 2 part. en 1 vol. in-12,
v. br.

IV. — VIES DE SAINTS. — RELATIONS DE MIRACLES.

70. — Histoire de St-Martin, évêque de Tours, et de
son culte, par A. Dupuy. *Tours*, 1852, pet. in-8, br.

71. — La vie de St-Volusien, évêque de Tours et
martyr, patron de la ville de Foix, avec ce qui s'est
passé dans les différ. translations de son corps
et dans l'érection de l'abbaïe de son nom, par le R.
P. de la Coudre, chanoine régulier de la Congrégation de France. *Limoges, Franc. Meilhac*, 1722,
in-12, v.

72. — Dissertation sur l'apostolat de St-Martial et
sur l'antiquité des Églises de France, par l'abbé
Arbellot. *Limoges*, 1855, in-8, br.

73. — Les pompes et magnificences des cérémonies
observées à Saint-Pierre de Rome, pour la canoni-
zation des glorieux SS. Isidore de Madrid, Ignace
de Loyola, François-Xavier, Térèse de Jésus et
Philippes Neri, Florentin, par l'authorité de N. S.
P. le Pape Grégoire XV, le douziesme mars MDC.XXII,
composée par Giov. Briccio, Romain, à la priére
de Louys Dozze, Boulonnois, et trad. de langue
ital. en françois et dédié à très haute et puissante
princesse Madame Marie de Luxembourg, princesse de Mercueur. *Paris, J. Guerreau*, 1622, pièce
pet. in-8, cart.

74. — Vita Beati P. Philippi Nerii Florentini Con-

gregationis Oratorii fundatoris in annos digesta,
auctore Ant. Gallonio. *Romæ*, 1600, in-4, portr.,
vél.

On trouve à la fin un appendice manuscrit de 10 pag., d'une écriture
perlée très fine. — Piqûre de vers dans le bas de la marge des dern.
feuillets.

1—, 75. — Vie du bienheureux Père Despréaux, ex-jé-
suite, mort à Nantes, en odeur de sainteté, le
19 avril 1790, par L. Leroux. *Nantes*, 1790, in-8,
br., non rog.

1—, 76. — Miracle advenu en la ville de Bazas, le jour et
feste de l'invention Saincte-Croix, le troisiesme
may mil six cents-un, où sont monstrez divers miracles arrivez aux diocèzes de Bordeaux, Bazas et
Condom, avec apparition de sang et figure de
la Croix, par M. G. du Puy, docteur en théologie,
chanoine et chantre de l'église cathédrale de Bazas,
avec le procès-verbal. *Jouxte la copie imprimée
à Bordeaux par S. Milanges et se vendent à
Paris, chez D. Binet, s. d. (vers 1610).* pet. in-8,
dem.-rel.

Pièce fort rare et non citée. — Raccommodage au titre.

10—, 77. — Miracle fait par le bienheureux Père Ignace,
fondateur de la Comp. de Jésus, en la ville de
Bourbourg, diocèse de Sainct-Omer, le 15 de juillet de ceste année mil six cens dix et authentiqué
par Monseign. le Révérendissime dudit lieu. *Paris*,
1610, pet. in-8, dem.-rel., toile lustrée.

Bel exemplaire d'une pièce fort rare.

21—, 78. — Histoire merveilleuse et espouventable advenue près la ville de Gênes en Italie en la personne d'Anth. Pannetier, voiturier, lequel est
abismé en terre pour avoir blasphesmé le S. Nom
de Dieu, avec plusieurs sainctes instructions à
toutes personnes qui veulent servir à Dieu, trad.
d'ital. en franç. par André Devan, advocat. *A
Rouen, chez Loys Duménil, tenant sa boutique
à la petite rue S. Jean, à la Croix d'Or. Jouxte*

la copie imprimée à Gennes, par Guill. Lena.
S. d. (vers 1612), pet. in-8, réglé, v. éc., dent.

Pièce fort rare. — Très joli exemplaire, dans un parfait état de conservation et en partie non rogné.

79. — Histoire mémorable et merveilleuse advenue à Villeneufve de Berc en Vivarets, au mois d'octobre 1613, d'un homme de la religion prétendue Réformée blasphémant contre l'Eglise catholique, apostolique et romaine, contenant tout ce qui s'est passé durant sa vie et après sa mort. *Paris, Fleury Bourriquant, jouxte la coppie imprimée au Puy-en-Auvergne, s. d. (1613).* Pièce in-12, n. rel.

Réimpression fac-similé, faite à Lyon, chez Perrin, en 1875. — Exemplaire sur PEAU DE VÉLIN.

80. — Histoire nouvelle, merveilleuse et espouvantable d'un jeune homme d'Aix-en-Provence emporté par le Diable et pendu à un amandier pour avoir impiement blasphémé le Sainct Nom de Dieu et mesprisé la Saincte Messe, deux siens compagnons estant demeurez sans aucun mal, arrivé le douziesme janvier de la présente année mil six cens-quatorze. *Paris, F. Bourriquant, s. d. (1614),* in-12, n. rel.

Réimpression fac-similé faite à Lyon, chez Perrin, en 1874. — Exemplaire sur PEAU DE VÉLIN.

81. — Histoire lamentable d'une jeune damoiselle, laquelle a eu la teste tranchée dans la ville de Bourdeaux pour avoir enterré son enfant tout vif au profond d'une cave, lequel au bout de six jours fust treuvé miraculeusement tout en vie et ayant reçeu le baptesme, rendit son âme à Dieu. *A Lyon, pour Franç. Yvrad,* 1618, pièce in-12, n. r.

Réimpression fac-similé faite à Lyon, chez Perrin, en 1874. — Exemplaire sur PEAU DE VÉLIN.

82. — Miracle advenu en la ville de Lyon en la personne d'un jeune enfant, lequel ayant esté mort vingt-quatre heures, est ressuscité par l'intercession de la Sacrée Vierge, avec le vœu, prière

et oraison faite par son père et sa mère. *Jouxte la copie imprimée à Lyon et se vend au Mont S.-Hilaire*, 1619, pièce in-12, n. rel.

> Réimpression fac-simile faite à Lyon, chez Perrin, en 1875. — Exemplaire sur PEAU DE VÉLIN.

83. — Histoire espouventable et véritable arrivée en la ville de Soliers en Provence, d'un homme qui s'estoit voué pour estre d'Eglise et qui n'ayant accomply son vœu, le Diable lui a couppé les parties honteuses et couppé encore la gorge à une petite fille aagée de deux ans ou environ. *Paris, N. Alexandre*, 1619, pièce in-12, n. rel.

> Réimpression fac-simile faite à Lyon, chez Perrin, en 1875. — Exemplaire sur PEAU DE VÉLIN.

84. — Récit véritable du miracle arrivé en l'église de Paris le dimanche 16 juillet mil six cens vingt-huict, confirmé par les enquestes et informations faictes sur iceluy. *Paris (1628)*, pet. in-8, cart.

> Pièce rare. — Il y est question d'un miracle arrivé en l'église Notre-Dame, à *Jean de la Carrière, habitant de Meaux*, venu impotent et perclus de la jambe gauche, qui s'en retourna guéri par l'intercession de la Vierge.

85. — Le grand miracle nouvellem. arrivé au temple de Charenton. *Paris, M. Colombel*, 1633, pièce pet. in-8, cart.

86. — La grande désolation de la Religion Prétendue Réformée sur la probation et mort espouvantable du ministre de la ville de Nismes ayant eu le col tors dedans la chaire par un grand esclat de tonnerre, eslevé en l'air et rendu invisible au grand estonnement des auditeurs, en leur preschant le contraire de la vraye foy catholique, apostolique et romaine, à Nismes, le 6 août 1634. *A Paris, chez J. Brunet ; jouxte la copie imprimée par J. Pech*, 1634, pièce in-12, n. rel.

> Réimpression fac-simile faite à Lyon, chez Perrin, en 1874. — Exemplaire sur PEAU DE VÉLIN.

87. — Les miraculeux effects de la Vierge, de S.-Joseph et de S.-François, dans les soulagement et dé-

livrance des Filles Urcelines (*sic*) possédées à Loudun, contre tous les efforts des diables et démons, etc. *Paris*, 1637, pet. in-8, dem.-rel., toile.

Pièce originale très rare.

88. — Histoire miraculeuse d'une figure de la Vierge,
Mère de Dieu, et des admirables effets d'icelle,
nouvellement trouvée dans la forest de Bannelle,
près la ville de Riom en Auvergne, ensemble le
procez d'entre Monseigneur l'évesque de Clermont
et le curé de Bannelle, avec la teneur de l'arrest de
la Cour du Parlement de Paris, du 19 mars 1637,
intervenu sur ce subject. *Paris, Cl. Morlot*, 1637,
pièce in-12, n. rel.

Réimpression fac-similé faite à Lyon, chez Perrin, en 1874. — Exemplaire sur PEAU DE VÉLIN.

89. — Récit véritable de quatre sacrilégues (*sic*) dont
trois ont esté miraculeusement convertis par Monseigneur l'Illustrissime et Révérendissime evesque
d'Autun, qui commirent l'attentat contre le précieux corps de Dieu, dans le bourg de Couches en
Bourgongne, diocèse d'Autun, le dernier jour de
décembre mil six cens quarante-et-un. *A Autun, de
l'imprim. de Bl. Simonnot, imprimeur juré*,
1642, pet. in-8, dem.-rel., toile lustrée.

Pièce de toute rareté. — L'exemplaire est très court de marges. La
première ligne du texte est en partie coupée.

V. — PROTESTANTISME.

90. — Responce au faux et calomnieux extraict de
Philippes Cospeau, soi-disant docteur en théologie,
sur la conférence tenue à Montluet (par Quinson,
ministre de l'Eglise Réformée de Chartres). *Saumur, Thom. Portau*, 1605, pet. in-8 de 48 p., cart.

Opuscule rare. L'exemplaire a les chiffres de la pagination courante
fortement rognés et en partie emportés.

91. — Déclaration des Eglises Réformées de France,

assemblées en synode national à Privas. *S. l.*, 1612, pet. in-8 de 7 pag., cart.

Pièce rare.

92. — Protestants sous Louis XIII. — 14 pièces dans un carton pet. in-8, vél.

La harangue d'Alexandre-le-Forgeron, prononcée au Conclave des Réformateurs. *S. l.*, 1614. — Le manifeste de Ferdinand, duc de Bavière, envoyé à tous les rois, princes et républiques chrétiennes et catholiques, pour la conservation des droits des princes catholiques à l'Empire contre les desseins des Protestants. *Paris*, 1619. — Lettres-patentes du Roy sur les levées et impositions de deniers qui se font par ceux de la Religion prétendue Réformée sur ses sujets. *Orléans*, 1621. — Déclaration du Roy sur la prise des armes par aucuns de ses sujets de la Religion prétendue Réformée, portant nouv. confirmation des édicts et déclarations cy-devant faictes en faveur de ceux de lad. Religion. *Paris*, 1615. — Le Pèlerin des Antipodes racontant des nouvelles de son voyage à MM. de la Religion. *S. l.*, 1620. — Assemblée tenue à La Rochelle sur le département des provinces du royaume de France, faicte à chacun des princes et seigneurs de la Religion, à sa volonté. *Lyon*, 1621. — Le Catholique-Réformé. *S. l.*, 1621. — Déclaration du Roy en faveur de ses subjects de la Religion prétendue Réformée qui sont et demeureront en leur devoir et obéissance. *Paris*, 1621. — Protestation et dernière résolution du Roy d'Angleterre, protecteur et défenseur des Eglises Réformées. *S. l.*, 1622. — Déclaration de la volonté du Roy envers ses subjets de la Religion prétendue Réformée. *Orléans, Fab. et Sat. les Hotats*, 1623. — Harangue faicte par un ministre de Poictou, adressée à MM. de la Rochelle touchant les affaires de ce temps. *S. l.*, 1625. (*Trop rogné sur le côté*). — Déclarat. de la volonté du Roy contre ses subjects de la Religion prétendue Réformée qui demeureront engagez dans la rébellion et portans les armes ou retenant les villes et places contre le service de Sa Majesté. *Paris*, 1629. — L'Anti-Huguenot, au duc de Rohan. *Paris*, 1627. — Etc.

93. — Copie de la harangue faite en la présence du Roy à l'entrée des Estats, par les députez de La Rochelle, pour les Eglises Réformées, au rapport de Mathault. *S. l.*, 1615, pet. in-8 de 22 pag., cart.

94. — Extraict du cahier de l'assemblée des Eglises Réformées de France, tenant par la permission du Roy en sa ville de Grenoble, présenté à Sa Majesté à Tours par les députez de lad. assemblée, le 28 aoust 1615. *S. l.*, 1615, pièce pet. in-8, dem.-rel., toile lustrée.

95. — Articles que M. de La Faye proposera et promettra à MM. de l'assemblée de Grenoble, tant en mon nom que des autres princes, officiers de la couronne et seigneurs joincts avec moy. *S. l., n. d.* (1615), pet. in-8, cart.

On lit à la fin de cette pièce : *Faict à Sedan le 23 jour d'aoust 1615* Signé : HENRY DE BOURBON.

96. — Lettres envoyées au Roy et à la Royne, par l'assemblée de Grenoble. *S. l.*, 1615, pièce pet. in-8, cart.

97. — Conclusion de la dern. assemblée faicte par ceux de la Religion prétendue Réformée dans la ville de Montauban, au pays de Quercy, où est contenu la généreuse response de M. de Vic, conseiller d'Estat, y député par Sa Majesté, avec deux prédictions qui nous asseurent de la ruine de l'empire des Turcs en l'année 1616, moyennant une bonne intelligence entre les princes chrestiens, par M. C. D. T. (Claude Dacreigne, Tullois), advocat au Parlement. *Paris, F. Bouriquant*, 1615, pièce pet. in-8, couv. en pap. (*Rare*).

98. — Défense de la Confession des Eglises Réformées de France contre les accusations du sieur Arnould, jésuite, déduites en un sermon fait en la présence du Roy à Fontainebleau, par lesq. il soustient que les passages cottez en marge de nostre Confession sont faux et inutiles (par Montigny, Du Moulin, Durand et Mestrezat, pasteur de l'Eglise Réformée de Paris). *Et se vend à Charenton par Samuel Petit*, 1617, pet. in-8, dem.-rel., mar. r.

99. — Protestantisme sous Louis XIII. — Recueil de 4 ouvrages et opuscules en 1 vol. pet. in-8, dem.-rel.

Le Protestant françois au Roy. *S. l.*, 1617. — La Confession de foy de MM. les Ministres convaincue de nullité par leurs propres Bibles, avec la réplique à l'escrit concerté, signé et publié par les quatre ministres de Charenton, le tout en suite du discours faict à Fontainebleau le 25 de juin, en la présence de Sa Majesté, par le R. P. Jean Arnoux, Riomois, de la Comp. de Jésus. *Paris*. 1617. — Response à l'épistre des quatre ministres de Charenton par eux adressée au Roy, contre le P. Arnoux, jésuite, où sont clairement démonstrées les impostures et calomnies contre la vérité tant de l'Escriture Sainte que du service de Sa Majesté, par M. C. M. (Claude Malingre), Senonois. *Paris*, 1617. — Les principaux poincts de la foy de l'Eglise catholique deffendus contre l'escrit adressé au Roy par les quatre ministres de Charenton, par R. P. en Dieu Messire Armand-Jean Du Plessis de Richelieu, evesque de Luçon. *Paris*, 1618. — Un peu rogné en tête.

100. — Lettre escritte au Roy par l'Assemblée des Eglises de la Religion Réformée de France et païs souverains assemblez par permission de Sa Majesté à Loudun ; ensemble la harangue faite au Roy et prononcée par M. le marquis de la Moussaye à Compiègne le 23 octobre 1619. *Jouxte la copie imprimée à Loudun, par de La Barre*, 1619. Pièce pet. in-8, dem.-rel., toile lustrée.

> Avec la signature du ministre *Bochart*.

101. — Conférence de Loudun. — 3 pièces pet. in-8, dérel.

> Les Antipodes, pour et contre, en l'assemblée tenue par permission du Roy à Loudun, ès années 1619 et 1620. *S. l.*, 1620. — Prosopopée de l'assemblée de Loudun, aux pieds du Roy. *S. l., n. d.* (1620). — Articles particuliers accordez au nom du Roy par ses députez envoyez en la Conférence de Loudun, à Monseign. le prince de Condé et autres joints avec luy, pour parvenir à la pacification des troubles, depuis veuz, approuvez et rectifiez par Sa Majesté. *S. l., n. d.* (1620).

102. — Examen d'un escrit intitulé : Discours des vrayes raisons pour lesquelles ceux de la Religion prétendue Réformée peuvent en bonne conscience résister par armes à la persécution ouverte que leur font les ennemis de leur Religion et de l'Estat, où est respondu à l'advertissement à l'assemblée de La Rochelle par un des députez en lad. assemblée. *Paris*, 1622, pet. in-8 de 86 p., cart.

103. — Les remonstrances des fidèles serviteurs du Roy, de la Religion Réformée, à MM. les députez en l'assemblée de La Rochelle, pour la paix et l'obéissance à Sa Majesté contre les rebelles qui se disent de la mesme Religion et qui n'en sont

point. *S. l.*, 1622, pet. in-8 de 112 pag., dem.-rel.,
toile lustrée.

104. — Lettre au Roy, ensemble la harangue des S^rs
de Chambrun et Mestrezat, de Jarlaud et Raboteau,
députez par le Synode National tenu à Charenton-
S.-Maurice-lès-Paris, au mois de septembre 1623,
avec la response de Sa Majesté. *S. l.*, 1623, pièce
pet. in-8, dem.-rel., toile lustrée.

Sur le titre, la signature du ministre protestant : *N. Bochart.*

105. — Déclaration de Hier. de Campagnac, par cy-
devant Capucin en la ville de Thoulouse, par laq.
il monstre les justes raisons qui l'ont meu à se retirer de l'Eglise romaine. *Jouxte la copie imprimée à La Rochelle par Pierre Pied de Dieu*,
1623, pet. in-8, dem.-rel., toile lustrée.

Pièce fort rare.

106. — Véritable narré de la conférence entre les
sieurs Du Moulin et Gontier, secondé par Madame
la baronne de Salignac. *Genève, P. Aubert*, 1625.
— Response du sieur Du Moulin aux lettres du
sieur Gontier escrites au Roy sur le sujet de leur
conférence. *Genève*, 1625, 2 pièces rel. ensemble.
Pet. in-8, cart.

107. — Harangue de ceux de la Religion de Rouen à
Monseign. le premier Président à son avénement
en sa charge, par I. M. D. L. (de Langle). *S. l.*,
1628, pièce pet. in-8, dem.-rel., toile lustrée.

Signature du ministre *N. Bochart* sur le titre.

108. — Lettre du Synode National des Eglises Réformées présentée au Roy, ensemble la harangue
faite à Sa Majesté à Compiègne le 16 sept. 1631 par
les sieurs Amyrant et de Vilars, députez dudit synode. *S. l.*, 1631, pièce pet. in-8, dem.-rel., toile
lustrée.

Sur le titre, la signature du ministre protestant : *N. Bochart.*

109. — Harangue à Monseign. le duc de Longueville,
faite le neufiesme novembre 1643 au nom de ceux

de la Religion Réformée de l'Eglise de Rouen (par
J.-M. de Langle). *S. l.*, 1643, pièce pet. in-8, dem.-
rel., toile lustrée.

110. — Arrest de la Cour de Parlement et Chambre
de l'Edict portant défenses à tous ceux de la Religion prétendue Réformée de troubler les Catholiques au service divin et dans leurs dévotions au
temps des Indulgences, à peine de 500 livres d'a-
mende et de punition exemplaire. *Paris*, 1643,
pièce pet. in-8, couv. en pap.

111. — Compliment de ceux de la Religion à Monseign. le premier Président, prononçé par I.-M. de
Langle. *Se vendent à Querilly, par Jacq. Cailloué, demeurant à Rouen, dans la Cour du Palais*, 1647, pièce pet. in-8, dem.-rel., dos de toile.

Signature du ministre *Bochart* sur le prem. feuillet.

112. — La patenostre des Huguenots adressée au
prince de l'Enfer, père des hérésies, qu'il est en-
joint à tous et à chacun fidèle, de réciter attenti-
vement et dévotement tous les jours de Carême
pour l'extermination des Pères Jésuites, le tout par
ordonnance très expresse des Eglises Réformées de
France (en vers). *S. l.*, 1611, pièce pet. in-8, cart.

113. — La prière du Gascon ou lou diable soit des
Houguenaux. *S. l.*, 1622, pet. in-8, cart.

Pièce en vers. Chaque strophe finit par ces mots : *Au diable soit lou
Houguenaux*, en forme de *répons* ou de refrain.

114. — La ligue et puissante association des princes
catholiques contre les Protestants d'Allemagne,
avec ce qui s'est passé fraischement en Bohême
entre le comte de Buquoy et le comte de Mansfeld.
Paris, 1620, pièce pet. in-8, cart.

JURISPRUDENCE

I. — DROIT ECCLÉSIASTIQUE.

115. — De Potestate Papæ, an et quatenus in Reges et Principes seculares jus et imperium habeat, Guil. Barclaii I. C. liber posthumus. *Mussiponti, Jac. Garnich*, 1610, pet. in-8, vél.

116. — Brief discours sur quelques points concern. la police de l'Eglise et de l'Estat et particuliè- rement sur la réception du Concile de Trente et la vénalité des offices (par Du Perron). *Paris, Ant. Estienne*, 1615, pet. in-8 de 64 pag., couv. en pap.

117. — Consultation de Mᵉ J. Bedé, sieur de la Gor- mandière, Angevin, advocat au Parlem. de Paris, sur la question : si le Pape est supérieur au Roy en ce qui est du temporel. *A Sedan, de l'imprim. de J. Jannon*, 1615, pet. in-8, dem.-rel., v. vert.

118. — Apologie pour Messire H.-L. Chastaigner de la Rochepozay, évesque de Poitiers, contre ceux qui disent qu'il n'est pas permis aux ecclésias- tiques d'avoir recours aux armes en cas de néces- sité. *S. l.*, 1625, in-8, dem.-rel. (*Mouillé*).

119. — Questions décidées sur la justice des armes des Roys de France, sur les alliances avec les héré- tiques ou infidelles, et sur la conduite des gens de guerre, par Bésian Arroy, théologal de l'Eglise de Lion. *Paris*, 1634, in-8, vél.

Bel exemplaire.

120. — Le Mars François, ou la guerre de France, en laq. sont examinées les raisons de la justice prétendue des armées et des alliances du Roi de France, par Alex. Patricius Armacanus (Corn. Jansenius), et trad. par C. H. D. P. D. E. T. B. (Ch. Hersent). *S. l.*, 1637, pet. in-8, vél.

121. — Martis Gallici subsidiariæ velitationes adversus vindicias gallicas, quæ contra Alexandrum patricium Armacanum theologum nuper prodiere, auctore gen. equite D. I. Janegelio Belsesano. *Brux., typis Hub. Ant. Velpii,* 1639, pet. in-8, vél.

II. — DROIT CIVIL. — ADMINISTRATION DE LA JUSTICE. — VARIÉTÉS SUR LES GENS DE LOI.

122. — Stile et forme de procéder ès cours et jurisdictions royales, subalternes et inférieures du pays et duché de Touraine. *Tours, Séb. Molin,* s. d. (*vers 1590*), in-16, cart.

123. — Lettres sur les anciens Parlemens de France, que l'on nomme Etats-Généraux, par de Boulainvilliers. *Londres,* 1753, 3 tomes en 1 vol. in-12, v. br.

124. — Ordonnances faictes par le Roy sur les remonstrances et requestes des déléguez des Estats de son royaume en la convocation et assemblée d'iceux, faite et continuée en la ville d'Orléans, après le décès du roy François second, en l'an mil cinq cens soixante. *Rouen, Martin le Mesgissier,* 1609, pet. in-8, dem.-rel., toile lustrée.

125. — Ordonnance du Roy Louis XIII sur les plaintes et doléances des députez aux Etats de Paris en 1614 et sur les advis donnés par l'Assemblée des notables tenue à Rouen en 1617 et à Paris en 1628. *Paris, Est. Mettayer,* 1629, pet. in-8, v. m.

126. — Ordonnance du Roy Louis XIII, roi de France et de Navarre, sur les plaintes et doléances faites par les députez des Estats de son royaume, convoqués et assemblés en la ville de Paris en l'année 1614, et sur les advis donnés à Sa Majesté par les assemblées des Notables, tenües à Rouen en l'année 1617 et à Paris en l'année 1626, publ. en Parlement

le 5 de juillet 1629, édition augment. sur chacun article de la Conférence des anciennes ordonnances et édicts y allégués. *Tolose, Arnaud Colomiez,* 1633. — Déclaration du Roy sur la réduction de la ville de La Rochelle en son obéissance, conten. l'ordre et police que Sa Majesté veut y estre establie. — Edict du Roy, d'abolition en faveur de ses subjets de la Religion prétendue Réformée qui s'estoient soulevez en armes contre son service. *S. l. n. d. (Tolose,* 1633). — Ens. 3 part. en 1 vol. pet. in-8, dem.-rel., v. antiq. (*Kœhler*).

127. — Le Pressoir des Esponges du Roy, ou épistre liminaire de l'hist. de la Chambre de Justice establie l'an 1607, pour la recherche des abus, malversations et péculats commis ès finances de Sa Majesté, par J. Bourgoin. *S. l.,* 1623, pet. in-4, curieuse fig. en taille-douce sur le titre, rel. pleine en v. fauve, triple fil., dent. int., tr. dor. (*Simier*).
Volume rare. — Très joli exemplaire, en belle condition.

128. — Edict du Roy portant création d'un siège présidial en la ville de Brioude et des officiers qui le doivent composer. *Paris,* 1637, pièce pet. in-8, cart.

129. — Deux harangues pour la lecture des ordonnances et prestations de serment aux ouvertures des audiences, par Louis Vrevin, advocat au Parlement. *Paris,* 1616, pièce pet. in-8, couv. en pap.

130. — G. B. antecessoris Parisiensis de laudibus utriusque Juris, Jurisconsultorum ac eorum ratione et necessitate in aperiendis scholis habita mense novemb. 1642, oratio. *Parisiis,* 1643, pet. in-8 de 71 pag., couv. en pap.

131. — Apologie des clercs des procureurs contre ceux qui les mesprisent. *Paris, J. Brunet,* 1638, plaquette pet. in-8, dem.-rel., toile lustrée, tr. dor.
Curieuse facétie.

132. — L'Enfer des Chiquaneurs, reveu et augmenté

par Maistre Louys Vervin, cy-devant advocat au
Parlement de Paris, et de présent, conseiller du
Roy et lieutenant au bailliage de Chaulny. *Paris,*
1622, pièce pet. in-8, cart.

133. — L'Adieu du Plaideur à son argent. *S. l.,* 1624,
pet. in-8, cart.

> Pièce satirique en vers.

134. — Les assizes tenues à Gentilly par le sieur Baltazar, bailly de S.-Germain-des-Prez. *S. l.,* 1623. —
Les Resveries d'un bourgeois de Paris sur un
hibou, volleur de nuict. *S. l., tout fraischement
imprimé,* 1623. — 2 pièces en 1 vol. pet. in-8, dem.-
rel., toile lustrée.

> Les *Assizes tenues à Gentilly* sont une facétie judiciaire des plus
> curieuses. Rien de désopilant comme ces jugemens grotesques et
> ces interpellations comiques adressées à des avocats du temps : *La
> Faye, la Faye ! ne desbauchez plus vos servantes et venez plaider,*
> dit le président. Appelez un autre. *Petit Vasseur, petit Vasseur,
> n'entretenez plus de demoiselles à la rue Beauboury et prenez
> vostre robbe.* — Monsieur, elle est engagée pour une despence et pour
> avoir payé le chirurgien qui m'a pansé ces jours derniers. — *Plaidez
> en manteau.*

III. — ANCIENNES COUTUMES, LOIS, ÉDITS ET ORDONNANCES.

135. — Le Coustumier et stilles du bailliage et duché
de Touraine ; ensemble les ordonnances royaulx
faictes sur l'abbréviation des causes et procès
dudict bailliage... *Imprimées à Tours par Mathieu Chercelé pour Jehan Richart, libraire, de-
mourant en la rue de la Sellerie, à l'enseigne
S. Jehan l'Evangéliste, près les Augustins,* 1536,
2 part. en 1 vol. pet. in-8, gothique, dem.-rel.,
mar. rouge.

> Edition rare du Coutumier de Touraine. — La marque du libraire
> Jehan Richard, se voit au verso du titre et dernier feuillet, elle occupe
> toute la page. — Exemplaire grand de marges, avec témoins. — 4 feuil-
> lets dans le *Stile* sont troués.

136. — Promptuaire des loix municipales et cous-

tumes des bailliages, seneschaussées et pais du royaulme de France, concordées et parengonnées aux coustumes du pais et duché de Touraine, extraict des Commentaires de Jehan Breche, advocat au siège présid. de Tours, par luy composez sur lesd. Coustumes de Touraine. *Tours, par J. Roussel, imprimeur, pour luy et G. Bourgeat*, 1553, pet. in-8, mar. n.

Volume rare.

137. — Commentaires sur les Coustumes du pays de Loudunois, où se rapportent plusieurs coustumes d'autres pays, ordonnances royaux, jugemens et arrests, textes de droit commun, etc., par Maistre Pierre Le Proust, sieur de Beaulieu. *Saumur, Th. Portau*, 1612, in-4, vél.

138. — Plaid général et coustume de la cité et bailliage de Lausanne, approuvées le 20e iour d'apvril l'an 1613. Pet. in-fol., vél.

Manuscrit du xviie siècle, composé de 227 pages d'une bonne écriture.

139. — Lettres du Roy pour le payement des dixmes deües aux bénéficiers de son royaume et aussi pour l'entretenement de ses édicts de pacification, majorité et autres, et encore de celuy des hosteliers. *Paris, Rob. Estienne*, 1566, pièce pet. in-8, dem.-rel., toile lustrée.

140. — Arrest du Grand Conseil conten. déclaration du Roy sur l'exemption et affranchissement des tailles tant ordinaires que extraordinaires pour les biens que tiennent les habitants de Lyon au païs de Lyonnois. *Lyon*, 1600, pièce pet. in-8.

141. — Lettres-patentes du Roy portant commandement à tous Juifs et autres faisans profession et exercice de judaïsme, de vuider le royaume, pays et terre de son obeyssance, à peine de la vie et de confiscation de leurs biens. *Paris*, 1615, pièce pet. in-8, dem.-rel., toile lustrée.

142. — Ordonnance du Roy portant défenses très-expresses à tous ses subjects et autres estans en ce royaume, de ne blasphémer, ny jurer le nom de Dieu, de la tres-sacrée Vierge, ny des Saincts sur les peines y contenues. *Orléans, Fabian et Saturnin les Hotots*, 1617, pièce pet. in-8, dem.-rel., toile lustrée.

143. — Arrest du Conseil d'Estat (pour la Touraine, portant que les notaires subalternes ne feront actes, contrats, etc., hors leur territoire). *Orléans, Fab. et S. les Hotots*, 1619, pièce pet. in-8, dem.-rel., toile lustrée.

144. — Edits contre les duels et rencontres. 1613-1644. 6 pièces pet. in-8, dérel.

Déclarations du Roy sur les édicts des duels portant confirmation et augmentation d'iceux. publ. au Parlement le 18e jour de mars 1613. *Paris, 1613.* — Déclar. du Roy sur les édicts de pacification, des duels, combats et rencontres, défenses à tous ses subjects d'entrer en ligues et associations tant dedans que dehors le royaume et à ses officiers et pensionnaires de prendre gages et pensions d'autres que de luy, prohibitions des juremens et blasphèmes, etc. *Paris, 1614.* — Remonstrance au Roy contre les duels, prononcée au nom du Clergé durant la tenue des Estats, le 26 janvier 1615, par Messire Pierre de Fenolliet, evesque de Montpellier. *Paris, 1615.* — Advis sur le faict des duels à Mess. des Estats. 1615. (Pièce sans titre). — Edict du Roy sur le faict des duels et rencontres, publié en Parlement le 24 mars 1626. *Paris, 1626.* — Déclaration de la Majorité du Roy contenant confirmation des édicts de pacification et défenses des duels. *Paris, 1644.*

145. — Ordonnance de la police contenant le taux et prix que les boullangers doivent vendre le pain tant bis que blanc. *Paris, P. Mettayer*, 1631, pièce pet. in-8, cart.

146. — Dissertatio politico-juridica de Re Venatoria eique annexo jure, auctore Christ. Fesch, Basiliensi. *Basileæ*, 1638, pet. in-4, cart.

Volume rare sur le droit de chasse. — Petite piqûre dans le bas de la marge.

147. — Déclaration du Roy portant réformation des habits et deffences de porter passements d'or, d'ar-

gent et toutes sortes de dentelles de fil et poinct-coupé. *Paris*, 1639, pièce pet. in-8, cart.

148. — Lettres-patentes du Roi concernant les carrosses de place et les voitures des environs de Paris, données à Paris, le 17 février 1779. *Paris*, 1779. — Ordonnance de police concernant les carrosses de place et ceux de remise, du 12 avril 1779. *Paris*, 1779. — Ens. 2 pièces en 1 plaquette in-4, dem.-rel., toile lustrée.

IV. — PROCÈS CÉLÈBRES OU CURIEUX. — ARRÊTS CRIMINELS. — RELATIONS D'EXÉCUTIONS.

149. — Recueil de divers mémoires, harangues, remonstrances et lettres servans à l'histoire de nostre temps (publ. par Auger de Mauléon de Granier). *Paris*, 1623, pet. in-4, v. m.

Arrest donné contre Jacques Cœur. — Procez-criminel fait contre Messire Charles de Bourbon et Messire Jean de Poitiers, sieur de Saint-Vallier. — Narration sur la journée d'Arques. — Propos tenuz entre le duc de Mayenne et le président Le Maistre. (1593). — Etc., etc.

150. — Interrogatoire de François Ravaillac, natif d'Angoulesme, atteint et convaincu de l'assassinat par luy commis en la personne du roy Henry le Grand, IVe, arrivé le 14 may 1610, suivant un ancien ms. duquel cette copie a été tirée. — In-8, v. br.

Manuscrit du commencement du xviiie siècle, d'une belle écriture, composé de 89 pages.

151. — Déclaration de la damoiselle d'Escoman sur les intentions et actions du cruel parricide commis en la personne du Roy, de la Royne, de Monseign. le Dauphin, où elle fut conclüe, en quel lieu, par qui, comment Ravaillac lui fut envoyé, comme elle a descouvert tous ses desseins tant exécutez que prétendus, comme elle s'y est comportée, les diligences qu'elle a faictes pour en advertir les Majestez, à qui elle s'est adressée pour en faire

advertir le Roy et pour faire prendre lettres qui
alloient en Espagne, ceux à qui elle s'est adressée
pour empescher cest inhumain coup, la response
qu'on luy faisoit, combien il y a que ce pernicieux
dessein se machinoit, combien elle a nourry ce
parricide sans pouvoir le descouvrir, response que
le traistre Ravaillac luy fist... en quel temps il luy
déclara son malheureux dessein... comme il vint à
elle avec pleurs la supplier ne le vouloir descouvrir... comme elle fust bientost après emprisonnée,
comme estant en prison elle le déclara à un appo-
tiquaire de la Royne et à plusieurs. *S. l., n. d.*
(1610), pet. in-8, dem.-rel., toile lustrée.

> Pièce rare et curieuse sur Ravaillac.

152. — **Manifeste de Pierre Du Jardin**, capitaine de
la Garde, prisonnier en la Conciergerie du Palais
à Paris. *S. l.*, 1619, pièce pet. in-8, couv. en pap.

> Pierre du Jardin affirme s'être trouvé à Naples au logis d'un sieur de
> La Bruyère, à un dîner en compagnie de Ravaillac, lequel dit « *qu'il
> tueroit le Roy ou qu'il mourroit en la peine.* » Pierre du Jardin dé-
> clare en outre que quelques jours après, le P. Alagon, jésuite, oncle du
> duc de Lerme, lui fit la proposition d'assassiner Henri IV, moyennant
> 50,000 écus et le titre de grand d'Espagne.

153. — **Histoire véritable de tout** ce qui s'est faict et
passé dans la ville de Thoulouse en la mort de
M. de Montmorency, ensemble les interrogations
qui luy ont esté faictes et les responses à icelles.
S. l., 1633, pet. in-8 de 30 pag., br.

> Exemplaire absolument NON ROGNÉ.

154. — **Livres condamnés ou censurés sous Louis
XIII.** — 10 pièces pet. in-8, dérel.

> Arrest de la Cour de Parlement, ensemble la censure de la Sorbonne
> contre le livre de J. Mariana intitulé : *De Rege et Regis institutione.*
> *S. l.*, 1610. — Recueil de ce qui s'est fait et passé en Sorbonne et ail-
> leurs contre un livre de Becanus, jésuite. *S. l.*, 1613. — Remonstrance
> et plaincte des gens du Roy à la Cour de Parlement contre un livre du
> P. Suarez conten. plusieurs propositions et maximes contraires aux
> puissances souveraines des Roys et princes ordonnez et establiz de
> Dieu, seureté de leurs personnes, repos et tranquillité de leurs subjects.
> *S. l.*, 1614. — Conclusions de la très sacrée Faculté de Théologie de
> Paris sur la censure des livres de Mre Jean de Mansencal quand vivoit

premier président au Parlement de Tholose au bas de laquelle est l'extraict de l'escrit intitulé : Plainte justificative de Louys de Beaumanoir
pour les PP. Jésuites, etc. *S. l.*, 1615. — Arrest de la Cour de Parlement du 2 janvier 1615, touchant la souveraineté du Roy au temporel
et contre la pernicieuse doctrine d'attenter aux personnes sacrées des
Roys, ensuite duquel sont les arrests donnés sur le mesme subject. *Paris*, 1615. — Décret de l'Université de Paris faict et résolu en assemblée générale (contre le livre du P. Sancterel).*Imprimé pour l'Université, à Paris, chez Pierre Durand*, 1626. — Censure du libelle scan-
daleux intitulé : *Optati Galli*, etc.*Paris*, 1640. — Arrest du Parlement
qui condamne ce livre à être lacéré et brûlé. 1640. — Etc.

155. — Histoire tragique et arrests de la Cour de
Parlem. de Tholose, contre P. Arrias Burdeus, P.
Aug., Fr. Gairaud, conseiller au seneschal de Tholose ; damoiselle Violante de Bats du Chasteau, et
autres, par Guill. de Segla, Sr de Cayras. *Paris*,
1613, pet. in-8, vél.

> Bel exemplaire. — Cette édition est préférable à celle de 1609, à
> cause des annotations qui l'accompagnent.

156. — Arrest de la Cour de Parlement contre le
prince de Condé et autres princes, seigneurs et
gentilshommes qui, sans permission du Roy, et
contre son auctorité, depuis son absence ont pris
les armes et commettent tous actes d'hostilité qui
vont à la ruine et désolation de son pauvre peuple. *Paris*, 1615, pièce pet. in-8. cart. à la Brad.

157. — Arrest donné par la Cour de Parlement de
Provence les Grand Chambre et Tournelle assem-
blées contre les coulpables et criminels de lèze
Majesté à la reddition du château de Gavy (en
Provence). *Aix, J. Tholosan et Est. David*, 1625,
pet. in-8. dem.-rel., toile lustrée.

> Pièce fort rare. — Le procès en trahison pour raison de la reddition
> du château de Gavy est intenté « contre Maistre Reynaud Gaillard, procu-
> reur et curateur pourveu en la mémoire de feu Abraham Roux dit Gou-
> vernon, commandant dans ledit chasteau, Pierre Roux dit Chansault, fils
> dudit Gouvernon, du lieu de Chabueil en Dauphiné et Jean de Gérard dit
> Grangères du lieu de Serezins lez Grenoble..... »

158. — Commission du Roy, donnée aux Commissaires et Depputez par S. M. à Nosseign. de la
Cour du Parlem. de Rennes, pour faire et parfaire

le procez au comte de Chalais, et à tous autres criminels de lèze-Majesté. *Paris*, 1626, pièce pet.in-8, couv. en pap.

159. — Le Polyphème ou apologétic en la cause de la vérité à Mess. de Laon. *Paris*, 1628. (*Cachet de bibliothèque sur le titre*). — Le Pentagone historique monstrant en cinq façades autant d'accidens signalez, par J. P. C. (Camus), evesque de Belley. *Paris*, 1631. — 2 ouvr. en un vol. pet. in-8, v. marbr.

Le *Polyphème* est un livre rare et fort peu connu, dont l'auteur est un chanoine de Laon, nommé *Chambellan*. Il ne porte aucun nom de libraire ni d'imprimeur et selon toute probabilité n'a pas été mis dans le commerce. « L'auteur avoit un procès avec son chapitre pour une jolie nièce prétendue. Pour se venger il a fait cette satire très folle et très originale. *Polyphème* est le Chapitre. Il y a de beaux passages latins et françois singulièrement appliqués... Tout l'ouvrage est un tableau burlesque des tracasseries et même des fureurs des gens de Chapitre. Ceux de Laon en vinrent jusqu'à assassiner un de leurs confrères, comme il est ici vivement reporté. — Par arrêt du Parlement de Paris, en 1629, l'auteur a été condamné à demander pardon, tête nue, à son chapitre, etc., etc. » (*Note ms. sur la garde de l'exemplaire*).

160. — Discours de droict sur le factum du procès de M. le maréchal de Marillac, employé en sa production. *S. l., ni date (vers* 1632), pet. in-4, dem.-rel., v. fauve.

161. — Discours lamentables de trois jeunes enfans lesquels ont esté exécutez et mis à mort dans la ville de Tours pour avoir donné plusieurs coups de cousteau à leur père, aagé de soixante et dix ans, le dix-septiesme d'avril mil six cens et unze, avec les regrets et lamentations de leur sœur. *Imprimé à Paris par Fédér. Morel, imprimeur ordinaire du Roy*, 1611, pièce in-12, n. rel.

Réimpression fac-simile faite à Lyon, chez Perrin en 1874. — Exemplaire sur PEAU DE VÉLIN.

162. — Histoire prodigieuse et pitoyable d'un jeune homme qui a tué et bruslé sa propre mère au village de Nogent-sur-Marne, près Paris, avec la punition qui en a esté faicte, ensemble l'arrest de

la Cour de Parlement. *Paris, N. Rousset,* 1611,
pièce in-12, n. rel.
    Réimpression fac-similé faite à St-Germain en 1875. — Exemplaire
sur PEAU DE VÉLIN.

163. — Histoire prodigieuse advenue sur la personne
d'un notable marchand, par la malice de la femme
d'un faquin, en la ville de Venize, sous prétexte et
intention d'avoir la bougette dudict marchand avec
son argent, ensemble de ce qu'il advint du marchand, du faquin et de sa femme, exécutée le
10 mars 1610. *A Paris, par Ant. Gaillard, à la
rüe de Mont-orgueil, s. d.* (vers 1611), pet. in-8,
réglé, fig. sur bois sur le titre, cart. à la Brad.
    Pièce populaire de toute rareté. — Seul exemplaire connu. — Parfait
état de conservation.

164. — Procès-verbal du crime détestable de trois
sorcières surprises ès faulx-bourgs Sainct Germain des Prez, ensemble leur interrogatoire, sentence du bailly du lieu, arrest du Parlement et
exécution d'iceluy le mercredi, quatorzième aoust
dernier. *Paris. Syl. Moreau,* 1619, pet. in-8, cart.
    Pièce fort rare et non citée. -- Exemplaire grand de marges et bien
conservé.

165. — Récit véritable de la prise du soy-disant sieur
de La Chesnaye et de trois de ses complices, tous
quatre des princip. voleurs nommez les Rougets et
Grizons, ensemble l'exécution qui en a esté faite à
Veruueil en Perche, par sentence du prévost des
Mareschaux de Mortagne, le 19 jour du mois d'a-
vril dernier. *Paris,* 1622, pet. in-8, dem.-rel., toile
lustrée.
    Pièce très rare relative à une bande de voleurs qui infestait alors la
France. (Voir les *Variétés historiques* publ. par Ed. Fournier dans la
Bibliothèque Elzévirienne).

166. — Exécution d'un capitaine dans la ville de
Lyon, ensemble la desloyauté d'une damoiselle
envers son mary. *A Paris, jouxte la copie imprimée à Lyon,* 1626, pièce in-12, n. rel.
    Réimpression fac-similé faite à Lyon, chez Perrin en 1875. — Exem-
plaire sur PEAU DE VÉLIN.

167. — Exécution remarquable de trois meschants scélérats qui ont esté rompus à la Croix du Tiroir pour avoir tué et assassiné les gentilshommes de Monseign. le duc de Beaufort. *Paris*, 1650, pièce pet. in-4, couv. en pap.

168. — Exécution remarquable d'un sorcier et empoisonneur nommé Patalier, lequel pour maléfices, empoisonnemens, sacrilèges et sorcelleries a été condamné à l'âge de soixante et quinze ans d'estre brûlé vif à Rouen en la place du Vieil Marché, au commencement du mois de mars mil six cens quatre vingt quatre. *Sur la copie imprimée à Rouen, chez Laurens Machüel, s. d. (vers 1684)*, pièce pet. in-4, cart., dos de toile lustrée.

> Pièce fort rare et non citée. C'est une complainte populaire en vers sur cet événement. Sur le titre une grande gravure sur bois à compartiments représente naïvement tous les détails de l'exécution ; la lecture de l'arrêt par les gens de justice, le transport de Patalier dans une charrette au lieu du supplice, le bûcher flambant avec le condamné et le bourreau attisant le feu avec une fourche. Le bord de la marge latérale du titre atteint par le couteau du relieur.

SCIENCES ET ARTS

I. — SCIENCES PHILOSOPHIQUES ET POLITIQUES. — SCIENCES NATURELLES. — SCIENCES OCCULTES. — ARTS ET MÉTIERS.

169. — Les œuvres de Luc.-Ann. Sénèque, mises en françois par Matth. de Chalvet, conseiller du Roy en son Conseil d'Estat et président ès enquêtes du Parlement de Tholose. *Paris*, 1624, in-fol., portr. de Sénèque gravé en taille-douce par J. Picart, mar. olive, fil., tr. dor. (*Reliure ancienne*).

> Aux armes de LOUIS-CHARLES DE VALOIS, COMTE D'AUVERGNE et DUC D'ANGOULÈME, fils naturel de Charles IX et de Marie Touchet, né en 1572, mort en 1670.

170. — Tableau de l'Inconstance et instabilité de toutes choses, où il est monstré qu'en Dieu seul gist la vraye constance à laquelle l'homme sage doit viser, reveu, corrigé et augmenté avec un livre nouveau de l'inconstance de toutes les nations principales de l'Europe ; quelle nation est la plus inconstante et la comparaison entre elles, traicté singulier et notable, utile à tous rois, princes et Estats pour cognoistre tant la valeur et les perfections que les défauts des peuples et principalement de leurs sujects, par P. de Lancre, conseiller au Parlement de Bordeaux. *Paris, Abel L'Angelier,* 1610, in-4, dem.-rel., dos et coins de vél. bl.

Volume rare. — L'auteur a composé un traité de l'*Inconstance des anges et démons* qui fait suite à celui-ci. — Bel exemplaire.

171. — Le tableau des affections humaines, auq. est traicté de leurs causes et de leurs effects, suivant les passions humaines, par Coeffeteau, evesque de Marseille. *Paris,* 1627, pet. in-8, cart.

172. — Le grand empire de l'un et de l'autre monde, divisé en 3 royaumes, le royaume des aveugles, des borgnes et des clairvoyants, le tout enrichi de curieuses inventions et traits d'éloquence françoise, composé par J. De La Pierre. *Paris, D. Moreau,* 1630, in-8, titre grav. et fig. par Crispin de Pas, vél.

La figure de Crispin de Pas, qui se trouve en face de la dédicace, représente Louis XIII assis dans une barque au milieu des flots de la Seine et en vue du Louvre. Richelieu dirige l'embarcation qui symbolise le navire de l'Etat.

173. — L'homme content, œuvre plein de graves sentences, d'agréables réparties et de bonnes pensées (par Le Page). *Paris,* 1631, frontisp. gravé par Briot et portr. de Nic. de l'Hôpital, marquis de Vitry, auquel l'ouvrage est dédié. In-8, cart., dos de vél.

174. — Ludovico Justo XIII Regi Christ. ad Christianæ rei patrocinium, dedicat F. Th. Campanella tres hosce libellos, videl. : Atheismus Triumphatus ; de Gentilismo non retinendo ; de prædestina-

tione et reprobatione et auxiliis divinæ gratiæ
Cento Thomisticus. *Paris.*, 1636, 3 part. en 1 vol.
pet. in-4, vél.

175. — Le Miroir qui ne flatte point, par le Sr de la
Serre. *Paris, Nic. Trabouillet,* 1636, pet. in-8 de
7 ff. prél. non ch., y compris une figure, et 322
pag. chiff., rel. pleine en v. fauve. (*Thompson*).

176. — Diverses leçons sur plusieurs questions et
occurrences très difficiles et de grande conséquence. *S. l.*, 1636, in-12, vél., fil., tr. dor.

Que toutes les vertus doivent être réduites à trois seulement : la religion, la tempérance et la justice. — Sur les I, VI, VII et VIII versets
du premier chapitre de Genèse pour l'interprétation du mot Cieux. —
Qu'il n'y a point d'élément de feu entre l'air et la Lune et que dans le
Soleil est le principe de la lumière et de la chaleur naturelle. — Sur les
moyens qu'il faut tenir pour choisir la vraye religion. — De la tempérance et si les festins et la communication des tables luy conviennent.
— De la justice, avec quelques règles pour aider grandement à la resta-
blir en sa splendeur et vray usage. — Que les conquestes dans une
guerre légitime peuvent estre retenues en bonne conscience et quelquefois ne peuvent estre restituées sans se mettre en péril d'offenser Dieu
et les hommes.

177. — Antipathie des François et des Espagnols,
œuvre curieuse et agréable composé en espagnol
par le Dr Ch. Garcia, et mis en françois par R. D.
B. (avec le texte en regard). *Rouen, J. Cailloué,*
1638, in-12, vél.

178. — Les Plaisirs des Dames, par de Grenaille, escuyer, sieur de Chatounières. *Paris, G. Clousier,*
1641, in-4, portr., vél.

Exemplaire grand de marges et dans sa première reliure, avec le portrait de Grenaille, gravé par Rousset en taille-douce. Ce portrait, qui
est fort beau, est très rare. Il manque dans la plupart des exemplaires.

179. — Les œuvres philosophiques du Cardinal de
Retz, notice sur un manuscrit inédit de la Bibliothèque d'Epinal, par A. Hennequin. *Paris,* 1842,
broch. gr. in-8.

180. — Le Bourgeois poli, où se voit l'abrégé de divers complimens, selon les diverses qualités des
personnes, ouvrage très utile pour la conversation

(par F. Pedoue). *Chartres, Cl. Peigné*, 1631, in-12, br.

> Réimpression à 70 exemplaires d'un petit livre fort rare et très curieux au point de vue des habitudes domestiques et de la vie intérieure au xviie siècle. Elle a été faite par les soins de M. G. Duplessis, chez Garnier, à Chartres, en 1847.

181. — L'honneste homme, ou l'art de plaire à la Cour, par le S. Faret. *Rouen*, 1637, pet. in-8, vél. bl.

> Ouvrage rare et curieux. — Le Roy, les Princes et les grands.— Les Médiocres. — Des jeux du hazard et contre les joueurs. — Contre les femmes fardées. - Les Reynes et les Princesses, les Dames et les filles d'honneur. — Description du Cercle. — De la conversation du Louvre et de ses incommoditez. — De la mode des habits et de leur assortissement. — Contre les inventeurs de modes extravagantes. — Etc , etc.

182. — Instruction sommaire au public de ce qui s'observe au petit séminaire estably à Dijon, pour l'éducation chrestienne des enfans de qualité. *Dijon*, 1677, pet. in-12, cart.

183. — De l'obéissance deüe au prince. A *Caën, chez Jaques le Bas, imprimeur du Roy*, 1590, pet. in-8, dem.-rel., toile lustrée.

184. — Le Juppiter de Candie, par G. de T. (G. de Terraube), conseiller au Parl. de Tholose. *Paris, Abel l'Angelier*, 1604, pet. in-8, vél.

> Les quelques lignes suivantes, extraites de la préface et des premières pages de texte, font connaître le sujet de l'ouvrage et expliquent le titre allégorique du livre. « Ce petit discours du Juppiter de Candie est très utile et très salutaire à ceux qui commandent, pourveu qu'ils le sçachent goûster... Il y a une statue de Juppiter en Candie qui n'a point d'oreilles, pour monstrer que le maistre de l'univers ne doit rien apprendre des autres, ny estre instruit des affaires du monde par ouyr et entendre autre que soy mesme... »

185. — Les résolutions politiques, ou maximes d'Estat du s. J. de Marnix, baron de Potes. *Bruxelles, J. Mommart*, 1612, in-4, titre gr., vél.

186. — Apologie royalle, par Ant. Piard, S. du Montguenant, premier advocat du Roy en la vicomté de Neufchastel. *S. l.*, 1612, pet. in-4, cart. à la Brad.

187. — Traicté de la Cour (par Eustache du Refuge).
1616, pet. in-8, 1 f. pour le titre et 208 pp. chiff.,
vél.

> Edition originale très rare. Elle est signée à la fin des initiales D. R.,
> qui s'appliquent à Du Refuge, l'auteur. — Exemplaire grand de marges
> et dans sa première reliure. — Mouillure à la fin du volume.

188. — L'Anti-Courtisan ou défense du droit annuel
contre les inconvénients que les courtisans luy im-
putent, par *C. D. P. Paris*, 1617, pet. in-8 de
130 pag., cart.

189. — Le Monarque parfait, ou le devoir d'un
prince chrétien, comp. en lat. par le card. Bellarmin et mis en franç. par J. de Lannel, escuyer,
seign. du Chaintreau et de Chambort. *Paris*, 1625.
— La vie de Godefroy de Bouillon, duc de Lorraine, et premier roy de Jérusalem, par le même.
Paris, 1625, 2 ouvr. en 1 gros vol. in-8, vél.

> Bel exemplaire, sauf une légère mouillure.

190. — Le Catholique d'Estat, ou disc. politique des
alliances du Roy tr. chrestien contre les calomnies
des ennemis de son Estat, par le Sr du Ferrier.
Paris, 1625, pet. in-8, vél.

> Bel exemplaire. — Sur la garde on lit une note manuscrite ancienne
> qui dévoile le nom du véritable auteur : *Par Jean Sirmond, né à
> Riom*.

191. — De l'interest des princes et Estats de la Chres-
tienté, à M. le card. de Richelieu (par Henry de
Rohan). *Jouxte la copie impr. à Paris (Holl.,
Elzevier, à la Sphère)*, 1641, pet. in-12, vél.

> Véritable Elsevier de Leyde. — Joli exemplaire.

192. — Testament politique ou les Maximes d'Etat
du Cardinal de Richelieu, divisé en deux parties.
— Pet. in-fol., v. br.

> MANUSCRIT DE LA FIN DU XVIIe SIÈCLE, composé de plus de 500 pag.
> d'une belle écriture.

193. — Lettre sur le testament politique du cardinal
de Richelieu (par de Foncemagne). *S. l.*, 1750, in-
12, v. br. — Doutes nouveaux sur le Testament

attribué au cardinal de Richelieu. *S. l.* (*vers* 1760), in-8 de 73 pag., br.

194. — La Chasse aux Larrons, ou avant-coureur de l'histoire de la Chambre de justice, des livres du bien public et autres œuvres faits pour la recherche des financiers, et de leurs fauteurs, par J. Bourgoin. *Paris*, 1618, pet. in-4, curieuse figure en taille-douce sur le titre, vél.

195. — Bail général des cinq grosses fermes de France, la doüanne de Lyon y comprise, faict par le Roy à Maistre Pierre Delasablière, secrétaire de la Chambre de Sa Majesté, pour six années commençans le 1er jour d'octobre 1613. *Paris*, 1613, pet. in-4 de 25 pag., couv. en pap.

196. — La suprême puissance de la France, par l'union de ses forces, l'extinction de toutes les guerres civiles et souslevements, l'exemption des oppressions et violences des gens de guerre, la nourriture assurée des soldats en leurs marches et logements sans incommoder ses subjets, les déserteurs d'armée, voleurs et vagabonds contraints changer de façon de vivre, les tailles et subsides payées sans frais par tous les cottisables, la commutation de collecteurs des tailles en officiers utiles à l'Estat, dédié au Roy Louys le Juste, par P. Beaulieu, sieur de La Barthe. *S. l.* (*Paris*), 1642, plaquette pet. in-4, cart. à la Brad.

> Pièce rare et fort curieuse.

197. — De l'administration en France sous le ministère du card. de Richelieu, par J. Caillet. *Paris*, 1857, in-8, br.

198. — La conjonction des Mers (par Charles Bernard). *S. l.*, 1613, pet. in-4 de 21 pag., cart., tr. dor.

> Pièce rare et fort curieuse dédiée au président Jeannin. C'est l'idée et proposition d'un canal de la Seine à la Saône, « afin de joindre la navigation de l'Océan avec la mer Méditerranée. » Le plan et les avan-

tages que la France retirerait de cette grande voie de communication,
exécutée depuis, sont développés avec beaucoup de force et de justesse.

199. — La restitution de Pluton, à Mgr le card. duc
de Richelieu, des mines et minières de France cachées et détenues jusques à présent au ventre de
la terre, par le moyen desquelles les finances de
Sa M. seront beaucoup plus grandes que celles de
tous les princes chrétiens; ens. la raison pourquoi
les dites mines et minières ont esté jusques à présent presque inutiles, par Martine de Bertereau,
dame et baronne de Beausolcil, et d'Auffembach.
Paris, Hervé Du Mesnil, 1640, pet. in-8, pl. de
blason, fig., vél.

Rare. — « Ouvrage assez curieux. » (*Brunet*).

200. — Advertissement pieux et tres utile des Frères
de la Rosée-Croix, à sçavoir s'il y en a? quels ils
sont? d'où ils ont prins ce nom? et à quelle fin ils
ont espandu leur renommée? escrit et mis en lumière pour le bien public, par H. Neuhous de
Dantzic. *Paris*, 1624, pet. in-8, dem.-rel., mar. r.

Ces frères de la Rose-Croix étaient tout simplement des alchimistes.

201. — Flore de l'Anjou ou exposition méthodique
des plantes du départem. de Maine-et-Loire et de
l'ancien Anjou d'après l'ordre des familles naturelles, par A.-N. Desvaux. *Angers*, 1827, in-8, br.

202. — Discours prodigieux de ce qui est arrivé en la
Comté d'Avignon, contenant tant le déluge, dégast
des eaux et feu tombé du ciel que les ruines du
Pont de Sorgues, Bédéride et Aubainien, et autres
prodiges estranges arrivez ausdits lieux le dimanche vingt-unième jour d'aoust 1616. *Paris, Nic.
Rousset*, 1616, pièce in-12, non rel.

Réimpression fac-simile faite à Lyon, chez Perrin, en 1874. — Exemplaire sur PEAU DE VÉLIN.

203. — Histoire prodigieuse et admirable arrivée en
Normandie et pays du Mayne du ravage qu'y ont
fait une quantité d'oiseaux estrangers et incognuz
sur les fruicts et arbres desdits pays, et ont ruiné

et infecté plusieurs villes et villages, mesme causé
la mort de plusieurs personnes au grand estonnement du peuple. *Paris, Isaac Mesnier*, 1618, pièce
in-12, n. rel.

Réimpression fac-simile faite à Lyon, chez Perrin en 1875. — Exemplaire sur PEAU DE VÉLIN.

204. — Récit véritable du monstrueux et effroyable
dragon occis en une montagne du Hault Auvergne
par Jean de la Brière, natif de Cervière en Forests,
jouxte la lettre du 18 may 1632 escripte de Beaufort
par le seigneur dudict lieu, syndic de la Noblesse
d'Auvergne. *Paris, Matt. Colombel*, 1632, pièce
in-12, n. rel.

Réimpression fac-simile faite à Lyon, chez Perrin en 1875. — Exemplaire sur PEAU DE VÉLIN.

205. — Histoire admirable des effets merveilleux du
tonnerre et foudre du ciel qui ont tué et blessé plusieurs personnes et bœufs estans à la campagne
près de Gyen et Bonny-sur-Loyre et un déluge in-
nombrable d'eaux arrivé en mesme temps audit
lieu, avec le certificat du sieur Pichery, chirurgien
demeurant à Bonny qui a visité les corps morts et
blessez. *Paris, J. Martin*, 1632, in-12, n. rel.

Réimpression fac-simile faite à Lyon, chez Perrin. — Exemplaire sur PEAU DE VÉLIN.

206. — L'effroyable incendie et bruslement général
de la grande forest de Boisfort en Picardie et les
déplorables ruines arrivées par le feu aux lieux
circonvoisins, la nuict du mardy au mercredy
trentiesme aoust 1634. *Paris, J. Augé*, 1634, pièce
in-12, n. rel.

Réimpression fac-simile faite à Lyon, chez Perrin en 1875. — Exemplaire sur PEAU DE VÉLIN.

207. — Le préservatif des fièvres malignes de ce
temps, par Rodolphe Le Maistre, conseiller médecin ordinaire du Roy et premier médecin des Enfans de France. *Paris*, 1620, in-12, vél.

208. — P. Brissoti doctor. medici Parisiensis præs-

8.

tantissimi apologetica disceptatio in qua docetur
per quæ loca sanguis mitti debeat in viscerum in-
flammationibus, præsertim in pleuritide, edid.
Ren. Moreau, D. M. Parisiensis. *Parisiis*, 1622. —
De missione sanguinis in pleuritide ubi demonstratur ex quâ corporis parte detractus ille fuerit a
duobus annorum millibus ex omnium pene medicorum græcorum, latinorum, arabum, barbarorum
exacta enumeratione, adjuncta est P. Brissoti doct.
med. Parisiensis vita auctore Ren. Moreau, doc-
tore medico Parisiensi. *Paris.*, 1622, 2 tom. en un
vol. pet. in-8, mar. rouge, fil. à la Dusseuil, tr.
dor. (*Reliure ancienne*).

> Exemplaire du CARDINAL RICHELIEU, à ses armes. Sur le dos et aux angles des filets, les petites armes en guise de fleurons. Au centre des plats, les grandes armes, avec la devise du grand ministre d'Etat : *His fulta manebunt.* — Ce traité de la saignée dans la pleurésie, du côté affecté, eut une grande réputation dans son temps. L'auteur, P. Brissot, était de Fontenay-le-Comte en Poitou. René Moreau, qui publia son livre, était doyen de la Faculté de Paris.

209. — Fr. Citesii Regis et Eminentiss. Cardin. Ducis de Richelieu medici atque Facultatis Picta-
viensis decani opuscula medica. *Parisiis, Cramoisy*, 1639, in-4, vél.

> De tempestivo phlebotomiæ ac purgationis usu. — Abstinens Confo-lentanea cui obiter annexa est pro Jouberto apologia. — Abstinentia puellæ Confolentaneæ ab Isr. Harveti confutatione vindicata. — De novo et populari apud Pictones dolore colico-bilioso. — Advis sur la nature de la peste et sur les moyens de s'en préserver et guérir.

210. — Histoire merveilleuse et espouventable d'un
monstre engendré dans le corps d'un homme,
nommé Ferdinand de la Febve au Marquisat de
Cenere en Espagne, imprimé premièrement à Ma-
dric (*sic*) en Espagne par la permission de M. le
grand vicaire dud. lieu. A *Paris, par Thibault du
Val, en sa boutique, rue Sainct Anthoine, proche l'église des Jésuistes*, 1622. Pet. in-8, cart.

> Pièce très rare.

211. — Discours curieux sur le secret admirable du
sieur Manfredé, beuveur d'eau insigne qui est

venu de Malte et par quelle subtilité il convertit l'eauc qu'il a beüe en toutes sortes de couleurs et d'odeurs. *Paris*, 1640, pièce pet. in-8, dem.-rel., toile lustrée, tr. dor.

212. — Histoire admirable advenue en la ville de Thoulouse d'un gentilhomme qui s'est apparu plusieurs fois à sa femme, premièrement en forme naturelle, puis en forme de corps mort, ayant esté recognu de plusieurs personnes, tant docteurs, conseillers que médecins et autres. *Paris, Séb. Lescuyer*, 1623, pet. in-8, cart.

    Pièce originale fort rare ; une légère déchirure à un feuillet.

213. — Histoire admirable advenue en la ville de Thoulouse d'un gentilhomme qui s'est apparu plusieurs fois à sa femme deux ans après sa mort, premièrement en forme naturelle, puis en forme de corps mort, ayant esté recognu de plusieurs personnes tant docteurs, conseillers que médecins et autres. *A Paris, chez Séb. Lescuyer, sur le Pont-Neuf*, 1623, pièce in-12, non rel.

    Réimpression fac-simile faite à Lyon, chez Perrin en 1875. — Exemplaire sur PEAU DE VÉLIN.

214. — Récit véritable des choses estranges et prodigieuses arrivées en l'exécution de trois sorciers et magiciens delfaits en la ville de Lymoges, le vingt-quatriesme d'avril mil six cens trente. *A Bourdeaux, par J. du Coq, demeurant en la rue S. James, à l'enseigne du Coq ; jouxte la coppie imprimée à Lymoges* (vers 1630), in-12, non rel.

    Réimpression fac-simile faite à Lyon, chez Perrin en 1875. — Exemplaire sur PEAU DE VÉLIN.

215. — La chasse donnée aux espouventables esprits du chasteau de Bicestre près la ville de Paris, par la démolition qui en a esté faite, avec les estranges tintamarres et effroyables apparitions qui s'y sont toujours veüs. *Paris, J. Brunet*, 1634, pièce in-12, n. rel.

    Réimpression fac-simile faite à Paris, chez Motteroz en 1875. — Exemplaire sur PEAU DE VÉLIN.

40-,, 216. — Relation de la sortie du démon Balaam du corps de la Mère prieure des Ursulines de Loudun, et ses espouventables mouvemens et contorsions en l'exorcisme, avec l'extrait du procès-verbal desdits exorcismes qui se font à Loudun par ordre de l'evesque de Poictiers. *Paris*, 1635, pièce pet. in-8, dem.-rel., toile.

40-,, 217. — Lettre escrite à l'evesque de Poictiers par un des Pères Jésuites qui exorcisent à Loudun (le P. Surin), conten. un brief récit de la sortie de Léviatan, chef de 50 démons qui possèdent tant les filles religieuses que séculières, avec un extr. du procès-verbal des exorcismes qui se font à Loudun. *Paris*, 1635, pet. in-8, dem.-rel., toile.

Pièce originale très rare.

40- 218. — Les interrogatoires et exorcismes nouv. faits à un démon sur le sujet de la possession des Filles Urcellines (*sic*) de la ville de Loudun, avec les responces du démon au P. Mathieu de Luché, Capucin, exorciste, sur le mesme sujet au grand estonnement du peuple. *Paris*, 1637, pièce pet. in-8, dem.-rel., toile.

11-,, 219. — Examen et discussion critique de l'histoire des diables de Loudun, de la possession des Religieuses Ursulines et de la condamnat. d'Urbain Grandier, par de La Menardaye, prêtre. *Liège*, 1749, in-12, v. marbr.

13-,, 220. — Histoire des diables de Loudun, ou la possession des Religieuses Ursulines et de la condamnation au supplice d'Urbain Grandier, curé de la même ville, cruels effects de la vengeance du card. de Richelieu (par Aubin). *Amst.*, 1752, in-12, fig., v. marbr.

26-,, 221. — Histoires véritables arrivées en la personne de deux bourgeois de la ville de Charleville qui ont esté estranglez et emportez par le diable dans lad. ville. *Jouxte la copie imprimée à Charleville,*

1637, pet. in-8, dem.-rel., toile lustrée, tr. dor.
Pièce originale fort rare.

222. — Histoires véritables arrivées en la personne
de deux bourgeois de la ville de Charleville qui ont
esté estranglez et emportez par le diable dans ladite ville. *Jouxte la copie imprimée à Charleville*, 1637, pièce in-12, n. rel.
Réimpression fac-simile faite à Lyon, chez Perrin en 1874. — Exemplaire sur PEAU DE VÉLIN.

223. — Récit véritable de l'effet d'un malheureux sort
magique nouvellement arrivé sur cinq habitans et
deux damoiselles de la ville de Chasteaudun et
des effroyables actions qu'ils font journellement.
Paris, Cl. Morlot, 1637, pièce in-12, n. rel.
Réimpression fac-simile faite à Lyon, chez Perrin en 1875. — Exemplaire sur PEAU DE VÉLIN.

224. — Histoire véritable et mémorable de la grande
cruauté et tyrannie faicte et exercée par un colonel
signalé de l'armée de Galas, lequel a tué, pillé et
violé plus. paysans et paysannes, qui a esté emporté et mangé visiblement par les diables et à la
veue de beaucoup de personnes du pays d'Allemagne. *Jouxte la copie impr. à Aix en Allemagne*,
1637, pet. in-8, dem.-rel. toile.
Pièce originale très rare.

225. — Histoire véritable et mémorable de la grande
cruauté et tyrannie faicte et exercée par un colonel
signalé de l'armée de Galas, lequel a tué, pillé et
violé plusieurs paysans et paysannes, qui a esté
emporté et mangé visiblement par les diables et à
la vue de beaucoup de personnes du pays d'Allemagne. *Jouxte la copie imprimée à Aix en Allemagne*, 1637, pièce in-12, n. rel.
Réimpression fac-simile faite à Lyon, chez Perrin en 1875. — Exemplaire sur PEAU DE VÉLIN.

226. — Prédictions et pronostications sur les événements politiques du règne de Louis XIII. — 7 pièces pet. in-8, dérel.
L'Anti-Morgard sur ses prédictions de la présente année 1614. *Paris*,

1614. — L'Anti-Mauregard (*sic*) ou le fantosme du bien public. *S. l.*, 1614. — La Sapience manifestée par le rapport du double de la lettre de Mgr le Prince, avec le double de la response de la Royne Régente qui ont esté imprimez à Paris ou les deux doubles par accord d'augmentation font un quadruple valant treize livres ici historié, dédié au Roy par l'Esprit de la Cour qui gouverne : Prière va Bénis S. des Viettes, historiographe du Roy. *A Paris, le 2 avril* 1614. — Les Révolutions du Monde, avec les prophéties pour les années 1615 et 1616, selon que les plus doctes ont prédit, par l'Hermite solitaire. *Paris,* 1615. — Le manifeste de Noël-Léon Morgard, spéculateur ès causes secondes, conten. les affaires et divers accidens de la présente année 1619. *Paris,* 1619. — Les visions admirables de Guillaume le Solitaire, hermite du Mont Bassine, qui vivoit durant le grand schisme de l'Eglise, contenant un bref discours des grandes et espouventables révélations de ce qui doit arriver de nostre temps et surtout en la France, trouvées en un vieil manuscrit dans la bibliothèque de l'abbaye de Tricobe en Gémodan (*sic*). *S. l.*, 1620. — Advis sur les faux bruits et vaines prognostications de ce temps. *Paris, s. d.*

227. — Discours merveilleux et espouventable des signes et prodiges veus sus et dans la ville de Sedan ces jours passez. *A Sedan, par l'héritier de Jacob Salesse, imprimeur de Son Excellence,* 1615, pet. in-12, non rel.

> Réimpression fac-similé faite à Lyon, chez Perrin en 1875. — Exemplaire sur PEAU DE VELIN.

228. — Les révélations de l'Hermite solitaire, sur l'estat de la France (par Jean Chenel, chevalier, sieur de la Chappronnaye). *Paris, Touss. du Bray,* 1617, joli frontisp. gravé et fig. en taille-douce. — La reigle et constitution des Chevaliers de l'Ordre de la Magdeleine (par le même). *Paris,* 1618. — 2 part. en un vol. pet. in-8, dem.-rel.

> Volume rare et très curieux. — Exemplaire grand de marges.

229. — Méditations de l'hermite Valérian, trad. de bon normand en vieux gaulois par un pèlerin du Mont S. Michel, en faveur de tous bons François. *S. l.*, 1621. — La merveilleuse vision de l'astrologue Joathan, expliquée par l'autheur. *S. l.*, 1622. — 2 pièces en un vol. pet. in-8, dem.-rel.

230. — Les signes et prodiges apparus sur la ville de Paris, Sainct-Denys et autres lieux, le soir du dimanche douziesme septembre 1621, ensemble les divers jugemens decretez sur ce mesme sujet. *Paris*, 1621, pièce pet. in-8, couv. en pap.

231. — Les signes effroyables nouvellement apparus en l'air sur les villes de Lyon, Nismes, Montpellier et autres lieux circonvoisins au grand estonnement du peuple. *Paris, Isaac Mesnier*, 1621, pièce in-12, non rel.

> Réimpression fac-simile faite à Lyon, chez Perrin en 1875. — Exemplaire sur PEAU DE VÉLIN.

232. — Les signes merveilleux et espouventables apparus au ciel sur la ville de La Rochelle, le 28 jour d'avril dernier, le tout au grand estonnement de tous les Rochellois, ensemble le combat de deux hommes en l'air, lesquels ont esté veus en grande admiration par tous les habitans de lad. ville, av. la résolution de leur assemblée tenue sur le sujet et événement desd. apparitions. *Paris*, 1621, pièce pet. in-8, dem.-rel., toile lustrée.

233. — Discours et interprétation sur l'apparition merveilleuse de trois soleils sur la ville de Marseille, arrivée en la présente année mil six cens trente sept et des causes contenues en icelle. *Paris, J. Brunet*, 1637, pièce in-12, n. rel.

> Réimpression fac-simile faite à Lyon, chez Perrin en 1874. — Exemplaire sur PEAU DE VÉLIN.

234. — Les feux apparus au ciel près Monceaux sur le bois de Vincennes, autour de Piviers (Pithiviers) et entre Loches et Tours le neufiesme septembre 1642 et autres particularitez. *Sur l'imprimé à Paris en l'Isle du Palais et à Orléans chez R. Fremon*, 1642, pièce pet. in-8, cart.

235. — La Lorraine en trouble sur les signes apparus dans la ville de Nancy, le vendredy quatorzième jour du présent mois de juin sur les huict heures du soir, envoyé à M. de Loménie, secrétaire d'Estat, ensuite l'explication faite par Wekel, astrologue allemand, sur ce sujet. *Paris*, 1652, pièce pet. in-4, cart.

236. — La Milice françoise, réduite à l'anc. ordre et
discipline militaire des légions, telle et comme la
vouloient observer les anciens François, à l'imitation des Romains, etc., par Louys de Montgommery, seign. de Courbouson. *Paris*, 1614, pet.in-8,
fig. à mi-page, parch.

Très rare. — Piqûre de vers dans la marge.

237. — Le gouvernement de la cavalerie légière,
traicté qui comprend mesme ce qui concerne la
grave. pour l'intelligence des capitaines, matière
par ci-devant jamais traictée, réduicte en art avec
ses préceptes, par G. Basta, gouverneur gén. en
Ungrie et Transilvanie, mis en lumière en langue
ital. par J. Sirtori, trad. à présent en langue franç.
et engravé en cuivre, par J.-Th. de Bry. *Hanaw*,
1614, pet. in-fol., titre entouré d'une bordure,
planches, v., fil.

Exemplaire bien conservé dans sa première reliure. Ce volume est
orné de plusieurs grandes planches gravées à l'eau-forte par Th. de
Bry.

238. — Le Maistre de Camp général, c'est à dire descript. et instruct. de la charge de maistre de
camp, touch. la conduicte et gouvernement d'une
armée, mise en lumière en langue ital. par G.
Basta, trad. en langue franç. et déclaré par figures
par Théod. de Bry, bourgeois d'Oppenheim. *Impr.
à Francfort s. le Mein, de l'impr. de P. Jacobi,
aux frais dudict de Bry*, 1619, pet. in-fol., titre
entouré d'une bordure, portr., figures, bas., fil.

Ce volume est orné de plusieurs figures en double grandeur des pages,
ainsi que d'un beau portrait de l'auteur. Le tout est gravé par Th. de
Bry. — Bonne conservation intérieure. Reliure du temps, mais fatiguée.

239. — Les principes de l'art militaire, où il est
sommairement traicté du devoir de ceux qui com-
mandent une armée ; ensemble du mot et préémi-
nences d'iceux, de la charge et considération du
général d'armée, de l'ordre et motions militaires
qui sont maintenant observées en Hollande par le

prince Maurice, avec les figures de chaque chose,
en aprés de la conduite d'un régiment à pied et
quelques trouppes de cavalerie tant au loger, marcher que pour combattre, divisez en III livres, par
J. de Billon, escuier. Sr de la Prugne, lieutenant
de M. de Chappes. *Lyon, P. Rigaud,* 1622, in-4,
vél.

> Bel exemplaire dans sa première reliure.

240. — Advis pour augmenter les manufactures de
France pour l'art de la soye, laines et toiles estrangères. *Lyon, J. Aymé Candy,* 1627, pet. in-8,
cart., non rogné.

> Pièce rare, dans laquelle il est surtout question des manufactures de
> soie de Lyon et de Tours. « Les manufactures, dit l'auteur, c'est la
> vraye mine d'un Estat. Il suffit de savoir qu'elles enrichissent toutes les
> provinces où elles sont establies et font par conséquent qu'un chacun
> s'entremet pour le profit qu'ils voyent à l'œil qu'elles apportent à ceux
> qui les entreprennent... »

II. — BEAUX-ARTS.

241. — Histoire de l'art chez les anciens, par Winc-
kelmann, trad. de l'allem. par Huber. *Paris,* 1789,
3 vol. in-8, nombr. planch., dem.-rel., mar. br. à
nerfs.

242. — Histoire de l'art monumental dans l'antiquité
et au moyen-âge, suivie d'un traité de la peinture
sur verre, par L. Batissier. *Paris,* 1845, gr. in-8,
planches color. et fig. dans le texte, br.

243. — Recherches histor. sur l'origine et les ouvrages de Michel Colombe, tailleur d'ymaiges du
Roi, par H. Lambron de Lignim. *Tours,* 1848,
broch. in-8.

> Tiré à 100 exemplaires seulement.

244. — Documents relatifs aux œuvres de Michel
Colombe exécutées pour le Poitou, l'Aunis et le
pays Nantais, publ. par Benj. Fillon. *Fontenay-
le-Comte,* 1865, pet. in-4, br.

245. — Abrégé ou racourcy de la perspective par l'imitation dans lequel est traicté du moyen de changer une perspective en une autre semblable, ayant la distance et hauteur de l'œil comme aussi les distances ou enfoncements des objets plus grands ou moindres que leurs semblables en la primitive, ensemble l'invention d'approprier deux ou plusieurs perspectives ou parties d'icelles en une mesme et souz une mesme distance d'œil, le tout par l'ayde d'un compas de perspective faict pour cet effect ; de plus des préceptes infaillibles pour mettre en perspective, pourtraire et peindre toutes les choses par l'imitation des naturelles, œuvre utile et nécessaire à tous peintres, architectes, graveurs et autres qui se servent du dessin, par le sieur de Vaulezard, mathématicien. *Paris, chez l'autheur, rue St-Louis en l'Isle du Palais,* 1631, pet. in-8, avec petites fig. gravées, couv. en pap.

Exemplaire de JAMET, *de Lunéville.* — Sur la garde on lit l'inscription suivante autographe signée : « *M'a été donné par l'illustre Dom Calmet, abbé de Sénones. Lunéville,* 7 *mai* 1739. JAMET. »

246. — GALERIE DU PALAIS-ROYAL, gravée d'après les tableaux de différentes écoles qui la composent, par J. Couché, avec une description de chaque tableau (par de Fontenai, Morel et autres). *Paris,* 1786-1808, 3 vol. gr. in-fol., dem.-rel., dos et coins de toile gaufr., tr. marbr.

Exemplaire d'ancien tirage. Le tome 1er n'a qu'un faux-titre ; le titre général n'existe pas dans l'exemplaire.

247. — Etablissement de l'Académie Royale de peinture et de sculpture par lettres-patentes du Roy, vérifiées en Parlement. *Paris,* 1723, in-4, cart.

248. — Hist. des plus célèbres amateurs italiens et de leurs relations avec les artistes, par Dumesnil. *Paris,* 1853, in-8, br.

249. — Ecole Italienne. Guide des amateurs de peinture ou histoire et procès-verbaux des auteurs, des

collections générales et particulières, des magasins et des ventes, par Gault de St-Germain. *Paris*, 1855, in-8, br.

250. — Histoire de la peinture en Italie, par l'abbé Lanzi, trad. par Mme Armande Dieudé. *Paris*, 1824, 5 vol. in-8, br.

251. — Guide des amateurs de tableaux, pour les Ecoles allemandes, flamandes et hollandaises, par Gault de St-Germain. *Paris*, 1841, 2 vol. in-8, br.

252. — De l'art en Allemagne, par H. Fortoul. *Paris*, 1841, 2 vol. in-8, dem.-rel., v. ant., à nerfs, non rog.

253. — Le Poussin, sa vie et son œuvre, suivi d'une notice sur la vie et les ouvrages de Philippe de Champagne et de Champagne le neveu, par Bouchitté. *Paris*, 1858, gr. in-8, dem.-rel., mar. v. du Lev., à nerfs, non rog.

254. — Notice hist. sur la conspiration de Cinq-Mars, pour serv. d'explicat. à 6 compositions dess. sur pierre par Ach. Devéria. *Paris* (*vers* 1840), in-8, br.

255. — Catalogue de l'œuvre de Poilly, graveur ordinaire du Roi, avec un extrait de sa vie où l'on a joint un catalogue des estampes gravées par Jean Wischer et autres graveurs, d'après les tableaux de Wauvermans, par R. Hecquet, graveur. *Paris*, *Duchesne*, 1751, in-12, dem.-rel., mar. r.

256. — Musée des monuments français; hist. de la peinture sur verre et descript. des vitraux anciens et modernes pour serv. à l'histoire de l'art relat. à la France, par Alex. Lenoir, ornée de gravures et notamment de celles de la fable de Cupidon et Psyché (peintures sur verre du XVIe siècle), d'après les dessins de Raphaël. *Paris*, 1803, in-8, fig., plus une suite de 45 pl. au trait, br.

257. — Catalogue raisonné de l'œuvre de Séb. Le-

clerc, dessinateur et graveur du cabinet du Roi,
disposé par ordre hist. suiv. l'année où chaque
pièce a été gravée, dep. 1650 jusqu'en 1714, avec la
vie de ce célèbre artiste, par Ch.-Ant. Jombert.
Paris, 1774, 2 vol. in-8, v. écaille, fil.
Bel exemplaire.

258. — Catalogue raisonné de l'œuvre de Claude
Mellan, d'Abbeville, par A. de Montaiglon, préc.
d'une notice sur la vie et les ouvrages de Mellan,
par P.-J. Mariette. *Abbeville*, 1856, in-8, dem.-rel.,
v. ant., ébarbé.

259. — Catalogue raisonné de toutes les estampes qui
forment l'œuvre d'Israël Silvestre, précédé d'une
notice sur sa vie, par L.-E. Faucheux. *Paris*, 1857,
in-8, pl. et fac-simile d'autogr., dem.-rel., v. ant.,
non rog.
Bel exemplaire d'une monographie devenue rare.

260. — Notice sur la vie et les travaux de Gérard
Audran, graveur du Roi, par G. Duplessis. *Lyon*,
impr. de L. Perrin, 1858, in-8, dem.-rel., v. ant.,
non rog.

261. — Catalogue de l'œuvre d'Abraham Bosse, par
G. Duplessis. *Paris*, 1859, gr. in-8, dem.-rel., v.
ant., à nerfs, ébarbé.

262. — Liste alphabét. de portraits français gravés,
jusque et y compris l'année 1775, faisant le com-
plément de celle de la Biblioth. histor. de la France,
du P. Lelong, par Soliman Lieutaud, 2e édit. *Paris*, 1846, in-4, pap. vergé, br.

263. — Recherches sur la vie et les ouvrages de Jacques Callot, par Ed. Meaume. *Paris*, 1860, 2 vol.
in-8, 1 pl., dem.-rel., v. ant., à nerfs, non rog.

III. — FÊTES ET ENTRÉES. — BALLETS. — DUELS.

264. — Le Camp de la Place Royalle, ou relation
de ce qui s'y est passé les cinquiesme, sixiesme et .

septiesme jour d'avril 1612, pour la publication des mariages du Roy et de Madame, avec l'Infante et le prince d'Espagne (par Honoré Laugier, sieur de Porchères). *Paris, J. Micard*, 1612, pet. in-4, v. marbr.

265. — Le Romant des Chevaliers de la Gloire, conten. la descript. des fêtes qui furent données à la Place Royale, pour les alliances de France et d'Espagne, av. la descript. des équipages, habits, machines, devises, armes et blasons de leurs maisons, par Franç. de Rosset. *Paris*, 1612, 2 part. en 1 vol. pet. in-4, vél. v.

> Cet ouvrage contient la description des fêtes qui furent données à la Place Royale en 1612 à l'occasion du double mariage de Louis XIII avec Anne d'Autriche et du roi d'Espagne avec Marguerite de France. — Exemplaire de M. Monmerqué.

266. — L'histoire du Palais de la Félicité, conten. les aventures des chevaliers qui parurent aux courses faictes à la Place Royale, pour la feste des alliances de la France et de l'Espagne, av. la suite de ce qui s'est passé sur ce subject, la forme des entrées, joustes, tournois, équipages, etc., par Fr. de Rosset. *Paris, Fr. Huby*, 1616, pet. in-4, v. br.

267. — La royale réception de Leurs Majestés très chrestiennes en la ville de Bourdeaus, ou le siècle d'or ramené par les alliances de France et d'Espagne. *Bourdeaus, Sim. Millanges*, 1615, pet. in-8, 213 pag. chiffr. — L'heureux accomplissement des alliances de France et d'Espagne, ou ce qui s'est passé aux voyages, tant de Madame, sœur du Roy, depuis Bourdeaus jusques à Bourgos en Espagne, que de la reine de France, depuis Bourgos jusques à Bourdeaus. *Bourdeaus, S. Millanges*, 1615, 16 pag. chiffr. — En 1 vol. pet. in-8, v. br.

268. — Le Persée François, au Roy, par le Sr de Morillhon, avec les mariages et entrée royale à Bourdeaus. *Bourdeaus, Gilbert Vernoy*, 1616, in-12,

bordure gravée en bois sur le titre, vél. de Holl.

Très bel exemplaire, grand de marges, et dans le plus parfait état de conservation.

269. — L'entrée de Madame de Montmorency à Montpellier, réimpression de l'édit original de 1617 avec notice. *Montpellier*, 1873, in-8, pap. de Holl., br.

270. — La relation hist. des pompes et magnifiques cérémonies observées à la réception des chevaliers de l'ordre du S.-Esprit, faicts cette année 1620, par Louys XIII, surnommé le Juste, par P. Boitel, Sr de Gaubertin. *Paris, P. Billaine*, 1620. — Histoire générale de tout ce qui s'est passé de plus remarquable tant en France qu'aux pays estrangers ès années 1618, 1619, 1620, ens. une relation hist. des pompes et magnif. cérémonies observ. à la réception des chevaliers de l'ordre du S.-Esprit, faits par Louys XIII du nom, surnommé le Juste, roy de France, par le même. *Paris, P. Billaine, 1620.* — 2 ouvr. en 1 vol. pet. in-8, vél. marbr.

271. — L'arrivée du Roy en sa ville de Lyon, ens. la magnificence des préparatifs faicts pour l'entrée de Sa Majesté en icelle. *Paris*, 1622, pièce pet. in-8, dem.-rel., mar. bl.

272. — LE SOLEIL AU SIGNE DU LYON, d'où quelques parallèles sont tirez, avec le tr.-chrestien monarque Louis XIII, en son entrée triomphante dans sa ville de Lyon, ens. un sommaire récit de tout ce qui s'est passé de remarquable en la dite entrée de Sa Majesté et de la plus illustre princesse de la terre, Anne d'Autriche, royne de France et de Navarre, dans ladite ville de Lyon, le 11 déc. 1622. *Lyon, J. Jullieron*, 1623, pet. in-fol., figures grav. par C. Audran, P. Faber et G. Huret. — Réception de tr.-chrestien monarque Louys XIII, roy de France et de Navarre, et de très-chrestienne royne Anne d'Austriche, par Mess. les doyens, chanoines, et comtes de Lyon, en leur cloistre et église, le

11 déc. 1622. *Lyon, J. Roussin*, 1623, 67 p. chiffr.
et plusieurs fig. gr. par Audran. — Ens. 2 part. en
1 vol. in-fol., fig., dem.-rel., v. f., tr. dor.

Ces deux entrées se trouvent rarement réunies. — Exemplaire bien
complet, avec toutes ses planches en superbes épreuves.

273. — La Voye de Laict, ou le chemin des héros du
Palais de la Gloire, ouvert à l'entrée triomphante
de Louys XIII, roy de France, en la cité d'Avignon,
le 16 de nov. 1622, estans consuls, Thom. de Berton, escuyer de Crilion, Ch. Hugonenc et P. Bayol
et P.-Jos. de Salvador, doct. ès droicts, assesseur
de ladite ville. *Avignon, de l'impr. de J. Bramereau*, 1623, pet. in-4, front., figures signées : *Ludov. Palma. Lusitanus f.*, v. rac.

Entrée rare. — Exemplaire bien conservé, sauf quelques petites cas-
sures aux grandes planches pliées.

274. — Disc. sur les arcs triomphaux dressés en
la ville d'Aix à l'heureuse arrivée de très-chrestien,
très-grand et très-juste monarque Louys XIII, roy
de France et de Navarre (par Gallaup de Charteuil).
Aix, J. Tholosan, 1624, pet. in-fol., titre grav. et
fig., dem.-rel., mar. r.

275. — Les amours du Roy et de la Reyne sous le
nom de Jupiter et de Junon, av. les magnificences
de leurs nopces ou l'hist. morale de France soubs
le règne de Louys le Juste et Anne d'Austriche, par
le Sr de La Serre. *Paris*, 1625, in-4, front. grav. et
nombr. et belles fig. de Mich. Lasne, Moncor-
net, etc., vél.

Exemplaire très grand de marges de ce volume rare. Il est remarquable à cause des curieuses figures en taille-douce dont il est orné. Ce
volume est une véritable iconographie des fêtes qui eurent lieu à l'occasion du mariage de Louis XIII et Anne d'Autriche. Le titre est signé de
Michel Lasne, ainsi que le portrait de la Reine ; les autres planches paraissent être d'un nommé *C. David*, qui en a signé quelques-unes. —
Légères mouillures.

276. — Récit véritable de l'ordre et des cérémonies
faites au mariage de Monsieur, frère du Roy, et de
Mademoiselle de Montpensier, en la ville de Nantes

en Bretagne, etc. *Paris*, 1626, pet. in-8, dem.-rel.,
toile lustrée.

Pièce rare. — Exemplaire grand de marges.

277. — L'ordre et cérémonies observées aux mariages
de France et d'Espagne, entre Louys XIII, roy de
France, et Anne d'Austriche, fille de Philippes III,
et entre Philippes IV, roy d'Espagne, et Elizabeth
de France, fille du roy Henri le Grand, l'an 1615
(par Th. Godefroy). *Paris*, 1627, pet. in-4, dem.-
rel., mar. r. du Lev., à nerfs.

278. — Eloges et discours sur la triomphante entrée
du Roy en sa ville de Paris, après la réduction de
La Rochelle, accomp. des figures tant des arcs de
triomphe que des autres préparatifs. *Paris*, 1629,
in-fol., nombr. fig. représentant la cérémonie, v.
br.

279. — La joyeuse entrée du Roy en sa ville de
Troyes, capitale de la province de Champagne, le
jendy 25e jour de janvier 1629. *Troyes, de l'impr.
de J. Jacquard*. 1629, pet. in-4, dem.-rel., v. ant.,
à nerfs. (*Closs*).

Entrée fort rare. — L'exemplaire est malheureusement rogné en tête
et les chiffres de la pagination sont en partie coupés.

280. — ENTRÉE de très-haut et très-puissant prince
Henry de Bourbon, prince de Condé, premier prince
du sang, duc d'Anguien, gouvern. et lieuten.-gé-
nér. pour Sa Majesté ès provinces de Bourgogne,
Bresse et Berry, en la ville de Dijon, le 30e du mois
de septembre 1632. *Dijon, veuve de Cl. Guyot*,
1632, pet. in-fol., fig. grav. par Millot et Nic. Spi-
rinx, dem.-rel. anc.

Entrée rare et recherchée. — Petit raccommodage au bas du titre.

281. — HISTOIRE CURIEUSE de tout ce qui s'est passé
à l'entrée de la Reyne-Mère du Roy très-chrestien
dans les villes des Pays-Bas, par le sieur de La
Serre, historiographe de France. *Anvers, en l'imprimerie Plantinienne de Balthasar Moretus*,

1632, pet. in-fol., frontisp. gravé par Corn. Galle, ravissant portrait de Marie de Médicis en taille-douce et nombr. fig. grav. par Paulus, br., non rogné.

> EXEMPLAIRE EXCEPTIONNEL, ABSOLUMENT NON ROGNÉ. C'est un très beau livre. Les grandes planches signées *A. Paulus* sont ravissantes de dessin et d'exécution. Ce sont de véritables petits tableaux, d'une composition des plus remarquables.

282. — LE BOUQUET ROYAL ou le Parterre des riches inventions qui ont servy à l'entrée du Roy Louis le Juste en sa ville de Reims, par N. Bergier, augmenté des cérémonies gardées et observées en son sacre le xvii octobre 1610, et de plus. autres recherches curieuses, par de La Salle, conseiller du Roy. *Reims, S. de Foigny*, 1637, pet. in-4, dem.-rel.

> Volume rare. — Sur le titre on remarque une très jolie petite vue de Reims, en taille-douce. L'ouvrage se termine par un poème : *La Nymphe Rémoise, au Roy.*

283. — Marie de Médicis entrant dans Amsterdam ou histoire de la réception faicte à la Reyne-Mère du Roy très-chrestien par les bourgmaistres et bourgeoisie de la ville d'Amsterdam, trad. du latin de Gaspar Barlæus. *Amsterdam, J. et C. Blaeu*, 1638, frontisp. gravé et 18 grandes figures se déployant et représentant les cérémonies et le cortège. — Histoire de l'entrée de la Reyne-Mère du Roy très-chrestien dans les Provinces-Unies des Pays-Bas, par le Sr de La Serre. *A Londres, imprimé par J. Raworth pour George Thomason et Octavian Pullen*, 1639, frontisp. gravé et nombr. fig., v. br.

> Deux entrées rares. — Exemplaires grands de marges.

284. — MARIE DE MÉDICIS ENTRANT DANS AMSTER-DAM ou histoire de la réception faicte à la Reyne-Mère du Roy très-chrestien par les bourgmaistres et bourgeoisie de la ville d'Amsterdam, trad. du lat. de Gasp. Barlæus. *Amsterdam, J. et Corn. Blaeu*, 1638, in-fol., beau portr. en pied de Marie

de Médicis et 18 grandes planches, rel. en vieux ve-
lours v.

Exemplaire tiré sur GRAND-PAPIER FORT, et de PREMIER TIRAGE AVANT
LES NUMÉROS des planches. Il suffit de comparer cet exemplaire avec le
précédent pour voir la différence, le choix du papier et la beauté des
épreuves.

285. — LES ARMES TRIOMPHANTES de S. A. Monseign.
le duc d'Espernon, pour le sujet de son heureuse
entrée faite dans la ville de Dijon, le 8e may 1656.
*Dijon, chez P. Chavance, imprim. et marchand-
libraire*, 1656, pet. in-fol., front. gr., figures par
Godran gr. par Mathieu, mar. v., dos orné, large
dent. et comp. à petits fers, tr. dor. (*Reliure du
temps*).

Exemplaire grand de marges de cette entrée très rare. — Une cou-
pure dans le blanc de la marge du titre.

286. — La Feste d'Erbaud du 8 octobre 1668, descrite
par M. Peliçon (*sic*). *S. l., n. d.* (*Blois*, 1668), pet.
in-12, rel. pleine en mar. bleu du Levant jansén.,
dent. intér., tr. dor. (*Capé*).

Relation fort rare d'une fête donnée devant le roi Louis XIV à
Erbaud, résidence située en Touraine, à trois lieues de Chambord. —
Cette fête eut pour prélude une *chasse au cerf* dans les bois de Chambord. Après un magnifique festin on joua la comédie dans la forêt. On y
représenta une comédie composée pour la circonstance, intitulée l'*In-
connue*, par un auteur également inconnu, « mais qu'on eust dit avoir
assemblé l'esprit, le génie et la belle humeur de Desmarests, de Corneille et de Molière... » — Bel exemplaire.

286 *bis*. — Entrées solennelles dans la ville d'Angoulême dep. François Ier jusqu'à Louis XIV, rec.
et publ. par Eus. Castaigne. *Angoulême*, 1856,
in-8, pap. vergé, br.

Tiré à petit nombre.

287. — Les Oracles françois, ou explication allé-
gorique du Balet de Madame, sœur aisnée du Roy,
ensemble les paralelles de Son Altesse auec la
Minerve des Anciens et le Parnasse royal sur
mesme subject, œuvre soigneusement recherché,
et curieusement enrichi d'allégories, mythologies
et morales, par Elie Garel, Sr des Boisrichers.

Paris, P. Chevalier, 1615, pet. in-8, v. fauve, fil.,
tr. dor. (*Anc. reliure*).

Volume rare.

288. — Vers pour le ballet des Bacchanales (par Théophile, S.-Amant, Boisrobert et autres). *S. l. (Paris), de l'imprim. du Roy*, 1623, pet. in-4, dem.-
rel., mar. bl.

Pièce rare.

289. — La Cecita, balletto per il giorno natale del
Sereniss. Prencipe Cardinale nell'anno 1635. *To-
rino*, 1635, pièce pet. in-4, dem.-rel., toile lustrée.

290. — Ballet du mariage de Pierre de Provence et de
la belle Maguelonne. *S. l.*, 1638, pet. in-4, dem.-
rel., mar. bl.

Pièce rare et curieuse, dans laq. figurent comme acteurs plusieurs
personnages titrés de l'époque, tels que : le comte de Brion, le marquis
de Molevrier, le S^r de l'Ardenay, le S^r de La Barre, le baron de l'An-
geron, etc. Les noms de quelques-uns des acteurs sont imprimés sur
des bandes de papier, collées après coup en tête des scènes où ils ont
figuré.

291. — Vers du ballet du Triomphe de la Beauté,
dancé (*sic*) par Mademoiselle. *S. l. (Paris)*, 1640,
pet. in-4, dem.-rel., mar. bl.

Dans ce ballet figurent quelques-uns des principaux personnages de la
Cour, tels que : le comte de Saint-Aignan, le comte de Fiesque, le
marq. de Coligny, Mlles de Longueville, de Bresé, de Sully, de la Villau-
clers, d'Estaing et du Vigan, de Bourbon, etc.

292. — Remonstrance au Roy contre les duels, prononcée au nom du Clergé le 26 janvier 1615, par
Messire Pierre de Fenolliet, evesque de Montpellier. *Paris,* 1615, pièce pet. in-8, dem.-rel., toile
lustrée.

293. — Le vray et ancien usage des duels confirmé
par l'exemple des plus illustres combats et deffys
qui se soient faits en la chrestienté, par le S^r d'Audiguier. *Paris*, 1618, in-8, vél.

Volume rare et recherché. — Exemplaire grand de marges ; mouillure à la fin.

BELLES-LETTRES

I. — LINGUISTIQUE. — RHÉTORIQUE. — ÉLOQUENCE.
ORAISONS FUNÈBRES.

294. — Glossarium eroticum linguæ latinæ sive theogoniæ, legum et morum nuptialium apud Romanos explanatio nova ex interpretatione propria et impropria, et differentiis in significatu ferè duorum millium sermonum ad intelligentiam poetarum et ethologorum tam antiquæ quam integræ infimæque latinitatis auctore P. P. (Pierrugues). *Parisiis*, 1826, gr. in-8, pap. vélin, br.

295. — Thrésor de la langue françoyse tant ancienne que moderne, auquel entre autres choses sont les mots propres de marine, vénerie et faulconnerie, cy-devant ramassez par Aimar de Rauconnet, reveu et augmenté en ceste dernière impression par Jean Nicot, avec une grammaire françoyse et latine (par Jean Masset), et le recueil des vieux proverbes de la France. *Paris, Dav. Douceur*, 1606, 2 tom. en 1 vol. in-fol., dem.-rel.

> Edition la meilleure et la plus complète du dictionnaire de Nicot, rare et recherchée. — Exemplaire de Charles Nodier, avec son *ex-musæo* sur le dos de la reliure.

296. — La grammaire italienne composée en françoys (par Jean-Pierre de Mesme). *Paris, Gilles Corrozet*, 1548, in-16 ou très pet. in-8, carré, mar. rouge, fil. à comp., dent. intér. et extér., tr. dor. (*Reliure ancienne*).

> Volume rare, dédié à Hect. Frégose, évêque d'Agen. — Bel exemplaire, très bien conservé, dans une jolie reliure de Bradel-Derome.

297. — Consolation envoyée à la royne, mère du Roy et régente de France, sur la mort déplorable du feu roy de France, Henry IV, son seigneur et mary, par L. Richeomme, Provençal. *Lyon*, 1610, pet. in-8, cart.

> Un peu court de marges en tête.

298. — Discours funèbre à l'honneur de la mémoire
de très-clément, invincible et triomphant Henry IV,
roy de France et de Navarre (par de Nervèze).
Paris, 1610, pet. in-8 de 48 pag., cart.

299. — Adieu de l'âme du Roy de France et de Navarre Henry le Grand à la Royne, avec la défence
des Pères Jésuites par la damoiselle de G. (Gournay). *Paris*, 1610, pet. in-8 de 78 pag., cart.

>Par mademoiselle de Gournay, la fille d'alliance de Montaigne. —
>Exemplaire un peu court de marges.

300. — Discours funèbre sur la mort de Henry le
Grand, roy de France et de Navarre, par Mess. P.
Fenolliet, evesque de Montpellier. *Paris*, 1611,
pet. in-8, vél.

>A la fin, diverses autres oraisons funèbres. — Petite piqûre dans la
>marge.

301. — Discours sur la vie et mort de Henry le Grand,
très-chrestien Roy de France et de Navarre, dédié
au Roy par G. Dupeyrat, conseiller et aumosnier
servant du Roy. *Paris*, 1611, pet. in-8, dem.-rel.,
toile lustrée.

302. — Oraison funèbre pour l'anniversaire du feu
Roy Henry le Grand, prononcée en l'église de
Sainct-Thomas, à La Flèche, le 4 juin. *Imprimé à
La Flèche et se vendent à Paris chez François
Rezé, au Mont Sainct Hilaire*, 1611, pet. in-8 de
32 pag., dem.-rel., toile lustrée.

303. — La Plante humaine, sur le trespas du Roy
Henry le Grand, où il se traicte du rapport des
hommes avec les plantes, qui vivent et meurent de
mesme façon, où se réfute ce qu'a escrit Turquet
contre la Régence de la Reyne et le Parlement
dans son livre de la Monarchie aristo-démocra-
tique, par Louis Dorléans. *Paris, Fr. Huby*, 1612,
in-8, v. marbr.

>Parmi les pièces de vers qui se trouvent à la fin du volume, on en re-
>marque deux relatives au *Pont-Neuf* et à la *Statue équestre de
>Henri IV*, qu'on allait y ériger.

304. — Les larmes des François sur la mort de feu Monseigneur le duc d'Orléans, frère du Roy. *Paris*, 1611, plaquette pet. in-8, cart. à la Brad.

A la fin des *Stances sur le mesme subject*.

305. — Consolation à Monseign. le président Jeannin, conseiller du Roy et contreroolleur général de ses finances sur la mort de M. le baron de Montjeu, son fils, par le S* de Nervèze. *Paris*, 1612, pet. in-8, dem.-rel., v. bleu. (*Petit*).

306. — Les larmes et regrets de la France sur la mort de très-illustre et très-valeureux prince Messire Charles de Bourbon, comte de Soissons, pair et grand-maistre de France, etc., décédé à Blandy, le premier jour de nov. 1612. *Paris*, 1612, pièce pet. in-8, dem.-rel., toile lustrée.

307. — Scholasticus Parisiensis ludicra declamatio (auctore Nic. Borbonio). *Parisiis*, 1612, pièce pet. in-8, cart.

308. — Les regrets du trespas du très-haut et invincible prince Monseign. François-Paris de Lorraine, chevalier de Guyse, lieutenant-général pour le Roy en Provence, où il est décédé au chasteau de Baux, le premier jour de juin mil six cens quatorze, par P. Du Blanc, protonotaire du S. Siège apostolique, aumosnier du Roy. *Rouen, P. de la Motte* (1614), pet. in-8, cart.

Pièce rare et très bien conservée.

309. — Libre harangue faicte par Mathault en la présence de M. le prince en son chasteau d'Amboise, le seiziesme jour de juin 1614. *S. l*, 1614, pièce pet. in-8, cart.

310. — Remonstrance faite sur les différends de ce temps à Monseign. le prince de Condé. *S. l.*, 1614, pièce pet. in-8, dem.-rel., v. r.

311. — La harangue d'Alexandre le Forgeron, prononcée au Conclave des Réformateurs. *S. l.*, 1614, plaquette pet. in-8, cart. à la Brad.

312. — Le Franc Taupin.

> Les abuseurs ingrats au Dieu de a nature
> Et à mon Roy Henry et à sa géniture
> Se façonnent dès-jà un réformé Jupin,
> Mais si le Roy Louys leur adresse la guerre
> Je veux perdre mon nom de brave Franc Taupin
> S'il ne les mande tous au centre de la terre.

Paris, P. Buray, 1614, pièce pet. in-8, dem.-rel., v. bl.

313. — Harangue faicte au Roy à l'ouverture de ses Estats-Généraux en la ville de Paris pour le Tiers Estat le 27 octobre 1614, par Messire Rob. Myron, prevost des Marchands. *S. l.* (*Paris*), 1615, pièce pet. in-8, cart.

314. — Oraison funèbre sur le trespas de M. de Villeroy, faite et récitée à Lyon, le second jour de la présente année 1618, par le P. Pierre Coton, de la Comp. de Jésus, prédicateur ordinaire du Roy. *Paris*, 1618, pet. in-8 de 40 pag., cart.

315. — Discours à M. de Luynes, premier gentilhomme de la Chambre du Roy, grand fauconnier de France et lieutenant-général pour Sa Majesté en Normandie, par le sieur Dryon, gentil-homme servant du Roy. *Lyon*, 1618, pet. in-8 de 39 pag., dem.-rel., toile lustrée.

316. — Discours des vertus et des vices de l'histoire et de la manière de la bien écrire, par M. (Marin) Le Roy, conseiller, notaire et secrétaire du Roy et de la Maison et Couronne de France. *Paris, Touss. du Bray*, 1620, in-4, v., fil.

> Bel exemplaire d'un volume rare. L'auteur, Marin Le Roy de Gomberville, fut un des premiers membres de l'Académie Française, fondée par Richelieu.

317. — Tableau votif offert à Dieu pour le roy très chrest. de France et de Navarre, Louys XIII, sur ses guerres faites par luy, et victoires gaignées en ses païs d'Anjou, Poictou, Xainctonge, Gascongne et Béarn, ces ans derniers 1620 et 1621, par L. Ri-

cheome, Provençal. *Bourdeaus, par J. Millanges et Cl. Mongiroud*, 1622, pet. in-8, cart.

> Volume rare. — La première ligne du titre est un peu rongée et quelques lettres sont endommagées, sans cela l'exemplaire est en bon état.

318. — Discours funèbre faict aux obsèques de tres hault et tres puissant seigneur Monseigneur le duc de Réthelois, gouverneur pour Sa Majesté en ses provinces de Champagne et Brye, prononçé en l'église de Troyes, le huictiesme novembre 1622 par Denys Latrecey, docteur en la Faculté de Théologie de Paris, prédicateur ordinaire de Sa Majesté et chanoine de lad. église. *Troyes, P. Cherillot*, 1623, pet. in-8 de 44 pag., dem.-rel., toile lustrée.

> Bel exemplaire d'un opuscule rare. — Ce fils aîné du duc de Nevers mourut jeune. L'auteur de ce discours entre dans des détails assez longs sur la maison de Nevers.

319. — Remonstrance du Clergé de France faicte au Roy par Messire Pierre Cornulier, evesque de Rennes, conseiller de Sa Majesté, assisté de Messeign. les illustrissimes et révérendissimes cardinaux de Retz et de la Valette et de Messeign. les archevesques, evesques et autres deputez dudict Clergé. *Bordeaux*, 1622, piéce pet. in-8, cart.

320. — Academia Parisius, opus optimis litterarum parentibus, rectori, quercui et Academiæ sacrum, hic primas tenet rex Christianiss. Anglorum recens victor, auctore Jano Cæcilio Frey. *Parisiis*, 1627, pet. in-4, cart.

321. — Très humble remonstrance faite au Roy, en présence de la Royne-Mère de Sa Majesté et de Nosseigneurs de son Conseil au nom des présidents, présidiaux, lieutenans généraux et autres officiers de judicature des provinces de France, prononcée par Maistre Guill. Fremyn, président au siège présidial de Meaux, assisté de grand nom-

bre desdits officiers, le 19 may 1627. *Paris*, 1627,
pièce pet. in-8, dem.-rel., toile lustrée.

Exemplaire ENTIÈREMENT NON ROGNÉ. — On y a joint la réponse faite
à cette remontrance, une page in-4 manuscrite du temps, repliée.

322. — Harangue funèbre sur la mort de tres illustre seigneur Messire Nicolas de Verdun, conseiller
du Roy et premier président en sa Cour de Parlement de Paris, prononçée devant ledit Parlement
dans l'église des Jacobins réformez de la Congrégation Occitaine au fauxbourg S. Honoré par un
religieux du mesme couvent le 27 de mars 1627.
Paris, 1627, pet. in-8 de 48 pag., cart.

323. — Première (et seconde) partie des Lettres de
Phyllarque à Ariste, où il est traité de l'éloquence
françoise. *Paris*, 1628-30, 2 vol. pet. in-8, vél.

Ces lettres sont datées de Pont-de-l'Arche, de Criquetot, de l'abbaie
de Fescamp, de Forges, de Rouen, d'Eu, etc.

324. — Panegyricus Ludovico justo scriptus, authore Cl. Barth. Morisoto. *Divione, ap. vid. Cl.
Guyot*, 1629, pet. in-4, dem.-rel., v. fauve.

325. — Panégyrique de Louis le Juste (par P. de
Saumaise-Chasans). *Dijon, veuve Cl. Guyot*, 1629,
pet. in-4, dem.-rel., dos et coins de mar. v. du
Lev., tr. dor. (*Petit*).

326. — Traduction françoise du panégyre grec du
Roy Louys le Juste sur le subject des triomphes de
Sa Majesté par la prise de La Rochelle, faict et
prononçé par le Sr de Mérigon, natif de la ville
d'Aqs au païs de Foix, par la libéralité du Roy
professeur et orateur en langue grecque, le 5 du
mois de may 1629 en l'université de Paris, au collège de Harcourt. *Paris, de l'imprim. de Rob.
Estienne, et se vendent chez Laur. Saulnier*,
1629. Avec l'original grec à la fin. — 2 part. en un
vol. pet. in-8, réglé, dem.-rel., toile lustrée.

327. — Panégyrique à Monseign. le Cardinal de Richelieu sur ce qui s'est passé aux derniers troubles

de France. *Paris*, 1629, in-4 de 36 pag., couv. en pap.

Ce panégyrique est du sieur *de Silhon*. Il est daté de *Venise*, le *20 décembre 1628*.

328. — Panegyris triumphalis à Jano Cæcilio Frey obeliscum hieroglyphicis regii et cardinalitii nominis litteris depictum dedicante dicta; tumulus Rupellæ; epigraphæ parallelæ. *Parisiis*, 1629, pet. in-4 de 24 pag., avec la figure gravée en taille-douce d'un obélisque, cart.

329. — Jacobi Mentelii Parisiensis medici gratiarum actio habita in scholis Medicorum die auspicali doctoratus. *S. l.*, 1632, pièce pet. in-8, couv. en pap.

330. — Catolicon françois, ou plainctes de deux chasteaux, rapportées par Renaudot, maistre du Bureau d'adresse. *S. l.*, 1636, pet. in-4, dem.-rel., mar. bl.

331. — Harangue funèbre faite à l'honneur de très haut et très illustre prince Henry, duc de Rohan, pair de France, prince de Léon, etc., trad. du latin de Th. Tronchin. *Jouxte la coppie imprimée à Genève par Jean de Tournes, et se vendent à Charenton par Louys de Vendosme, marchand libraire*, 1638. Pet. in-8 de 24 pag., dem.-rel., toile lustrée, tr. dor.

332. — Harangue faite à Monseign. l'Illustrissime Cardinal Masarini à son entrée à Sedan, prononçée le 29 sept. 1642, par A. Rambour. *Se vend à Charenton, par N. Bourdin et L. Périer*, 1642. Pièce pet. in-8, dem.-rel., toile lustrée.

Avec la signature du ministre protestant *N. Bochart*, sur le titre.

333. — Ludovico justo et victori Lugdunum (auctore P. Labbé, S. J.). *Lugduni, Cl. Cayne*, 1643, pet. in-4, cart.

Cette adresse à Louis XIII l'invitant à venir à Lyon est suivie d'un morceau du même auteur intitulé : *Judicium Europæ de morbo Cardinalis ducis*.

334. — Panégyrique à Mgr le comte de Harcourt, de
ses victoires d'Italie (et de la prise des isles Saincte
Marguerite et Sainct Honorat de Lérins). *Paris,
P. Ménard,* 1643, pet. in-4, beau portr. gravé par
Daret. vél.

> Bel exemplaire dans sa première reliure. L'auteur est nommé dans le
> privilège : « *François de Meaulx, gentilhomme de Marseille.*» — En
> tête on remarque une longue lettre du Père J. Tarandon, de la Comp.
> de Jésus, datée de Constantinople.

335. — Les deux faces de la vie et de la mort de Marie de Médicis, Royne de France,vefve de Henry IV,
mère de Louys XIII, discours funèbre faict par
Messire Matthieu de Morgues, sieur de St-Germain. *S. l.,* 1643, pet. in-8 de 62 pag., couv. en
pap.

336. — Discours funèbre panégyrique et historique
sur la vie et vertus, la maladie et la mort du Roy
tres chrestien Louys le Juste, prononcé le 19 et
20 juin aux services solennels qui furent faits en
l'église des RR. PP. de l'Oratoire du Louvre, par
Messire Charles-François d'Abra de Raconis. *Paris,* 1643, pet. in-8, vél.

337. — Oraison funèbre de Louis XIII, dit le Juste,
mort à St-Germain-en-Laye à 42 ans, le 14 mai
1643, le même jour que Henri IV, prononcée par
Godeau, évêque de Grasse. *Paris,* 1824, broch.
in-8.

> Réimpression de l'édition originale de 1644.

338. — Discours funèbre sur la mort de Mad. Hen-
riette d'Escoubleau de Sourdis, coadjutrice de
Mme l'abbesse de Mont-martre, composée par le
sieur Darbo. *Paris,* 1643, pet. in-8, dem.-rel.,
toile lustrée.

339. — Oraison funèbre d'Anne d'Autriche, infante
d'Espagne, reine de France et mère du Roi, prononcée dans l'église des Martyrs à Montmartre le
6 mars 1666, par l'abbé de Fromentières. *Paris,
Cramoisy,* 1666, pet. in-4, dem.-rel., toile lustrée.

II. — POÉSIE

A. — *Poésie grecque et latine.*

340. — Odes d'Anacréon, avec LIV compositions par Girodet, traduct. d'Ambr.-Firm. Didot. *Paris, Didot*, 1864, pet. in-12, pap. vélin fort, avec photographies, chaque page entourée d'un filet rouge, rel. pleine en mar. rouge du Levant, à nerfs, dos orné à mosaïque, triple filet sur les plats, dent. intér., tr. dor. (*Lortic*).

341. — Publii Virgilii Maronis carmina omnia, perpetuo commentario ad modum Joann. Bond explicuit Fr. Dubner. *Parisiis, Didot*, 1858, pet. in-12, avec photographies, rel. pleine en mar. rouge du Levant, à nerfs, dos orné à mosaïque, triple filet sur les plats, dent. intér., tr. dor. (*Lortic*).

342. — De lubrico temporis curriculo deque hominis miseria opusculum, necnon de funere Christianiss. Regis Caroli VIII, cum commentario familiari (auctore Sim. Nanquerio alias de Gallo). *Parisiis*, 1530, pièce pet. in-4, couv. en pap.

343. — Diræ in parricidam, ad illustriss. Cardinal. du Perron, archiepiscop. Senonensem (auctore N. Borbonio). *Parisiis*, 1610, plaq. pet. in-8, cart.

344. — In obitum Henrici IIII Gall. et Navarræ regis (carmen). Sur le trespas de Henry IIII, roy de France et de Navarre (traduction en vers français des vers latins ci-dessus). *S. l., n. d.* (1610), plaquette in-8 de 8 pag., dem.-rel., toile lustrée.

> Pièce rare signée : *De Fiefbrun.* — Bien qu'il n'y ait pas à proprement parler de titre, mais seulement un intitulé de départ, transcrit ci-dessus, l'exemplaire est complet.

345. — In anniversarium Henrici Magni obitus diem, lacrymæ Collegii Flexiénsis Regii Soc. Jesu. *Flexiæ, J. Rezé*, 1611, in-8, vél.

> On trouve dans ce volume une pièce en français, intitulée : *Oraison*

funèbre pour l'anniversaire du feu Roy Henry le Grand, prononcée en l'église de Saint-Thomas à La Flèche. — Exemplaire dans sa première reliure.

346. — Ad regem Christianiss. Ludovicum XIII, Parisios a solenni inauguratione et sacra unctione repetentem Iselasticon, G. Crittonio, auctore. *Parisiis*, 1610, pièce pet. in-4, cart.

347. — Inauguratio Ludovici XIII, Galliarum et Navarræ regis ad illustriss. Cardinalem Jac. Davy du Perron, auctore Nic. Borbonio. *Lutetiæ, ex offic. Rob. Stephani*, 1611, pièce pet. in-8, couv. en pap.

348. — Omen Ludovico XIII coronato, Christianissimo Francorum et Navarræ regi (carmen B. de Ciron). *Parisiis*, 1611, pièce pet. in-4, cart.

349. — Indignatio Valeriana sivè Parisiensis academiæ querimonie, ad virum amplissimum Carol. de Montmagny, Nic. Borbonius. *S. l. (circa* 1612), pet. in-8 de 8 pag., cart.

> Le poète Nicolas Bourbon fut empoisonné pour avoir fait une satire latine intitulée : *Indignatio Valeriana*, contre un arrêt du Parlement qui avait supprimé un certain droit de *Landy* que les Régents prélevaient sur les écoliers. (Voir Pélisson, *Hist. de l'Académie Françoise*).

350. — Pompa Regia Ludovici XIII, Franciæ et Navarræ Regis Christianiss., a Fixensibus Musis in Henricco Soc. Jesu gymnasio, vario carmine consecrata (à Nic. Caussino, Dion. Petavio et aliis). *Flexiæ*, 1614, pet. in-4, vél.

351. — Henrici Magni, Augusti, invicti, pii, clementis, fœlicis Trophæum, sive ejus simulachrum, Lutetiæ in Ponte Novo, ingenti super pila collocatum (auctore Rod. Botereio). *Paris., P. Chevalier*, 1614, pet. in-8, vél.

352. — Scævolæ Sammarthani opera tum poëtica, tum ea quæ soluta oratione scripsit. *Lutetiæ*, 1616. — Scæv. Sammarthani lucubrationum pars altera quà continentur Gallorum doctrina illustrium qui

nostra, patrumque memoria floruerunt elogia. *Luteliæ*, 1616. 2 part. en 1 vol. pet. in-8, bas.

Aux armes de Bouthillier. — La seconde partie a été reliée avant la
première dans l'exemplaire.

353. — Borbonias, sive victoriæ Ludovici XIII, Justi
ac Triumphantis contra Rebelles ab anno 1620 ad
1623, per Abrah. Remy. *Parisiis*, 1623, pet. in-8,
vél.

Exemplaire dans sa première reliure. — Abraham Ravaud, auteur des
poésies qui composent ce volume, naquit en 1600 à Remy, village
du Beauvoisis, d'où il prit le nom de Remmius. Professeur d'éloquence
au Collège royal, il mourut en 1646, avec la réputation d'un bon poète.

354. — Dion. Petavii Aurelianensis e Soc. Jesu, opera
poetica. *Parisiis, Seb. Cramoisy*, 1624, pet. in-8.
mar. r., dos orné, fil., ornem. sur les plats, tr. dor.
(*Reliure ancienne*).

Bel exemplaire aux insignes du couvent des Augustins de Lyon.

355. — Sylvæ Regiæ Balth. de Vias, nobilis Massi-
liensis, ad Ludovicum Justum Galliarum regem,
quibus selecti Francorum annalium et politioris
litteraturæ flores inseruntur. *Luteliæ, N. Buon*,
1625, in-4, titre gr., avec un portr. en méd. de
Louis XIII, vél.

Bel exemplaire.

356. — Ludovici XIII, Franciæ et Navarræ Regis
Christianissimi, Triumphus de Rupella capta,
ab alumnis Claromontani Coll. Soc. Jesu vario
carminum genere celebratus, *Parisiis, Cramoisy*,
1628. — La Rochelle aux pieds du Roy (poëme), etc.
En 1 vol. pet. in-4, vél.

Bel exemplaire.

357. — Nic. Borbonii poematia exposita. *Paris.*,
1630, in-12, vél.

Edition originale. — Sur les plats de la reliure on remarque un crois-
sant, avec la devise : « *Crescam et lucebo.* » — Nicolas Bourbon, dit le
Jeune, est né à Vandœuvre en 1574, et mort à Paris en 1644.

358. — Gilb. Jonini Arverni e Soc. Jesu, Odarum
libri IV, et Epodon I. *Lugd., sumptib. Jacobi*

Andr. et Matth. Prost, 1630, in-4, titre gr., v. br.

Petit volume peu commun dédié à Pierre de Fenoillet, évêque de Montpellier.

359. — Illustriss. domino D. Joanni Armando Plessio S. R. E. cardinali eminentissimo duci Richeleio, etc., Panegyricus (auctore N. Borbonio). *Parisiis*, 1634, pièce in-4, cart.

360. — Vita et elogia Ludovici XIII, Regi Christianiss. (carmine latino), auctore P. Labbé. *Lugd., Cl. Badiou*, 1634, pet. in-4, rel. pleine en v. ant., dent. intér.

361. — Joa. Chevalier, è Soc. Jesu, prolusio poëtica, sive libri singulares carminum. *Flexiæ, G. Griveau*, 1638, in-8, vél.

Cet exemplaire, qui a appartenu aux Jésuites d'Alençon, leur a été envoyé par l'auteur et par l'imprimeur. L'envoi qui se trouve sur la garde est ainsi libellé : « R<sup> in Christo Patri Jacobo Pyron, ex dono authoris et typographi. » Page 176 on trouve une épigramme sur les armoiries de la Maison d'Andigné : « In tres aquilas D. Caroli Dandignæi. »

362. — Nascenti Galliarum Delphino urbis Molinarum præfectus, consules et cives, votivum hoc monimentum posuere (carmen P. Claudii De Lingendes, è Soc. Jesu). *Parisiis*, 1638, pet. in-4 de 7 pag., cart.

363. — Genesis regia Serenissimi Franciæ Delphini ex paternarum Ludovici XIII, Franciæ et Navarræ Regis Christianissimi, virtutum inspectu tanquam ex præsenti et certo themate deducta, dicta in Collegio Bituricensi Soc. Jesu die 18 octob. 1638 à Patre Joanne Zoccoly, Parisino, ejusd. soc. sacerdote, nunc tandem pro Biturigum voto typis edita. *Parisiis*, 1639, pet. in-4 de 36 pag., cart.

364. — Naissance du Dauphin (Louis XIV). Recueil factice de vers latins, éloges, horoscopes, etc. — 7 pièces en 1 vol. in-4, cart.

Horoscopus Delphini (auctore N. F. Duchesne). S. l., n. d., avec une belle planche gravée aux armes du cardinal Richelieu. — Nova Gallia Delphino, authore Laur. Le Brun, è Soc. Jesu. *Parisiis*, 1639. — Delphini elogia auctore P. Labbé Soc. Jesu. *Parisiis*, 1638. — Delphino Nænia (auctore J. Samblacatto, Tholosate). *Parisiis*, 1638. — Delphino genethliacon. *Parisiis*, 1638. — Delphini horoscopus, astrum Ludovicus XIII, aspectus duplex, alter Regis, alter Patris quæ singula in Collegio Parisiensi Claromontano Soc. Jesu die X octob. anno M.DC.XXXVIII, P. Francisc. Vavasseur disseruit. *Parisiis*, 1638. — Delphino Gallico Delphini Marinus et cælestis Xenia (eod. auctore). *Parisiis*, 1639.

365. — Dav. Humii Wedderburnensis poemata omnia ; access. ad finem unio Britannica et prælium ad Lipsiam soluta oratione. *Paris*, 1639, pet. in-8, vél.

366. — Pauli Thomæ Engolismensis poëmata. *Engolismæ, ap. Cl. Rezé, regis typographum*, 1640, in-8, dem.-rel.

Parmi les poésies qui composent ce recueil, on remarque en tête un poème en 4 chants sur Paris : *Luteliados libri IV*.

367. — Epigrammatum Herculis Griselli (presbyteri Rothomagæi) Calliope ad illustriss. nobilissimumque virum in Parisiensi curia subsidiorum præsidem, dominum D. de Sève. *S. l. (circa* 1640), pet. in-4 de 40 pag., cart.

368. — Ren. Mich. Rupemallei, Parisini, poematia. *Parisiis, ap. viduam H. Sara*, 1658, in-8, vél.

Bel exemplaire dans sa première reliure. L'auteur de ce livre, René-Michel de La Rochemaillet, était prieur de S.-Lubin et curé de Champlant. Ce recueil est précédé de plusieurs épitaphes en français sur la mort de l'auteur, par N. Frénicle, G. Colletet, Colletet le fils et Mlle Colletet.

B. — *Poésie française.*

369. — La Chanson de la Croisade contre les Albigeois, commencée par G. de Tudèle et contin. par un poète anonyme, éditée et trad. pour la Soc. de l'hist. de France par P. Meyer. *Paris*, 1875-1879, 2 vol. gr. in-8, br.

370. — ANCIENS POÈTES FRANÇAIS publ. à Paris par Ant.-Urb. Coustelier, de 1723 à 1724. 10 vol. in-12,

rel. pleine en mar. rouge du Levant, à nerfs, dent.
intér., tr. dor. (*Capé*).

Collection complète. — Elle est ainsi composée : Poésies de Guill. Coquillart, official de l'église de Reims. 1723, 1 vol. — La farce de Maistre Pierre Pathelin avec son testament, à quatre personnages. 1723, 1 vol. — Œuvres de François Villon. 1723. — Poésies de Martial de Paris, dit d'Auvergne, procureur au Parlement. 1724, 2 vol. — La légende de Maistre Pierre Faifeu, mise en vers par Charles Bourdigné. 1723, 1 vol. — Poésies de Guill. Cretin. 1723, 1 vol. — Œuvres de Jean Marot. 1723, 1 vol. — Œuvres d'Honorat de Bueil, chevalier, seigneur de Racan. 1724, 2 vol.

370 *bis*. — Pseaumes de David, mis en rime françoise par Clément Marot et Théodore de Besze. *S. l.* (*Genève*), *par Mathieu de la Roche*, 1559, in-16, avec musique notée, dem.-rel., mar. bleu.

Edition rare. — Exemplaire bien conservé.

371. — LES VRAYES CENTURIES et prophéties (en vers) de Maistre Michel Nostradamus, où se void représenté tout ce qui s'est passé tant en France, Espagne, Italie, Allemagne, Angleterre, qu'autres parties du monde. *Amsterdam, chez J. Jansson*, 1668, pet. in-12, frontisp. gravé et portr. de Nostradamus, rel. pleine en mar. vert d'eau du Levant, à nerfs, dos orné, triple fil. sur les plats, dent. int., tr. dor. (*Duru et Chambolle*).

Edition remarquablement imprimée. Elle fait partie de la collection des Elsevier. — Très bel exemplaire, aux armes du comte de Lagondie. — Hauteur des marges : 130 millim.

372. — L'hymne des Pères de famille à S.-Blaise, de P. de Ronsard, commenté par Nic. Richelet, Parisien. *Paris, N. Buon*, 1618, pet. in-8, cart.

Dédié à M. *Lormier*, conseiller de la Cour des Aydes.

373. — Stances sur le très-cruel parricide commis en la personne sacrée de Henry le Grand, Roy de France et de Navarre (par Bouteroue). *Paris*, 1610, pet. in-4, dem.-rel., mar. v.

Pièce rare.

374. — Le Rameau de verte-espine. *S. l.*, 1610, pet. in-8, cart.

Pièce en vers. La dédicace *à la Royne* est signée des initiales N. D.

P., qui s'appliquent très probablement à *Nicolas du Peschier*, avocat, et littérateur de l'époque. C'est une défense des Pères Jésuites, où tous les méfaits qu'on leur reproche et en particulier le meurtre d'Henri IV, par Ravaillac, sont mis sur le compte des Huguenots. — Cachet de la Bibliothèque Monmerqué sur le titre.

375. — Consolation à la Royne Régente sur la mort de très-grand, très-illustre et très-puissant prince Henry IIII, roy de France et de Navarre. *Paris*, 1611, pet. in-4, cart., tr. dor.

Pièce en vers signée : *De Coullomby*.

376. — Les Amantes, ou la grande pastorelle (en vers), enrichie de plusieurs belles et grandes inventions, par Nic. Chrestien, Sr des Croix. *Rouen*, *R. du Petit-Val*, 1613, in-12, rel. pleine en v. f., à nerfs, fil.

377. — Les Œuvres de François Ménard, déd. à Monseign. le marquis d'Ancre. *Paris, Franç. Jacquin*, 1613, pet. in-12, v. gran.

378. — Les Œuvres de Maynard. *Paris, Aug. Courbé*, 1646, in-4, portr. par Daret, v. fauve. (*Reliure ancienne*).

379. — L'Hymne de la Paix chantée par toute la France par les laboureurs, vignerons et autres paysans qui l'habitent, par l'assurance qu'ils ont maintenant de paisiblement recueillir les fruicts de leurs labeurs. *Paris, de l'imprim. d'Anth. du Breuil*, 1614, pet. in-8, couv. en pap.

Pièce de vers peu commune. L'exemplaire n'est qu'ébarbé, et pour ainsi dire non rogné.

380. — Discours à la Royne Régente, mère du Roy, sur les désordres qui sont pour le présent en ce royaume. *S. l.*, 1615, pet. in-8, cart.

Pièce en vers.

381. — L'Amour triomphant, pastorale comique, où soubs les noms du berger Pirandre et de la belle Oréade, sont descrittes les amoureuses adventures de quelques grands princes, par P. Tro-

terel, escuyer, sieur d'Aves. *Paris*, 1615, pet. in-8,
mar. r., fil., tr. dor.
> Volume rare. — La reliure ancienne est remboîtée.

382. — Pasquil de la Cour sur le retour de Bordeaux. *S. l.*, 1616, pièce pet. in-8, cart.
> Pièce de vers satirico-comique en forme de chanson sur les incidents
> de voyage :
>> *On pisse sur la toilette*
>> *De la Royne qui dormoit.*
>> *Et c'estoit une Espagnole*
>> *Qui d'en haut la parfumoit...*

383. — La nouvelle Muse, ou les loisirs de Jean Godard, Parisien, cy-devant lieutenant-général au
bailliage de Ribémont. *Lyon, Cl. Morillon*, 1618.
— L'H. Françoise, de J. Godard, Parisien. *Lyon*,
1618. — Diversitez poétiques, par le sieur du Vieuget. *Paris, P. Billaine*, 1632. — Les Aventures de
Policandre et de Basolie (en vers), par le même.
Paris, Billaine, 1632. — Ens. 4 ouvr. en 1 vol.
in-8, v. br.
> Poésies rares. — Les exemplaires sont très bien conservés.

384. — Meslanges poétiques, tragiques, comiques
et autres diverses, de l'invention de L. D. L. F.
(par G. Godard). *Lyon, Amb. Travers*, 1624, pet.
in-8, v. marbr.
> Recueil très rare. — La Franciade, tragédie. — Les Déguisés, co-
> médie. — La Fontaine de Gentilly. — La Fontaine de S. Font. — La
> Perdrix. — Etc.

385. — Les vers dévotieux, dédiez au public, pour le
service de Dieu, par Fr. Hamoys. *Paris*, 1619. —
Les intervales du loisir de Fr. Hamoys, marchand
lapidaire à Paris. (*Paris*), 1619, 2 ouvr. en 1 vol.
pet. in-8, v. f.
> Poète très rare. — Le premier de ces ouvrages est en parfait état.
> Raccommodage au dernier feuillet du second ouvrage.

386. — Les larmes d'Aronthe sur l'infidélité de Clo-
rigène, récit pastoral (en vers), div. en cinq journées, par P. Colas. *Lyon, J. Lautret*, 1620, in-12,
joli titre gravé, vél.
> Volume rare. Il se termine par un recueil des diverses poésies de
> l'auteur.

387. — Les Œuvres (poétiques) du sieur Théophile (Viaud). *Paris, P. Billaine*, 1621, 2 part. en 1 vol. in-8, vél.

> Edition originale. — Bel exemplaire, grand de marges, dans sa première reliure.

388. — Théophile. 4 pièces pet. in-8, non rel.

> La Remontrance à Théophile. *S. l.*, 1620. — Apologie au Roy (par Théophile). *Paris*, 1625. — Vers de Théophile présentez au Roy. *S. l.*, 1625. — Consolation sur la résolution de la Mort, ensemble l'adieu du Monde, adressé aux beaux esprits de ce temps, par Théophile. *S. l.*, 1625.

389. — Les triomphes et trophées royaux dédiez au premier monarque et à la plus grande dame de la terre, Louys de Bourbon et Anne d'Austriche, roy et royne de France et de Navarre, par Cl. Brunel, prestre de la Comté d'Avignon. *Lyon, Cl. Chastellard*, 1622, pet. in-8, dem.-rel., dos et coins de mar. rouge.

> Bel exemplaire d'un volume très rare, en vers et en prose.

390. — Les Palmes de Louis le Juste, entretissues d'olives et lauriers, en trois odes, par M. I. M. (Jean Mart), prestre. *Paris, Cl. Morlot*, 1622, pet. in-8, vél., tr. dor.

> Ce volume, qui est très rare, n'est pas cité par les bibliographes. Aux initiales I. M. qui figurent sur le titre et à la fin de la préface, on a ajouté, d'ancienne écriture qui paraît être du xviie siècle, les lettres *art*, qui donnent *I. Mart* comme nom d'auteur. Peut-être ces initiales ne sont-elles que l'abréviation du nom de *Martin?* — Exemplaire très grand de marges, dans sa première reliure.

391. — La santé de la France, ou l'Alceste Françoise ressuscitée par l'Hercule Gaulois, au Roy, ens. les Litanies des Huguenots à la mesme majesté, par Anth. de Ruel. *Avignon, de l'imprim. de J. Bramereau*, 1622, pet. in-8, vél.

392. — Les Œuvres de Jacques Poille, sieur de St-Gratien, conseiller au Parlem. de Paris, div. en onze livres : Rome en 7 livres ; la Grèce en 1 livre ; les Barbares, les grands Roys, les grands

Seigneurs, les derniers Hérésiarques, en 1 livre ;
l'Icare françois en 2 livres. *Paris, Th. Blaise*,
1623, in-8, mar. vert, fil. à comp., à la Duseuil, tr.
dor. (*Reliure ancienne*).

> L'Icare François est le maréchal de Biron. — Bel exemplaire, ayant
> appartenu d'abord à André Félibien, seigneur des-Avaux, dont on voit
> l'ex-libris collé au verso du titre, et en dernier lieu à Viollet-le-Duc.

393. — Les Satyres du sieur Du Lorens, divisées
en deux livres. *Paris, Jacq. Villery*, 1624, pet.
in-8, dem.-rel., v. antiq.

> Poète rare et recherché. — Exemplaires en bon état. — Cachet de
> bibliothèque sur le titre. — Le feuillet de l'*Epistre au Roy* est trans-
> posé.

394. — Le Bocage d'Amour, cont. deux pastorel-
les, l'une du beau pasteur, l'autre de la chaste
bergère (par J. de Fonteny). *Paris, J. Corrozet*,
1624, in-12, cart. à la Brad.

> Volume de poésies très rare. — Exemplaire grand de marges, avec
> témoins.

395. — Les Traverses du sieur de Resneville et
ses œuvres poétiques. *Paris, Touss. du Bray*,
1624, pet. in-8, vél.

> Volume rare. — Bel exemplaire.

396. — La Sylvanire, ou la morte-vive, fable boca-
gère de Messire Honoré d'Urfé, marq. de Bagé et
Verromé, comte de Chasteauneuf, baron de Chas-
teaumorand, etc. *Paris, Rob. Fouet*, 1627, pet. in-8,
v. br.

397. — Les deux premiers livres de l'Hérésie renversée, par le sieur Du Pin Pager, de Fontenay.
Fontenay, P. Petit-Jan, imprimeur et libraire,
1628, pet. in-4, couv. en pap. (*Rare*).

> Bel exemplaire, grand de marges, et dans un parfait état de conser-
> vation.

398. — Célinde, poème héroïque, du Sr Baro. *Paris*,
1629, in-8, cart. à la Brad.

399. — La Clorise de Baro, pastoralle (en vers).

Paris, Fr. Pomeray, 1632, pet. in-8, titre gr., dem.-rel., v. fauve.

400. — Les Œuvres (poétiques) de N. Frenicle, cons. du Roy et général en la Cour des Monnoyes. *Paris, J. de Bordeaux*, 1629, 2 part. en 1 vol. in-8, vél.

Exemplaire grand de marges et dans sa première reliure. — Petite piqûre grosse comme une tête d'épingle.

401. — Le Séjour des Muses, ou la Cresme des bons vers, tirez des meslanges des sieurs Ronsard, Du Perron, Aubigny père et fils, de Malherbe, Motin, Maynard, Théophile, de Bellan, etc. *Rouen, M. de la Motte*, 1627, in-8, vél.

402. — Les Sentimens de Messire P. Forget, chev., sieur de la Picardière, conseill. du Roy et maistre d'hostel ordinaire de sa maison (en vers). *Paris, Guill. Citerne*, 1630, in-4, vél.

Bel exemplaire, très grand de marges, dans sa première reliure.

403. — La Fillis de Scire, du sieur du Cros (trad. de l'ital. de Guid. Bonarelli, en vers français). *Paris, Ant. de Sommaville*, 1630, in-8, v.

404. — Les Poésies et Rencontres du sieur de Neufgermain, poète hétéroclite de Monseigneur, frère unique du Roy, imprimé par commandement de mondict seigneur. *Paris, Jacq. Jacquin*, 1630. — La seconde partie du livre intitulé : les Poésies et Rencontres du sieur de Neufgermain, poète hétéroclite. *S. l.*, 1637. — Ens. 2 vol. in-4, rel. pleine en veau fauve, à nerfs, dos ornés, fil., tr. dor.

Très joli exemplaire, grand de marges et non lavé. — Il est extrêmement rare de trouver réunis ces deux recueils des poésies de Neufgermain, le poète hétéroclite. Le second volume a été imprimé *sept ans* après le premier et n'a pas paru chez le même éditeur, de telle sorte que les mêmes dispositions typographiques n'ont pu être observées et que le second volume est d'un format un peu plus grand que le premier.

405. — Les Adventures de Policandre et de Basolie, tragédie (en vers), par le Sr du Vieuget. *Paris, Billaine*, 1632. — Diversitez poétiques, par le même.

Paris, Billaine, 1632, 2 ouvr. en 1 vol. pet. in-8,
dem.-rel., mar. viol.

> On trouve rarement réunis ces deux ouvrages du même auteur. — Légère mouillure à la fin des *Diversitez poétiques*. On lit en tête de l'Argument des Adventures de Policandre : « Pelicare fut un gentilhomme provençal, marié à une dame de Naples, nommée Melcane. Ils vindrent après leur mariage habiter auprès de Marseille. » Etc. — Dans les « Diversitez poétiques » on remarque les pièces suivantes : Le Tombeau de Charles-Emanuel, duc de Savoie ; Sur ma maladie au siège de Verrue ; Portrait du Roy, à la Reyne ; etc.

406. — Les Bergeries de Mre Honorat de Bueil, chevalier sieur de Racan. *Paris, Touss. du Bray*, 1632. — Observations de M. le Comte de Brienne sur les poésies de M. de Racan. 1680. *Achevé cà 7e décembre au matin, jour de St-Ambroise de l'an 1680 dans ma prison de St-Lazare.* — In-8, dem.-rel., mar. bl.

> Cet exemplaire de Racan a appartenu à Loménie de Brienne pendant sa détention. Il a mis sa signature autographe sur le titre, avec cette note : *Ensemble tout ce qui s'est pu trouver des poésies du mesme autheur.* Aux *Bergeries* ont été joints divers cahiers imprimés de poésies de Racan extraits de recueils du temps avec corrections et annotations de la main de Loménie de Brienne. — Les *Observations*, qui sont reliées à la suite, sont manuscrites et entièrement de la main de Loménie de Brienne. Ce commentaire inédit sur Racan ne comprend pas moins de 332 feuillets.

407. — Les œuvres de Honorat de Bueil, seigneur de Racan. *Paris, Coustelier*, 1724, 2 vol. in-12, v. fauve.

> Bel exemplaire en reliure ancienne.

408. — Scévole, ou chant pastoral sur le trespas de M. de Saincte-Marthe (par G. Colletet). *Paris*, 1624, pet. in-8, dem.-rel., mar. r. du Lev., à nerfs.

409. — Les Divertissemens du sieur Colletet. *Paris, J. Dugast*, 1633, pet. in-8, vél. bl. *(Bauzonnet).*

> Poème épique sur la paix faite avec les Anglois et sur la réduction des rebelles du Languedoc, après la prise de La Rochelle, l'an 1629. — Advertissement sur un livre intit. : Le moyen de parvenir, madrigal. — Sur la tragédie de Pasiphaé, etc. — Petit raccommodage dans la marge du titre. — Cachet de bibliothèque.

410. — L'illustre banquet (par Colletet). *Paris, J.*

Camusat, 1642, pet. in-4, dem.-rel., dos et coins de
cuir de Russie, fil.

Pièce rare. — Exemplaire très grand de marges et bien conservé.

111. — Autres poésies de Colletet. *Paris*, *Aug.
Courbé*, 1642, pet. in-4, dem.-rel.

Ce recueil commence par une pièce intitulée : *Les Tuileries, mono-
logue*.

412. — Poésies diverses de Colletet, cont. des sujets
heroïques, des passions amoureuses, et d'autres
matières burlesques et enjouées. *Paris*, 1656, pet.
in-12, v. br.

Parmi les nombreuses pièces de ce recueil, on remarque : Chant de
victoire, sur la défaite des Anglois en l'isle de Ré et sur la prise de La
Rochelle. — Sur le voyage de Piedmont, 1630, au Roy. — Fantasie sur
les diverses peintures de Priape, sonnet. — Etc.

413. — Plaintes d'Acante, et autres œuvres (poétiques) du Sr Tristan. *Anvers*, *H. Aerlssens*, 1633,
pet. in-4, beau titre gravé, cart.

Le plus rare volume des œuvres de Tristan.

414. — La Lyre du sieur Tristan. *Paris*, *A. Courbé*,
1641, pet. in-4, front. gravé, dem.-rel., v. fauve.

415. — Les vers héroïques du S. Tristan l'Hermite.
Paris, *se rendent chez l'auteur*, *aux Marests du
Temple*, *rue Neuve St-Claude*, 1648, in-4, front.
gr., portraits gr. par Daret, figures de Chauveau,
vél.

Bel exemplaire dans sa première reliure, bien complet de tous ses
frontispices et gravures. Les épreuves en sont de toute beauté.

416. — Poésies galantes et héroïques du sieur Tristan l'Hermite, conten. ses Amours, sa Lyre, les
plaintes d'Acante, la maison d'Astrée, diverses
chansons, la Comédie des Fleurs, la belle gorge et
autres pièces curieuses, etc. *Paris*, 1662, in-4,
frontisp. gravé, portrait de l'auteur gravé par Daret et fig., couv. en pap.

Tache dans le fond des prem. feuillets.

417. — ŒUVRES DU SIEUR GAILLARD. *Paris*, *Jacq.
Dugast*, 1634, pet. in-8 de 8 ff. prél. non chiff., y

compris le titre gr. avec une fig. par Callot, et 88 pag. chiffr., y compris une pl. de rébus gr. par Callot, rel. pleine en mar. v. du Levant, à nerfs, dos orné, fil., dent. int., tr. dor. (*Thibaron-Joly*).

TRÈS BEL EXEMPLAIRE d'un poëte recherché. — Voici ce qu'en dit Brunet : « Ce volume rare et curieux est orné du portrait de l'auteur, caché sous le nom d'Ant. Gaillard, qui était certainement un des poëtes les plus gais et les plus spirituels de son époque. La principale pièce de ce recueil est une satire dialoguée, en cinq actes, sous ce titre : *La furieuse monomachie de Gaillard et de Braquemard*. Il est fort douteux qu'Ant. Gaillard, sieur de La Porteneille, auteur de *la Carline*, comédie pastorale en vers *(Paris, Corrozet,* 1626, in-8), attribuée à l'auteur de la *Monomachie,* dans la *Bibliothèque du Théâtre François,* soit le même que le sieur Gaillard dont nous venons de décrire les œuvres. »

418. — Les joyeux épigrammes du sieur de la Giraudière. *Paris, Cl. Banqueteau,* 1634, in-8, cart. — *15*

Poëte peu commun. — Exemplaire grand de marges, avec témoins.

419. — Les Meslanges poétiques du sieur de Meynier (Provençal), cont. les véritables triomphes du Roy, l'apologie de la poésie, et autres traictez utiles pour le public. *Paris, Fr. et Jul. Jacquin,* 1634, 2 part. en 1 vol. pet. in-8, mar. v., fil.,comp., tr. dor. (*Reliure ancienne*). — *16*

Volume très rare. — Bel exemplaire dans sa première reliure. — On remarque une pièce intitulée : *La Provence,* adressée *à vertueux personnage Honoré Beaussier de Signe* et un *sonnet provençal à la louange du nom de Perthus.*

420. — La Pompe funèbre, ou Damon et Clovis, pastorale (en vers), suivie de la réforme du Royaume d'Amour (par Dalibray). *Paris, P. Rocolet,* 1634, pet. in-8, vél. — *13*

Volume rare.

421. — La Rochelle (poème), au Roy très chrestien, Louis le Juste. *Paris,* 1634, in-12, v. f. — *3-fo*

422. — Le Parnasse Royal, ou les immortelles actions du très victorieux monarque Louis XIII, sont publiées par les plus célèbres esprits de ce temps (publié par Bois-Robert). *Paris, S. Cra-* — *15*

moisy. 1635, in-4, portr. de Louis XIII à cheval, v.
r., v., fil., comp., tr. dor.

Exemplaire grand de marges et dans sa première reliure, donné par
un des auteurs aux Capucins du Marais, à Paris.

423. — Le Sacrifice des Muses, au grand Cardinal de
Richelieu (par Boisrobert, Marbeuf, Gombauld,
Malherbe, Colletet, Des Marets, Gomberville et
autres). *Paris, Séb. Cramoisy,* 1635, in-4, rel.
pleine en v. fauve, à nerfs, dos orné, fil., comp.,
dent. int., tr. dor. *(Closs).*

Bel exemplaire non lavé, et d'une conservation parfaite.

424. — Le Parnasse Royal ou les immortelles actions
du très chrestien et très victorieux monarque
Louis XIII sont publiées par les plus célèbres esprits de ce temps (publ. par Bois-Robert). *Paris,
Séb. Cramoisy,* 1635. — Palmæ Regiæ invictissimo
Ludovico XIII Regi Christanissimo a præcipuis
nostri ævi poetis in trophæum erectæ. *Parisiis,*
1634, avec un beau portrait de Louis XIII à cheval. — Le Sacrifice des Muses au grand Cardinal
de Richelieu (publ. par le même). *Paris, Séb.
Cramoisy,* 1635. — Epinicia Musarum Eminentissimo Cardinali duci de Richelieu. *Parisiis,* 1634,
avec un beau portrait du Cardinal de Richelieu. —
4 recueils en un vol. in-4, v. fauve, fil. (*Première
reliure*).

Exemplaires grands de marges et bien conservés, sauf une petite piqûre dans le bas de la marge, aux premiers ff. de préface du dernier
recueil.— Le *Parnasse Royal* contient entre autres des pièces signées
de *Colletet, Godeau, Malherbe, Maynard, Mlle de Gournay, Porchères d'Arbaud.* — Dans le *Sacrifice des Muses,* les noms sont plus
nombreux. On y trouve des pièces de *Baro, de Chapelain, de Faret,
de Gombauld, de Gomberville, de Marbeuf, de Des Marets, du P.
Le Moine, de Mondory, de Racan, de Scudéry, de Tristan,* etc., etc.

425. — Raillerie universelle (en vers), dédiée à Mgr
l'Eminent. card. duc de Richelieu (par le baron du
Puiset), seconde édition. *Paris, P. Targa,* 1635,
pet. in-8, vél. vert.

Exemplaire grand de marges provenant de la collection Duputel, de
Rouen.

426. — Les Palmes du Juste, poème historique, div.
en neuf livres, où par l'ordre des années sont contenues les immortelles actions du très victorieux
monarque Louys XIII, dep. sa naissance jusqu'au
retour du duc d'Orléans, frère unique de S. M.,
par le S. Le Hayer du Perron. *Paris, T. Quinet*,
1635, in-4, front. avec un joli portr. en busté de
Louis XIII gr. par A. Bosse d'après Du Moustier,
v. br.

427. — Le Banquet des Muses, ou les divers Satires
du sieur Auvray, cont. plusieurs poemes non encore veues ny imprimez. *Rouen, Dav. Ferrand*,
1636, pet. in-8, mar. r., fil., tr. dor. (*Reliure ancienne*).

> Poésies très recherchées. — Du reste l'exemplaire est bien con-
> servé.

428. — L'image du Roy faisant la guerre (en vers).
Reims, Fr. Bernard, 1637, pet. in-4, dem.-rel., v.
ant.

> Opuscule rare. — Bel exemplaire.

429. — Ode sur la grossesse de la Reyne, par de
Bensserade. *Paris, Ant. de Sommaville*, 1638,
pet. in-4, dem.-rel., v. f., à nerfs. (*Closs*).

> Édition originale de cette pièce.

430. — La nymphe Salmacis, idile, du Sr de Ram-
palle, ens. l'Esclave généreuse, du mesme autheur, imité du Préty. *Paris, P. Rocolet*, 1639, pet.
in-4, cart. à la Brad.

431. — La Solitude (poème), à Mgr le Card. de Richelieu (par le P. Le Moyne). *Paris, J. Camusat*,
1639, pet. in-4, rel. pleine en veau fauve, à nerfs,
fil., dent. int., tr. dor. (*Closs*).

432. — L'amant solitaire, du sieur de Priezac, élégie.
Paris, J. Dugast, 1641, pet. in-4, cart.

> Pièce rare.

433. — La Nuict des Nuicts; le Jour des Jours; le
Miroir du Destin ou la nativité du Daufin du Ciel,

la naissance du Daufin de la terre et le tableau de
ses aventures fortunées (par le Sr du Bois-Hus,
Breton). *Paris, J. Paslé,* 1641, in-12, v. f.

Recueil de poésies, précédé d'un long discours panégyrique dans lequel l'auteur excipe de sa nationalité bretonne.

434. — Stances sur la mort du marquis de Coislin
(par de L'Estoille). *Paris, P. Rocolet,* 1641, pet.
in-4, cart. à la Brad.

Pièce rare.

435. — Œuvres poétiques du sieur Desmarets, conseiller du Roy et controlleur général de l'extraordinaire des guerres. *Paris, H. Legras,* 1641,
in-4, titre gravé dans le style de Della Bella, v.br.

Exemplaire aux armes de P. DE L'ESCOT, conseiller au Parlement de Grenoble (d'or à 3 têtes de lion, arrachées de sable). — Ce volume se compose du titre gravé ci-dessus, d'un faux-titre imprimé contenant la nomenclature des œuvres de Des Marets et de la réunion des pièces suivantes de Des Marets, avec titres et paginations particulières : Roxane, tragi-comédie (suivie de Scipion, tragi-comédie). *Paris,* 1647. — Les Visionnaires, comédie (suivie d'Aspasie, pièce de théâtre en vers et autres œuvres poétiques), *Paris,* 1640. — Europe, tragi-comédie (par Des Marets et le cardinal de Richelieu). *Paris,* 1643. — Odes, poèmes et autres œuvres. — Etc. — Provenant de la collection Viollet-Leduc, avec son ex-libris.

436. — Tombeau du grand Cardinal de Richelieu,
Paris, 1643, pet. in-4, portrait de Richelieu gravé
par Larmessin ajouté, cart.

Pièce de vers, signée : *Des Marets.*

437. — Les Chevilles de Me Adam, menuisier de
Nevers. *Paris,* 1644, in-4, portr., dem.-rel., mar.r.

438. — Stances de Maistre Adam au parc de Nevers
sur le départ de la séréniss. Reyne de Pologne.
Paris, Touss. Quinet, 1645, pièce in-4, cart. à la
Brad.

Edition originale.

439. — Diverses poésies de feu M. de Chandeville.
Paris, A. Courbé, 1643, pet. in-4 de 24 pag., cart.

Très rare. — L'auteur était le neveu du grand Malherbe. Cet exemplaire porte quelques notes du temps indiquant les personnages pour lesquels certaines pièces ont été composées ou bien auxquels il est fait allusion. Quelques feuillets mal pliés, sont un peu rognés en tête.

440. — Les poésies de Gombauld. *Paris, Aug. Courbé*, 1646, in-4, v. br., fil.

> Edition originale. — Exemplaire bien conservé, dans sa première reliure.

441. — Les poésies de Gombauld. *Paris, Aug. Courbé*, 1646, in-4, v. marbr., fil.

> Edition originale. — Bel exemplaire aux armes et aux chiffres de Prondre de Guermante. — Le volume a appartenu ensuite à Auger, de l'Académie Française, dont il porte l'ex-libris.

442. — Les Epigrammes de Gombault. *Paris, Courbé*, 1657, pet. in-12, v. br.

443. — Les œuvres du sieur de Saint-Amant. *Paris, Touss. Quinet*, 1649-51, 3 tom. en un vol. in-4, vél.

> Edition très complète des œuvres poétiques de St-Amant, une des victimes de Boileau. — Exemplaire grand de marges, dans sa première reliure, avec le *Caprice du C.* paginé à part et qui manque la plupart du temps.

444. — La Rome ridicule, caprice (par de Saint-Amant). *S. l., n. d.*, pet. in-4 de 56 pag., cart.

> Edition originale.

445. — Les Epistres du sieur de Bois-Robert-Métel, abbé de Chatillon. *Paris, Cardin Besogne*, 1647, pet. in-4, v. fauve, fil. (*Reliure ancienne*).

> Edition originale. — Exemplaire bien conservé et grand de marges.— Signature de *Boissonade* sur le titre.

446. — Poésies du sieur de Malleville. *Paris, Aug. Courbé*, 1649, in-4, v. f., fil. (*Reliure ancienne*).

> Exemplaire grand de marges et bien conservé.

447. — Poésies diverses, déd. à Mgr le duc de Richelieu, par de Scudéry, gouverneur de N.-D. de la Garde. *Paris, A. Courbé*, 1649. — Le Cabinet de M. de Scudéry (en vers). *Paris, A. Courbé*, 1646. — Ens. 2 ouvr. en 1 vol. in-4, front. gr., v. br.

> Le frontispice du dernier ouvrage représente l'intérieur de la galerie de tableaux de Scudéry. La description en vers des tableaux de maîtres qui composaient cette remarquable collection est précédée d'une longue liste des objets d'art, avec les noms des artistes. — Exemplaire grand de marges et bien conservé dans sa première reliure.

448. — Les œuvres poétiques du Sr de P. (de Pure).

Paris, P. Targa, 1650, pet. in-4, front. gr. par F. Bignon, vél.

On remarque en tête de ces *œuvres poétiques* une longue pièce de vers de Rotrou à la louange de l'auteur.

449. — Nouv. Recueil de divers Rondeaux (par Voiture. Bois-Robert, Malleville, Habert, publ. par l'abbé Cotin, etc.). *Paris, Aug. Courbé,* 1650, 2 tom. en 1 vol. pet. in-12, frontispice gravé par Daret, v. br., fil.

C'est de ce recueil (1re partie, pag. 1 à 5), que sont tirés les deux rondeaux cités par La Bruyère, à la fin du chapitre intitulé : « *De quelques usages.* » La Bruyère les a légèrement remaniés en les citant. (*Sainte-Beuve*).

450. — Les œuvres poétiques de Beys. *Paris, Quinet,* 1652, in-4, front. gr., v. marbr., fil.

451. — Les TRIOMPHES de Louis le Juste, XIII du nom, roy de France et de Navarre, conten. les plus grandes actions où Sa Majesté s'est trouvée en personne représent. en figures œnigmatiques exposées par un poème héroïque de Charles Beys et accompagn. de vers françois sous chaque figure, composez par P. de Corneille, avec les portraits des rois, princes et généraux d'armées qui ont assisté ou servy ce belliqueux Louys le Juste combattant et leurs devises et expositions en forme d'éloges, par Henry Estienne, sieur des Fossez, poète et interprète du Roy, ensemble le plan des villes, sièges et batailles, avec un abrégé de la vie de ce grand monarque, par René Barry, historiographe de Sa Majesté, ouvrage entrepris et finy par Jean Valdor, Liégeois, calcographe du Roy. A *Paris, de l'imprimerie Royale, par Antoine Estienne, premier imprimeur et libraire du Roy,* 1649, 2 part. en un vol. in-fol., nombr. fig., mar. rouge, fil. à compart., tr. dor. (*Rel. du temps, avec armoiries*).

Livre d'une exécution très remarquable. Cet exemplaire est celui d'HENRY D'ORLÉANS, DUC DE LONGUEVILLE, et est relié à ses armes. Le portrait de ce grand capitaine se trouve à la page 43. Au-dessous on

remarque un sonnet manuscrit du temps en son honneur. En face on
voit ses armoiries gravées et sa devise. Avec une légère réparation aux
coiffes et aux coins on peut faire un très beau livre.

452. — Les œuvres de M. de Voiture, rev. et augm. —
Paris, Courbé, 1654, in-4, titre grav., v. gr., fil.

453. — Les poésies de Jules de la Mesnardière, de
l'Académie Françoise. *Paris, Ant. de Sommaville*,
1656, in-fol., front. gr., v. br., fil.
> Bel exemplaire.

454. — Les poésies de Jules de la Mesnardière, de
l'Académie Françoise, conseiller du Roy et maistre
d'hostel ordinaire de Sa Majesté. *Paris, Ant. de
Sommaville*, 1656, pet. in-fol., v. br.
> Cet exemplaire est probablement celui de l'auteur. A l'intérieur de la
> couverture on remarque un ex-libris ancien de la famille avec cette men-
> tion : *Ex bibliotheca D. D. De la Mesnardière.*

455. — La Pucelle, ou la France délivrée, poème héroïque, par Chapelain. *Paris, Aug. Courbé*, 1656,
in-fol., front. grav. et fig. à chaque chant, v. br.

456. — Lettre du S. Du Rivage, cont. quelques observations sur le poème épique, et sur le poème de
la Pucelle (de Chapelain). *Paris*, 1656, pet. in-4,
vél.

457. — Poésies diverses de M. de Brébeuf. *Paris,
Ant. de Sommaville*, 1658, in-4, v. br.
> Edition originale. — Exemplaire grand de marges, dans sa première
> reliure.

458. — Le tableau de la vie et du gouvernement de
Mess. les card. de Richelieu et Mazarin, et de Colbert, représenté en diverses satyres et poésies in-
génieuses, avec un recueil d'épigrammes sur la vie
et la mort de Fouquet, et sur diverses choses qui
se sont passées à Paris en ce temps-là. *Cologne, P.
Marteau*, 1694, pet. in-12, v. éc., fil.

459. — Etudes sur la littérature française à l'époque
de Richelieu et de Mazarin, par Ch.-L. Livet. —
Bois-Robert. — René Le Pays. *Paris*, 1852-53,
2 fascic. in-8, br.

460. — De la Chanson en France pend. la première moitié du xviie siècle, par Ch.-L. Livet. *Paris*, 1853, broch. in-8.

461. — La Chronique scandaleuse ou Paris ridicule, de C. Le Petit. *Cologne, P. de La Place (à la Sphère)*, 1668, pet. in-12, cart.

> « L'auteur de ce poème étoit avocat, fils d'un tailleur. Il étoit bon poète et avoit beaucoup d'esprit, mais fort libertin. Il fut brûlé en place de Grève pour avoir fait plusieurs pièces satiriques, particulièrement un livre infâme contre la Vierge. Ainsi il mourut au lieu qu'il appelle (lieu commode pour les infâmes). Il avoit un frère qui étoit tailleur à Paris et qui ne sentoit guères moins le fagot que luy. » (*Note ms. ancienne sur l'exemplaire*).

462. — Le Tracas de Paris en 1660, par François Colletet. *Alençon*, 1854, broch. in-8.

> Opuscule de Ch. Asselineau, tiré à 25 exemplaires seulement et devenu rare.

463. — Les œuvres de M. Sarasin. *Paris*, 1685. 2 vol. in-12, portr., v. br.

464. — Les œuvres de poésie de M. Perrin, contenant les jeux de poésie, diverses pièces galantes, des paroles de musique, airs de cour, airs à boire, chansons, noëls et motets, une comédie en musique, l'entrée de la Reyne et la Chartreuse ou la Sainte Solitude. *Paris, Est. Loyson*, 1661, in-12, front. gravé, v. br.

> Perrin est le premier qui ait fait représenter un opéra en France. Cette pièce, dont le texte des paroles commence à la page 292, est intitulée : « *Première comédie françoise en musique représentée en France, pastorale mise en musique par le sieur Cambert, représentée au village d'Issy près Paris et au chasteau de Vincennes devant leurs Majestez en avril 1659.* »

465. — Le Chasteau de Richelieu, ou histoire des Dieux et des héros de l'antiquité, av. des réflexions morales (en vers), par Vignier. *Saumur, J. et H. Desbordes*, 1676, pet. in-8, v. br.

> Exemplaire grand de marges.

466. — Œuvres complètes de P.-J. de Béranger. *Paris, Perrotin*, 1834, 4 vol., avec 104 fig. de Charlet, Raffet, Friley, H. Monnier et autres, dem.-rel.

467. — Œuvres d'Alfred de Vigny. *Paris, Charpen-*
tier, 1882, 8 vol. in-16, fig., rel. pleine en mar.
rouge du Levant, à nerfs, dent. intér., tr. dor. (*Re-*
liure de Marius-Michel).

> Exemplaire numéroté sur PAPIER DE CHINE, avec double suite des
> gravures sur japon et sur bristol. — Poésies. 1 vol. — Théâtre. 2 vol.
> — Stello. 1 vol. — Cinq-Mars. 2 vol. — Servitude et grandeur mili-
> taires. 1 vol. — Journal d'un poète. 1 vol.

468. — Calendau, pouèmo nouvèu, par Fréd. Mis-
tral, trad. française en regard. *Avignon*, 1867,
in-8, portr., br.

> Envoi d'auteur signé.

C. — Poètes étrangers.

469. — La Divina comedia di Dante Alighieri, col
comento di Biagioli. *Parigi*, 1818, 3 vol. in-8,
dem.-rel., mar. v. du Lev., non rogn.

470. — Rime di Michel Angelo Buonarotti il Vec-
chio, col comento di Biagioli. *Parigi*, 1821, in-8,
dem.-rel., mar. v. du Lev., non rogn.

471. — Rime di F. Petrarca, col comento di Biagioli.
Parigi, 1821, 2 tom. en 3 vol. in-8, dem.-rel., mar.
vert du Lev., non rogn.

472. — Orlando furioso e le Satire di Ludov. Ariosto
con note di diversi per dil. e studio di Ant. Buttura. *Parigi, Lefèvre*, 1836, 4 vol. in-8, port.,br.

473. — La Gerusalemme e l'Aminta di Torquato
Tasso, con note di diversi per dilig. e studio di
Ant. Buttura. *Parigi, Lefèvre*, 1823, 2 vol. in-8,
pap. vél., port., dem.-rel., mar. v. du Lev., non
rogn.

III. — THÉATRE.

474. — La mort d'Henry IV, tragédie en cinq actes
et en vers, par Cl. Billard, seign. de Courgenay,
représ. dev. la Reine Marie de Médicis en 1610,

l'année même de la mort d'Henri IV. *Paris*, 1806, in-8, dem.-rel , toile lustrée.

475. — Baptiste ou la Calomnie, tragédie (en vers), trad. du latin de Buchanan. *Rouen. J. Osmont*, 1613, pet. in-12, dem.-rel., toile lustrée.

476. — L'Ephésienne, tragi-comédie. *Rouen, J. Osmont*, 1614, pet. in-12, dem.-rel., toile lustrée.

477. — Iris, pastorale (en vers) de l'invention du sieur de Coignée de Bourron. *Rouen, Dav. du Petit-Val*, 1620, pet. in-12, dem.-rel., toile lustrée.

478. — Les Amours de Dalcméon et de Flore, tragédie, par Estienne Bellone, Tourangeau. *Rouen, Dav. du Petit-Val*, 1621, in-12, monté de format pet. in-4, dem.-rel., toile lustrée.

> Pièce de théâtre en vers, fort rare. Le titre de départ qui précède le texte est plus développé. Il est ainsi rédigé : *Les chastes et infortunées amours de Dalcméon et de Flore. tragédie françoise, avec quelques autres meslanges poétiques, dédiées à M. Cousin, Sr du Vivier, garde-général des marchandises pesantes sur les quays de la ville de Rouen.*

479. — Tyr et Sidon, tragi-comédie (en vers), divisée en deux journées (par J. de Schelandre). *Paris, de l'impr. de Rob. Estienne*, 1628, pet. in-8, titre gravé, vél.

> Volume rare. — Feu Ch. Asselineau a appelé l'attention sur cette œuvre dramatique remarquable dans une notice qu'il a publiée il y a quelques années sur Jean de Schelandre, son auteur.

480. — Le théâtre d'Alexandre Hardy, Parisien, conten. : Didon se sacrifiant ; Scédase ou l'hospitalité violée ; Panthée ; Méléagre ; Procris ou la jalousie infortunée ; Alceste ou la fidélité ; Ariadne ravie ; Alphée, pastorale nouvelle. *Paris, Quesnel*, 1626, pet. in-8, front. gr., vél. bl.

481. — La Comédie des Comédies, trad. de l'italien en langage de l'orateur françois, par le S^r Du Peschier. *Paris, La Coste*, 1629, pet. in-8, dem.-rel.

482. — Agimée ou l'amour extravagant, tragi-comédie (en vers), dédiée à Mad. de Chalais (par Simon

Basin). *Paris, J. Marlin*, 1629, pet. in-8, dem.-
rel., toile lustrée.

    Pièce très singulière.

483. — Les Folies de Cardénio, tragi-comédie (en
vers), dédiée à M. de S.-Simon, par le Sr Pichou.
Paris, P. Targa, 1630. — Autres œuvres poétiques du sieur Pichou. *Paris*, 1629. — Ens. 2 part.
en 1 vol. pet. in-8, dem.-rel., v. fauve, à nerfs.

    Bel exemplaire.

484. — Cléonice ou l'amour téméraire, tragi-comédie
pastorale (en vers). *Paris, Rousset*, 1630, pet. in-8,
v. marbr.

    La dédicace au Roi est signée des initiales : p. b. — Suivant une note
inscrite sur un autre exemplaire, l'auteur serait un nommé Passart.

485. — La Célimène, comédie de Rotrou. *Paris, -
Ant. de Sommaville*, 1636, pet. in-4, dem.-rel.,
toile.

    Edition originale.

485 *bis*. — La Célimène, comédie de Rotrou. *Paris,
Touss. Quinet*, 1636, pet. in-4, couv. en pap.

    Edition originale. — Exemplaire au nom d'un autre libraire.

486. — Les Occasions perdues, tragi-comédie de Rotrou. *Paris, T. Quinet*, 1636, pet. in-4, dem.-rel.,
toile lustrée.

    Edition originale. — Coupure raccommodée au titre.

487. — La Pélerine amoureuse, tragi-comédie de Rotrou. *Paris, Ant. de Sommaville*, 1638, pet. in-4,
dem.-rel., toile lustrée.

    Edition originale.

488. — La Belle Alphrède, comédie de Rotrou.
Paris, Ant. de Sommaville, 1639, pet. in-4, dem.-
rel., toile.

489. — Antigone, tragédie de M. de Rotrou. *Paris,
A. de Sommaville*, 1639, pet. in-12, dem.-rel.

490. — Les Captifs, ou les Esclaves, comédie de
M. de Rotrou. *Paris, A. de Sommaville*, 1640,
pet. in-4, dem.-rel.,mar. bl. du Lev., à nerfs.

    Edition originale. — Bel exemplaire.

491. — Iphygénie, tragédie (en vers) de Rotrou. *Paris, T. Quinet*, 1641, pet. in-4, dem.-rel., toile lustrée.

Edition originale.

492. — Le Bélissaire, tragédie de M. de Rotrou. *Paris, Touss. Quinet*, 1644, in-4, vél.

Edition originale.

493. — Cosroès, tragédie de Rotrou. *Paris, Ant. de Sommaville*, 1649, pet. in-4, dos et coins de mar. v., à nerfs, dos orné, fil. (*Capé*).

Edition originale. — L'exemplaire est en jolie condition, mais un peu court de marges.

494. — L'Amphytrite, de M. de Mauléon, déd. à M. le marquis d'Effiat. *Paris*, 1630, pet. in-8, couv. en pap.

495. — Le Thyeste de M. de Mauléon. *Paris. P. Guillemot*, 1638, pet. in-4, titre gravé, couv. en pap.

496. — Tragi-comédie pastorale, ou les amours d'Astrée et de Celadon sont mêlées à celles de Diane, de Silvandre et de Paris, avec les inconstances d'Hilas (en vers), par le S. de Rayssiguier. *Paris*, 1630, in-8, cart. à la Brad.

Exemplaire grand de marges, avec témoins.

497. — L'Aminte du Tasse, tragi-comédie pastorale (en vers), accommodée au théâtre françois (par de Rayssiguier). *Paris, Courbé*, 1632. — Autres œuvres poétiques du Sr de Rayssiguier. *Paris*, 1631, 2 tom. en un vol. in-8, vél.

Bel exemplaire dans sa première reliure.

497 *bis*. — La Célidée, sous le nom de Calirie, ou de la générosité d'Amour (en vers), par le Sr de Rayssiguier. *Paris*, 1635, in-8, vél.

Exemplaire bien conservé et dans sa première reliure.

498. — Pandoste, ou la Princesse malheureuse, tragédie en prose, par le S^r de La Serre. *Paris*, 1631, pet. in-8, vél.

499. — Thomas Morus, ou le triomphe de la Foy et
de la Constance, tragédie en prose, par de la
Serre. *Paris, A. Courbé*, 1642, pet. in-4, parch.

500. — La généreuse Allemande ou le triomphe de
l'amour, tragi-comédie (en vers), mise en deux
journées par le Sr Mareschal, où sous nom empruntez et parmi d'agréables et diverses feintes,
est représenté l'histoire de feu M. et Mad. de Ci-
rey. *Paris, P. Rocolet*, 1631, 2 part. — Autres
œuvres poétiques du sieur Mareschal. *Paris*, 1630.
— Ens. 3 part. en 1 vol. pet. in-8, front. gr., figures, cart. en vél. marbré.

501. — La Sœur valeureuse, ou l'aveugle amante,
tragi-comédie (en vers), par le Sr Mareschal. *Paris, Sommaville*, 1635, pet. in-8, couv. en pap.

502. — Le Capitan ou le *Miles gloriosus*, comédie de
Plaute (trad. en vers), déd. à M. d'Emanville. *Paris, Aug. Courbé*, 1639, pet. in-4, cart.

502 *bis.* — Le véritable Capitan Matamore, ou le Fan-
faron, comédie représentée sur le Théâtre Roy. du
Maraiz, imitée de Plaute, par A. Mareschal. *Paris, T. Quinet*, 1640, pet. in-4, et 1 pag. pour le
privilège, dem.-rel., mar. r., à nerfs.

503. — La Cour Bergère, ou l'Arcadie de Ph. Sidney,
tragi-comédie (par A. Mareschal). *Paris, Quinet*,
1640, pet. in-4, dem.-rel., mar. r. du Levant, à
nerfs.

504. — Le Mauzolée, tragi-comédie (en vers), par A.
Mareschal. *Paris, T. Quinet*, 1642, in-4, dem.-rel.,
mar. r. du Lev., à nerfs.

505. — L'Argenis du S^r Du Ryer, tragi-comédie (en
vers), dernière journée. *Paris*, 1631, in-8, vél.

506. — Lisandre et Caliste, tragi-comédie (en vers),
par le S^r Du Ryer. *Paris*, 1632, pet. in-8, vél.
Edition originale. — Cette pièce est dédiée à la duchesse de Longueville.

6

18-v 507. — Alcimédon, tragi-comédie (en vers), par P. Du Ryer, secrétaire du duc de Vendosme. *Paris, A. de Sommaville,* 1636, in-8, vél.

> Edition originale. — Bel exemplaire dans sa première reliure.

3.16 508. — Alcimédon, tragi-comédie, par P. Du Ryer. *Paris,* 1636, pet. in-8, dem.-rel.

5-16 509. — Le Cléomédon, tragi-comédie, par P. Du Ryer, secrétaire de Monseign. le duc de Vendosme. *Paris, Sommaville,* 1638, pet. in-4, couv. en pap.

3-v 510. — Lucrèce, tragédie, par P. Du Ryer. *Paris, A. de Sommaville,* 1638, pet. in-8, dem.-rel., mar. r. à nerfs, tr. dor.

> Edition originale. — La date du titre atteinte par le couteau du relieur. — Exemplaire avec envoi de Du Ryer à Chevreau, comme il appert de cette mention : « *Pour Chevreau,* » inscrite de la main de l'auteur, sur le titre.

1-r 511. — Clarigène, tragi-comédie, par P. Du Ryer, secrétaire de Monseign. le duc de Vendosme. *Paris,* 1639, pet. in-4, couv. en pap.

18-r 512. — Alcionée, tragédie (en vers), de P. Du Ryer. *Paris,* 1640, pet. in-4, curieux frontisp. gravé, v. f., lil. (*Reliure ancienne*).

> Edition originale. — Exemplaire grand de marges, dans sa première reliure.

3-r 513. — Saül, tragédie (en vers), de Du Ryer. *Paris, Ant. de Sommaville,* 1642, pet. in-4, dem.-rel.

> Edition originale. — Déchirure dans le coin de la marge des prem. et dern. feuillets.

33-r 514. — P. Du Ryer. — Recueil factice de 8 pièces de théâtre, publ. de 1635 à 1653, en 2 vol. pet. in-4, portrait de l'auteur ajouté, v. fauve. (*Rel. ancienne*).

> Alcimédon, tragi-comédie. *Paris,* 1635. — Scévole, tragédie. *Paris,* 1647. — Dynamis, reyne de Carie, tragi-comédie. *Paris,* 1653. — Lucrèce, tragédie. *Paris,* 1638. — Esther, tragédie. *Paris,* 1644. — Thémistocle, tragédie. *Paris,* 1648. — Les Vendanges de Suresne, comédie. *Paris,* 1636. — Clarigène, tragi-comédie. *Paris,* 1639.— Quelques pièces sont un peu rognées.

515. — La Madonte du Sr Auvray, tragi-comédie,
dédiée à la Reine. *Paris, Aug. Courbé*, 1631. —
Autres œuvres poétiques du Sr Auvray. *Paris,
Courbé*. 1631, 2 part. en un vol. pet. in-8, front.
gravé, dem.-rel., mar. v., tr. dor.

516. — L'infidelle confidente, tragi-comédie (en
vers), par le Sr Pichon. *Paris, Fr. Targa*, 1631,
in-8, dem.-rel., v. fauve.

517. — Ligdamon et Lidias, ou la Ressemblance,
tragi-comédie (en vers), par de Scudéry. *Paris*,
1631, pet. in-8, titre gravé, cart. à la Brad.

518. — Didon, tragédie (en vers), par M. de Scudéry. *Paris, A. Courbé*, 1637, in-4, frontisp. gravé,
vél.
> Edition originale. — Exemplaire grand de marges, dans sa première
> reliure.

519. — La mort de Cœsar, tragédie, par M. de Scudéry. *Paris*, 1637. — Autres œuvres (poétiques) de
M. de Scudéry. *Paris*, 1637, pet. in-4, front.gravé,
couv. en pap.

520. — Eudoxe, tragi-comédie, par de Scudéry. *Paris, Courbé*, 1641, pet. in-4, front.gravé, dem.-rel.,
mar. viol., à nerfs.
> Edition originale. — Bel exemplaire.

521. — Andromire, tragi-comédie de M. de Scudéry.
Paris, 1641, pet. in-4, frontisp. gravé, couv. en pap.
> Les premiers ff. de l'avis au lecteur, rognés sur le côté.

522. — L'Amaranthe de Gombauld, pastorale.*Paris*,
1631, pet. in-8, front. grav., vél.
> Edition originale. — Exemplaire bien conservé dans sa première re-
> liure. Le frontispice gravé, souvent atteint, est ici intact. — Gombauld
> naquit à Saint-Just de Lussac, près de Brouage, d'une famille de Sain-
> tonge.

523. — Les adventures de Policandre et de Basolie,
tragédie (en vers), à l'Alt. Séréniss. de Mad. la
Princesse de Carignan, par le Sr de Vieuget. *Paris*, 1632, pet. in-8, dem.-rel., anc.
> Coupure à la marge inférieure du titre.

524. — Les passions esgarées, ou le roman du temps, tragi-comédie (en vers), par le S. de Richemont, Banchereau, avocat en Parlement. *Paris*, 1632, pet. in-8, mar. viol., tr. dor. (*Reliure ancienne*).

Volume rare, contenant des passages assez libres. — Quelques feuillets mal pliés sont rognés en tête.

525. — Chasteté invincible, bergerie en prose (par J.-B. de Crosilles, abbé de S.-Ouen). *Paris*, 1633, in-8, vél.

Volume rare, dont on trouvera une analyse dans la *Bibliothèque du Théâtre Français*, par le duc de La Vallière, tome II, page 376. — Piqué à la fin.

526. — Pyrandre et Lisimène, ou l'heureuse tromperie, tragi-comédie, par de Bois-Robert. *Paris*, T. *Quinet*, 1633, pet. in-4, vél.

Edition originale. — Exemplaire grand de marges et dans sa première reliure. — Légère mouillure.

527. — Les deux Alcandres, tragi-comédie (en vers) de M. de Bois-Robert, abbé de Chastillon, dédié à M. de Palleteau, par le Sr de Bonair. *Paris*, T. *Quinet*, 1640, pet. in-4, vél.

Bel exemplaire, grand de marges.

528. — La Jalouse d'elle-mesme, comédie (par Bois-Robert, S^r Du Métel, abbé de Châtillon). *Paris*, Aug. *Courbé*, 1650, pet. in-4, cart.

529. — La folle gageure ou les divertissemens de la Comtesse de Pembroc (par Bois-Robert, abbé de Châtillon-sur-Seine). *Paris*, 1653, pet. in-4, couv. en pap.

530. — La fidelle tromperie, tragi-comédie (en vers), par le Sr Gougenot, Dijonnois. *Paris*, A. de Sommaville*, 1633, pet. in-8, vél.

531. — L'impuissance, tragi-comédie pastorale (en vers), par le Sr Véronneau, Blaisois. *Paris*, T. *Quinet*, 1634, pet. in-8, rel. pleine en mar. v. du Levant, à nerfs, dent. int , tr. dor. (*Thompson*).

Livre très rare. — Sous le titre « *Autres œuvres* » on remarque dans le même volume, les pièces de poésie suivantes : *Sur la prise de La*

Rochelle. — Contre les médisans, à Mad. de Jumillac. — *Louange du tabac.* — Etc.

532. — Hippolyte, tragédie (en vers), par de la Pinelière, Angevin. *Paris, Ant. de Sommaville*, 1635, pet. in-8, dem.-rel., v. ant.

> Très rare. — Le titre étant plus grand que la justification typographique de l'intérieur du volume, est un peu rogné sur le côté. — Petit raccommodage au coin du f. 49-50.

533. — La Sophonisbe, tragédie de Mairet, dédiée à M. le garde des sceaux. *Paris, P. Rocolet*, 1635, pet. in-4, dem.-rel., dos et coins de mar. br. du Lev., à nerfs, dos orné, fil. (*Capé*).

> Edition originale.

534. — L'illustre Corsaire, tragi-comédie (en vers) de Mairet. *Paris, A. Courbé*, 1640, in-4, cart. à la Brad.

> Edition originale. — Bel exemplaire réglé avec témoins.

535. — L'Athénais, tragi-comédie (en vers) de Mairet. *Paris, Jonas de Brequigny*, 1642, pet. in-4, cart. à la Brad.

> Edition originale. — Bel exemplaire réglé.

536. — La mort d'Achille, et la dispute de ses armes, tragédie (par de Benserade). *Paris, A. de Sommaville*, 1636, pet. in-4, dem.-rel., mar. bl. du Levant, à nerfs.

> Edition originale.

537. — Benserade. — Recueil factice de 5 pièces de théâtre. 1637-62. — En un vol. in-4, dem.-rel., v. fauve.

> La Cléopâtre de Bensserade, tragédie. *Paris*, 1636. *(Qq. feuillets un peu rognés en tête).* — Iphis et Iante, comédie. *Paris*, 1637. *(Manquent les pages 57 à 64).* — La mort d'Achille et la dispute de ses armes, tragédie. *Paris*, 1637. — Hercole amante, tragedia. Hercule amoureux, tragédie, représentée pour les nopces de leurs Majestez tres chrestiennes. *Paris*, 1662. *(Taché à la fin).* — Vers du ballet royal dansé par leurs Majestez entre les actes de la grande tragédie de l'Hercule amoureux. *Paris*, 1662.

538. — Benserade, Rotrou, et autres auteurs, etc. —

6.

Recueil factice de 6 pièces de théâtre en 1 vol.in-4, v. br.

Editions originales des pièces suivantes : La Célimène, comédie de Rotrou. *Paris, A. de Sommaville*, 1636. — Agésilan de Colchos, tragi-comédie de Rotrou. *Paris, A. de Sommaville.* 1637. — La Céliane, tragi-comédie de Rotrou. *Paris, T. Quinet*, 1637. — Iphis et Ianthe, comédie (par de Bensserade). *Paris. A. de Sommaville*, 1637. — Les Innocents coupables, comédie (par Brosse). *Paris*, 1645. — Le Clarionte ou le Sacrifice sanglant. tragi-comédie de la Calprenède. *Paris*, 1637.

539. — Les travaux d'Ulysse, tragi-comédie tirée d'Homère, par J.-G. Durval. *Paris* (1636). — Autres pièces de l'auteur. — Agarite, tragi-comédie, par le Sr Durval. *Paris*, 1636. — Ens. 3 pièces en 1 vol. pet. in-8, v. br.

Ce recueil contient tout le théâtre de Durval. — Piqûre à qq. ff. de la pièce d'Agarite.

540. — L'hospital des Fous, tragi-comédie (en vers) de Beys. *Paris, Quinet.* 1636, pet. in-4, dem.-rel., v. fauve.

Edition originale. — Bel exemplaire.

541. — L'hospital des Fous, tragi-comédie de Beys. *Paris, T. Quinet*, 1639, pet. in-12, front. grav., dem.-rel.

542. — Céline, ou les frères rivaux, tragi-comédie (en vers) de Beys. *Paris, Quinet*, 1637, pet. in-4, dem.-rel., v. fauve, à nerfs.

Edition originale.

543. — Le Jaloux sans sujet, tragi-comédie (en vers) de Beys. *Paris, T. Quinet*, 1637, pet. in-4, cart.

544. — Le véritable Coriolan, tragédie (en vers), par le Sr Chapoton. *Paris, T. Quinet*, 1637, pet. in-4, front. gravé, dem.-rel., v. fauve.

Bel exemplaire.

545. — La grande Journée des Machines ou le Mariage d'Orphée et d'Euridice (par Chapoton). *Paris*, 1648, pet. in-4, front. gravé, couv. en pap.

546. — Le Soliman, tragi-comédie (par d'Alibray).

Paris, T. Quinet, 1637, in-4, dem.-rel., mar. viol.
du Lev., à nerfs.

Edition originale. — Bel exemplaire.

547. — La Climène, tragi-comédie pastorale, par le
Sr de la Croix, avec plusieurs autres œuvres (poétiques) du mesme. *Paris, J. Corrozet*, 1637, pet.
in-8, dem.-rel. anc.

548. — L'avocat duppé, comédie (par Chevreau). *Pa-*
ris, T. Quinet, 1637, pet. in-4, dem.-rel., mar. r.,
à nerfs.

Edition originale. — La dernière ligne du titre, contenant l'énoncé du
privilège, est atteinte.

549. — La Lucresse Romaine, tragédie (en vers), par
Chevreau. *Paris, T. Quinet*, 1637, pet. in-4, dem.-
rel., mar. r. du Lev., à nerfs, tr. dor.

550. — L'avocat duppé, comédie (par Chevreau). *Sur*
l'impr. à Paris, 1638, in-12, dem.-rel.

551. — Coriolan, tragédie, par M. Chevreau. *Paris,*
Aug. Courbé, 1638, pet. in-4, cart.

552. — Les Deux Amis, tragéd.-comédie (en vers),
par Chevreau. *Paris, Courbé*, 1638, pet. in-4, vél.

Bel exemplaire, dans sa première reliure.

553. — Les véritables frères rivaux, tragi-comédie
(en vers), représentée par la Troupe royalle (par
Chevreau). *Paris, Aug. Courbé*, 1641, pet. in-4,
dem.-rel., mar. r., à nerfs.

Qq. feuillets un peu courts en tête.

554. — Eurimédon, ou l'illustre pirate, tragi-comédie
(en vers), par le sieur Desfontaines. *Paris, A. de*
Sommaville, 1637, pet. in-4, parch.

Bel exemplaire, grand de marges.

555. — La mort de Mitridate, tragédie (par La Calprenède). *Paris, A. de Sommaville*, 1637, pet. in-4,
rel. pleine en v. fauve, à nerfs, dos orné, triple fil.,
dent. int., tr. dor. (*Capé.*)

Edition originale.

556. — La Clarionte, ou le sacrifice sanglant, tragi-
comédie, par De La Calprenède. *Paris. A. de Sommaville*, 1637.

557. — Le comte d'Essex, tragédie (par La Calprenède). *Paris*, 1639, pet. in-4, dem.-rel., toile lustrée, tr. dor.

558. — Edouard, tragi-comédie (par La Calprenède).
Paris, A. Courbé, 1640, pet. in-4, dem.-rel., dos et
coins de mar. br. du Lev., à nerfs, dos orné, fil.
(*Capé*).

559. — Edouard, tragi-comédie (par La Calprenède).
Paris, 1640. — Le grand Sélim ou le Couronnement tragique, tragédie, par Le Vayer de Bou-
tigny. *Paris, N. de Sercy*, 1645. — La grande
Journée des Machines ou le Mariage d'Orphée et
d'Euridice (par Chapoton). *Paris*, 1648, frontisp.
gravé. — Ens. 3 pièces en 1 vol. pet. in-4, v. fauve,
fil., tr. dor.

560. — Phalante, tragédie (en vers) de M. de La Calprenède. *Paris, A. de Sommaville*, 1642, pet. in-4,
dem.-rel., v. ant.

561. — La Calprenède. Recueil factice de 6 pièces
de théâtre en 1 vol. in-4, dem.-rel., v. fauve.

La mort de Mitridate, tragédie. *Paris*, 1637. — Edouard, tragi-comédie. *Paris*, 1640. — La mort des Enfans de Brute, tragédie. *Paris*,
1648. — Le comte d'Essex, tragédie. *Paris*, 1650. — La Clarionte ou
le Sacrifice sanglant, tragi-comédie, par de La Calprenède. *Paris*, 1637.
— Phalante, tragédie de M. de La Calprenède. *Paris*, 1642. (*Ces deux
dernières pièces sont incomplètes*).

562. — L'amant libéral, tragi-comédie (par Guérin
de Bouscal). *Paris, T. Quinet*, 1637, pet. in-4,
dem.-rel., mar. br. du Lev., à nerfs.

Bel exemplaire.

563. — La mort d'Agis, tragédie (par Guérin de
Bouscal). *Paris, Ant. de Sommaville*, 1642, pet.
in-4, couv. en pap.

564. — Les Visionnaires, comédie (par Desmarets, de

St-Sorlin). *Paris, J. Camusat.* 1637, pet. in-4,
dem.-rel., mar. viol. à nerfs.
> Edition originale. — Exemplaire grand de marges.

565. — Roxane, tragi-comédie (par Desmarets). *Paris, H. Le Gras*, 1640, pet. in-4, fleuron d'Abr.
Bosse sur le titre, dem.-rel., mar. bl. du Lev., à
nerfs.
> Edition originale. — Exemplaire grand de marges. — Légère mouillure.

566. — Europe, comédie héroïque (par Desmarets et
le card. de Richelieu). *Paris, H. Legras*, 1643, pet.
in-4, front. gravé, v. f., fil.
> Edition originale.

567. — Recueil de pièces de Desmarets. 1640-47. —
7 ouvr. en 1 vol. in-4, v. br. (*Rel. du temps*).
> Roxane. tragi-comédie. *Paris*, 1647. — Scipion, tragédie. (1640). —
> Les Visionnaires, comédie. *Paris*, 1640. — Aspasie. (1640). — Autres
> œuvres poétiques. (1640). — Odes, poèmes et autres œuvres. (1640). —
> Europe, comédie héroïque. *Paris*, 1643. — Toutes ces pièces ont un
> titre et une pagination séparés, à l'exception de celles intitulées : *Sci-*
> *pion* et *Aspasie*, qui ont bien une pagination à part, mais qui n'ont pas
> d'autre titre qu'un titre de départ.

568. — La Mariane, tragédie (par Tristan l'Hermite),
seconde édition, reveüe et corrigée. *Paris*, 1637,
pet. in-4, front. gravé, couv. en pap.

569. — Panthée, tragédie (en vers) de M. de Tristan.
Paris, A. Courbé, 1639, pet. in-4, front. gr. par
Daret d'après L. de la Hire, vél.

570. — La Folie du Sage, tragi-comédie (en vers),
par M. de Tristan. *Paris, Touss. Quinet*, 1645,
pet. in-12, cart.

571. — La mort de Sénèque, par le Sr Tristan l'Hermite, tragédie. *Paris, Touss. Quinet*, 1645, pet.
in-4, frontisp. gravé, dem.-rel., toile lustrée.

572. — Osman, tragédie (en vers) du sieur Tristan
l'Hermite. *Paris, G. de Luyne*, 1656, pet. in-12,
cart.

573. — Les trahisons d'Arbiran, tragi-comédie, par

Douville (Antoine Le Métel). *Paris*, 1638, pet.in-4, couv. en pap.

13 -,, 574. — Le docteur amoureux, comédie (par Levert). *Paris, Courbé,* 1638, pet. in-4, dem.-rel., v. fauve, à nerfs.

> Bel exemplaire.

20 -,, 575. — Les Nopces de Vaugirard ou les naifvetés champestres, pastorale (en vers), dédiée à ceux qui veulent rire, par L. C. D. *Paris, J. Guignard,* 1638, pet. in-8, cart.

> Volume rare. — Exemplaire de Viollet-Leduc.

126 -,, 576. — L'AVEUGLE DE SMYRNE, tragi-comédie, par les cinq autheurs (Bois-Robert, P. Corneille, Rotrou, Colletet et L'Estoile). *Paris, A. Courbé,* 1638, in-4, vél.

> Edition originale. — Exemplaire grand de marges.

68 -,, 577. — LA COMÉDIE DES TUILERIES, par les cinq autheurs (Bois-Robert, P. Corneille, Rotrou, Colletet et l'Estoile). *Paris, A. Courbé,* 1638, pet. in-4, dem.-rel., v. antiq.

> Edition originale. — Bel exemplaire.

18 -,, 578. — Les adventures de Thyrsis, tragi-comédie pastorale (en vers). *Rouen, J. Cailloué,* 1639, pet. in-8, dos de mar. bl. du Lev., à nerfs.

> Bel exemplaire, NON ROGNÉ.

11 -, 579. — Les Rivaux amis, tragi-comédie (par J. Baudoin). *Paris, A. Courbé,* 1639, in-4, vél.

8 -, 580. — Le Capitan, ou le *Miles gloriosus,* comédie de Plaute (en vers), dédiée à M. d'Emanville. *Paris, A. Courbé,* 1639, pet. in-4, dem.-rel., v. f.

> Rare. — Bel exemplaire.

10 -,, 581. — Le galimatias du sieur de Roziers-Beaulieu, tragi-comédie (en vers). *Paris,* 1639, pet. in-4, dos et coins de cuir de Russie, tr. dor.

12 -, 582. — La chute de Phaéton, tragédie (en vers), par

M. de Vozelle. *Paris, Cardin Besongne*, 1639,
pet. in-4, dem.-rel., v. fauve.

> Pièce de théâtre fort rare. — L'auteur s'appelait TRISTAN L'HERMITTE
> DE VOZELLE, et était parent du poëte *Tristan L'Hermitte*. — Bel
> exemplaire.

583. — Le Jugement de Pàris, et le ravissement
d'Hélène, tragi-comédie (par Sallebray). *Paris,
Quinet*, 1639, pet. in-4, front. gr., dem.-rel., v.
ant., à nerfs.

584. — La Troade, tragédie de Sallebray. *Paris,
Touss. Quinet*, 1640, pet. in-4, front. gr., dem.-
rel., mar. r., à nerfs, tr. dor.

585. — L'Amante ennemie, tragi-comédie (en vers)
de M. Sallebray. *Paris, Ant. de Sommaville*,
1642, pet. in-4, vél.

586. — La belle Egyptiene, tragi-comédie de Sallebray. *Paris, Ant. de Sommaville*, 1642, pet. in-4,
dem.-rel., mar. r. du Lev., à nerfs.

587. — Hercule Furieux, tragédie (en vers), par M. de
Nouvelon. *Paris*, 1639, pet. in-4, dem.-rel., v.
fauve, à nerfs.

> Pièce rare. — Bel exemplaire, avec le cachet de la bibliothèque du
> Palais Royal, sur le titre.

588. — Le Quixaire, tragi-comédie (par Gillet). *Paris, Touss. Quinet*, 1640, pet. in-4, cart. à la
Brad.

589. — Le triomphe des cinq passions, tragi-comédie
(par Gillet). *Paris, T. Quinet*, 1642, pet. in-4.

590. — Le ravissement de Proserpine, tragédie (par
Claveret). *Paris, A. de Sommaville*, 1640, pet.
in-4, vél.

> Exemplaire grand de marges.

591. — L'inceste supposé, tragi-comédie (par La-
caze). *Paris, T. Quinet*, 1640, pet. in-4, dem.-rel.,
mar. bl. du Levant, à nerfs.

592. — L'Injustice punie, tragédie (en vers) de du

Theil. *Paris, Ant. de Sommaville*, 1641, pet. in-4. dem.-rel., v. fauve.

Bel exemplaire.

593. — La juste vengeance, tragi-comédie (en vers). *Paris, Courbé*, 1641, pet. in-4, dem.-rel., v. fauve, à nerfs.

Bel exemplaire presque non rogné, avec témoins.

594. — Marguerite de France, tragi-comédie (par Gilbert). *Paris, Aug. Courbé*, 1641, pet. in-4, dem.-rel., mar. r., à nerfs.

Edition originale.

595. — Cammane, tragédie (en vers). *Paris, A. de Sommaville*, 1641, pet. in-4, v. marbr.

Bel exemplaire d'une pièce rare. — « Beauchamps donne cette pièce à La Core, sous le nom de Comane. » *(Note sur la garde).*

596. — Le grand Timoléon de Corinthe, tragi-comédie (en vers), par le Sr de St-Germain. *Paris, T. Quinet*, 1641, pet. in-4, cart. à la Brad.

597. — Marie Stuard, reyne d'Ecosse, tragédie de M. Regnault. *Paris, T. Quinet*, 1641, pet. in-4, front. gravé, dem.-rel., mar. r.

Le frontispice gravé, représente l'exécution de Marie Stuart. Cette planche est repliée et un peu rognée dans la partie inférieure.

598. — Blanche de Bourbon, reyne d'Espagne, tragi-comédie (en vers) de Regnault. *Paris, Quinet*, 1642, pet. in-4, front. grav., dem.-rel., mar. r. du Lev., à nerfs.

599. — Cyminde, ou les deux victimes, tragi-comédie (en vers), par Colletet. *Paris, A. Courbé*, 1642, pet. in-4, vél.

Bel exemplaire dans sa première reliure. — Il y a deux *cartons* pour les ff. 73-74 et 79-80, c'est à dire que ces feuillets se trouvent en double, et présentent des différences de texte.

600. — La Pucelle d'Orléans, tragédie (en vers). *Paris, A. de Sommaville*, 1642, pet. in-4 de 2 ff. prél. non chiff., 98 pp. chiff. et 1 f. blanc, cart. à la Brad.

Pièce fort rare, dont Jeanne d'Arc est l'héroïne. La scène se passe à Rouen et a trait au jugement et à la condamnation de la Pucelle. —

M. Pérard attribuait cette pièce anonyme soit à Benserade, soit à la
Mesnardière. — Bel exemplaire, grand de marges et en parfait état de
conservation.

601. — Alinde, tragédie (en vers) de M. de la Mesnar- *10 —"*
dière. *Paris, Ant. de Sommaville*, 1643, in-4, v.
marbr.

602. — Roxelane, tragi-comédie (par Desmares). *Pa- 6-f0*
ris, 1643, in-4, dem.-rel., toile lustrée.

> La scène se passe au Sérail de Constantinople.

603. — Baro, Guérin du Bouscal, Rotrou, Bense- *46 —"*
rade, etc. — Recueil factice de 6 pièces de théâtre
en 1 vol. in-4, v. br. (*Reliure du temps*).

> ÉDITIONS ORIGINALES des pièces suivantes : Le Bélissaire, tragédie de
> M. de Rotrou. *Paris, A. de Sommaville*, 1644. — Venceslas, tragi-
> comédie de M. de Rotrou. *Paris, A. de Sommaville*, 1648. — Gusta-
> phe ou l'heureuse ambition, tragi-comédie de M. de Bensserade. *Paris,
> A. de Sommaville*, 1637. — Le fils desadvoué ou le jugement de
> Théodoric, roy d'Italie, tragédie de Guérin. *Paris, A. de Sommaville*,
> 1642. — Cosroès, tragédie de M. de Rotrou. *Paris, A. de Sommaville*,
> 1649. — Le prince fugitif, poème dramatique de Baro. *Paris, A. de
> Sommaville*, 1649. — Toutes ces pièces sont assez grandes de marges
> et bien conservées. Le titre seul de la dernière pièce, ayant été mal
> plié, est un peu atteint dans la ligne du privilège, au bas.

604. — Séjanus, tragédie de M. Magnon. *Paris* _ *8 —"*
(1646), pet. in-4, couv. en pap.

605. — Les Songes des hommes esveillez, comédie _ *6-f0*
(en vers) de M. Brosse. *Paris, N. de Sercy*, 1646,
pet. in-4, vél.

> Exemplaire grand de marges ; légère mouillure.

606. — Les sentimens de l'Académie Française sur - *30 —"*
la tragi-comédie du Cid (par Chapelain et Con-
rart). *Paris, J. Camusat*, 1638, in-8 de 192 pp.
chiff., vél.

> ÉDITION ORIGINALE. — Exemplaire très grand de marges, dans sa
> première reliure.

607. — L'Apologie du Théâtre, par M. de Scudéry. - *22 —"*
Paris, Aug. Courbé, 1639, pet. in-4, cart. (*Bel
exemplaire*).

608. — Trente-trois estampes pour les œuvres de *—25 —"*
Molière, composées par F. Boucher, réduites et

- 7 -

gravées à l'eau-forte par T. de Marre. *Paris*, 1881,
gr. in-4, en 5 livraisons, dans un carton spécial.

Exemplaire numéroté 192 sur PAPIER FORT DU JAPON ; épreuves terminées, avant les noms des artistes.

609. — ŒUVRES DE RACINE, édition augmentée de
diverses pièces et remarques. *Amsterdam, J.-F.
Bernard*, 1743, 3 vol. in-12, frontisp. et fig. de
Tanjé, d'après les dessins de Du Bourg, mar.
rouge, dent à comp., doublés de tabis, dent. intér.,
tr. dor. (*Reliure ancienne*).

Bonne édition recherchée et très complète. Voir BRUNET. *Manuel du Libraire*. — Bel exemplaire dans une jolie reliure très fraîche de DEROME jeune. — Les épreuves des figures sont de toute beauté.

610. — Œuvres de Regnard, édit. revue, exactement
corrigée et conforme à la représentation. *Paris*,
1790, 4 vol. in-8, portr. de l'auteur et jolies fig. de
Borel gravées par Halbou, Croutelle, etc., dem.-
rel. du temps.

IV. — ROMANS ET FICTIONS EN PROSE.

611. — Œuvres de Rabelais, édition variorum, augm.
de pièces inédites, des Songes drôlatiques de Pan-
tagruel et d'un nouveau commentaire par Erman-
gart et Éloi Johanneau. *Paris, Dalibon*, 1823,
9 vol. in-8, portr. et fig. de Devéria, dem.-rel., mar.
gren.

Edition estimée. — Les *Songes drôlatiques* comprennent 120 figures grotesques gravées par Thompson.

612. — L'histoire de la Chiaramonte, par une demoiselle françoise (Mademoiselle de Beaulieu). *Paris,
J. Richer* (1604), joli titre gravé en taille-douce par
J. de Weert. — La première atteinte contre ceux
qui accusent les Comédies, par une demoiselle
françoise (Mademois. de Beaulieu). *Paris, J. Richer*, 1609. — 2 ouvr. en un vol. pet. in-12, allongé,
v. fauve. (*Rel. ancienne*).

613. — Le Palais des Curieux, auquel sont assem-

blées plusieurs diversitez pour le plaisir des doctes et le bien de ceux qui désirent sçavoir (par Béroalde de Verville). *Paris*, 1612, in-12, vél.

614. — Le Romant d'Anacrine, où sont représentez plusieurs combats, histoires véritables et amoureuses, de l'invention d'un des beaux esprits de ce temps. *A Troyes et se vendent à Paris, chez Touss. du Bray*, 1612, in-12, vél.

> Volume rare, dédié *à très illustre et très victorieux seigneur Monseigneur de Marcheville*.

615. — Les traversés hasards de Climéon et Armirie, par le Sr des Escuteaux. *Paris*, 1612, in-12, vél.

616. — Amours diverses, divisées en quatre histoires, par le Sr des Escuteaus. *Rouen, Guill. Varillon, aux deux Levrelles, devant l'Archevesché*, 1617, in-12, vél., fil. (*Reliure du temps*).

617. — Les avantures de Lidior, où sont représentez ses faicts d'armes et ses amours, par le Sr de Nervèze. *Lyon, B. Ancelin*, 1612. — Le Songe de Lucidor, où sont représentez les regrets de Cléante sur la mort de Théophile, par le même. *Lyon*, 1613. — Discours funèbre sur le trespas de Henry le Grand, par le même. *Lyon*, 1613. — Ens. 3 ouvr. en un vol. in-12, vél. (*Armoiries étrangères sur les plats*).

618. — Le désespéré contentement d'amour, histoire autant véritable et advenue qu'aggréable à lire avec plusieurs lettres d'amour. *Paris, Franç. Rousselet*, 1613, pet. in-12, vél.

> Volume rare. — Bel exemplaire.

619. — Los siete libros de la Diana de George de Montemajor, où sous le nom de bergers et de bergères sont compris les amours les plus signalez d'Espagne, trad. d'espagnol en franç. (par J.-D. Bertranet). *Paris*, 1613, in-8, v. br.

620. — La constante Amarillis, de Cristoval Suarez de Figueroa, divisée en IV discours, trad. d'espa-

gnol en françois (en prose et en vers), par V. L. (Lancelot) (texte et traduction en regard). *Lyon, Cl. Morillon*, 1614, in-8, vél.

621. — L'Astrée de Messire Honoré d'Urfé. *Lyon (et Paris)*, 1614-27, 4 vol. in-8, frontispices gravés par L. Gaultier, Audran, etc., et portr. de l'auteur et d'Astrée, vél.

Cet exemplaire est ainsi composé : Tome I. *Lyon, S. Rigaud*, 1616. — Tome II. *Paris, T. Du Bray*, 1614. — Tome III. *Paris, O. de Varennes*, 1619. (*Première édit. complète de ce tome*). — Tome IV. *Paris, Ol. de Varennes*, 1627. (*Première édition de ce tome, publiée par Baro*).

622. — La conclusion et dernière partie d'Astrée, où par plusieurs histoires et sous personnes de bergers et d'autres sont déduits les divers effects de l'honneste amitié, composée sur les vrais mémoires de feu M. Honoré d'Urfé, par le Sr Baro. *Paris*, 1628, gros in-8 de plus de 900 pag., frontisp. gravé d'après Rabel et portrait de l'auteur gravé par Michel Lasne, vél.

Volume rare. — Exemplaire grand de marges et bien conservé, dans sa première reliure. — L'auteur Balthazar Baro était de Valence, en Dauphiné.

623. — La fille d'Astrée, ou la suite des Bergeries de Forests, cont. plusieurs histoires de nostre temps mises sous noms empruntez, qui font voir les effects de la vertu et de l'honneste affection. *Paris, P. Billaine*, 1633, gros in-8, vél.

Volume très rare qu'on joint au roman d'Astrée. — Exemplaire grand de marges, avec témoins et dans sa première reliure.

624. — Etudes sur l'Astrée et sur Honoré d'Urfé, par Norb. Bonafous. *Paris*, 1846, in-8, br.

625. — Les diverses fortunes de Panfile et de Nise, où sont contenues plus. amoureuses et véritables histoires, tirées du Pélerin en son pays de Lope de Vega (par le Sr Daudiguier). *Paris, T. Du Bray*, 1614, in-8, vél.

626. — Histoire des amants volages de ce temps, où

sous des noms empruntez sont contenus les noms
de plus. princes, seigneurs, gentilshommes et autres personnes de marque qui ont trompé leurs
maistresses ou qui ont esté trompez d'elles, dédiées
au Roy, par F. de Rosset. *Paris, Jacq. du Clou*,
1617, pet. in-8 de 6 ff. prél. non chiffr. et 640 pp.
chiff., v. marbr.

> Livre rare et fort curieux. — Exemplaire grand de marges et bien
> conservé. — Cet exemplaire est celui de la Comtesse de Verrue, dite
> la *Dame de Volupté*. Ses armes et le nom de *Meudon*, indiquant le châ-
> teau où se trouvait réunie la plus grande partie de ses livres, sont frap-
> pés en or sur les plats.

627. — La vie, les amours et les combats de Poly-
nice, par le Sʳ de la Faye. *Paris, N. Buon*, 1617,
in-8, titre gr. par L. Gaultier, vél.

> Volume rare. — Bel exemplaire grand de marges, dans sa première
> reliure.

628. — Les travaux d'Aristée et d'Amarile dans Sa-
lamine, histoire de ce temps, composée en grec par
Théophraste, trad. en françois par Mélidor. *Rouen,
Corneille Pilerson*, 1619, jolie fig. en taille-douce
sur le titre, pet. in-12, vél.

629. — Le combat de l'Amour et de la Chasteté, histoire de ce temps, compris sous les tragiques et
morales amours de Diane et de Vénus, de la mort
d'Adonis dont s'ensuit celle d'Endimion, le tout
avec un sens mystique, par le S. de Mandelot. *Paris*, 1619, pet. in-12, cart.

> Volume rare. — Quelques petites piqûres.

630. — La semaine amoureuse de Fr. de Molière, Sʳ
d'Essertines, où par les amours d'Alcide et d'Her-
mize sont représentez les divers changements de la
fortune. *Paris, Touss. du Bray*, 1620, in-8, vél.

> Bel exemplaire.

631. — La Polyxène de Molière. *Paris, Touss. du
Bray*, 1623, gros in-8, vél.

632. — Le Temple des Sacrifices, ou les amours de
Floridor et d'Olympe, Cloridan et Floris, Clarisel

et Filisée, Méandre et Doriane, Climadas et Cassiane, Mariande et Lucie, par le Sr Du Verdier, gentilhomme Charollois. *Paris, Ant. Estienne,* 1620, pet. in-8, v.

Le feuillet de préface et le suivant mal pliés sont rognés.

633. — La Bergère amoureuse, ou les véritables amours d'Achante et de Daphniné, par le Sr du Verdier. *Paris,* 1621, pet. in-8, joli titre gravé par L. Gaultier, v.

634. — La Floride de Du Verdier. *Paris, Ant. de Sommaville,* 1625, 2 vol. in-8, vignette en taille-douce sur le titre, v. marbr., tr. dor.

Exemplaire aux armes de CAUMARTIN SAINT-ANGE.

635. — La Parténice de la Cour, de du Verdier. *Paris, Ant. de Sommaville,* 1625, in-8, v. marbr., fil.

Ce roman est de Gilbert Saulnier Du Verdier. « Il prend dans ses ouvrages le titre d'historiographe de la France. Ce titre et la fécondité de sa plume ne l'empêchèrent pas de passer la dernière partie de sa vie à l'hôpital de la Salpétrière. » (Voir la *Nouv. biographie générale,* par Hoefer).

636. — Caritée ou la Cyprienne amoureuse, divisée en trois parties marquées du nom des trois Grâces. *Tolose, Dominique et Pierre Bosc,* 1621, in-8, cart.

637. — La Carithée de M. Le Roy, Sr de Gomberville, cont. sous des temps, des provinces, et des noms supposez plusieurs rares et véritables histoires de nostre temps. *Paris,* 1621, in-8, v. marbr., tr. dor.

Bel exemplaire aux armes de CAUMARTIN St-ANGE. — Un des plus rares et des plus curieux romans de cette époque.

638. — Polexandre, revue, changée et augm. en cette dernière édit. (par le sieur de Gomberville). *Paris, Courbé,* 1641, 5 vol. in-8, v. éc., fil.

Bel exemplaire d'un des romans les plus rares du temps de Louis XIII.

639. — L'Exil de Polexandre (par Marin Le Roy, écuyer, sieur de Gomberville). *Paris, Touss. Du Bray,* 1629, in-8, v. m., fil.

Bel exemplaire, bien conservé.

640. — La jeune Alcidiane, par M. de Gomberville.
Paris, A. Courbé, 1651, in-8, front. gr., v. m., fil.
> Aux armes de CAUMARTIN DE Sᵗ-ANGE.

641. — Les Amours de d'Amisidore et de Chrysolite,
histoire véritable, par le Sʳ du Bail, gentilhomme
Poitevin. Paris, Rolet Boutonné, 1623, pet. in-8,
dem.-rel.
> Le titre est doublé. — Mouillures.

642. — La Céfalie de M. du Bail. Paris, Cardin Besogne, 1637, gros in-8, vél.
> Exemplaire avec la clef des noms imprimée qui manque quelquefois.

643. — La Céfalie de M. du Bail. Paris, C. Besongne,
1637, in-8, v. br.
> Exemplaire du comte de Toulouse et du roi Louis-Philippe, avec le
> timbre de la Bibliothèque du Palais-Royal, sur le titre.

644. — L'innocence criminelle d'Alcandre (par du
Bail). Paris, Cardin Besongne, 1642, in-8, mar. v.,
dos orné, fil., tr. dor. (Reliure ancienne bien
conservée).
> Exemplaire portant sur le dos et les plats de la reliure les armes de la
> COMTESSE DE VERRUE. — Rare avec la clef. — Parmi les personnages
> qui figurent dans ce roman on remarque le Cardinal duc (de Richelieu),
> et le duc de La Rochefoucauld. — Ce roman est le même que le précé-
> dent. On en a changé le titre. Il porte à l'intérieur son vrai titre et est
> intitulé : Céphalie.

645. — Le fameux Chinois, par Du Bail. Paris,
Card. Besongne, 1642, pet. in-8, v. marbr., tr.
dor.
> Aux armes de CAUMARTIN Sᵗ-ANGE.

646. — Agathonphile, ou les martyrs Siciliens, Aga-
thon, Philargyrippe, Tryphine, et leurs associez,
histoire dévote où se découvre l'art de bien aymer,
pour antidote aux deshonnestes affections, et la
saincte amour du martyre, etc., par l'evesque de
Belley (J.-P. Camus). Paris, Cl. Chappelet, 1623,
gros in-8, dem.-rel., v. fauve.
> Un des plus rares ouvrages du fécond évêque de Belley.

647. — Aristandre, histoire germanique, par Jean-
Pierre de Camus, evesque et seigneur de Belley,

dédié à Madame de Vantadour, abbesse de Sainct-Pierre. *Lyon, Jacq. Gaudion*, 1624, in-12, vél.

648. — La pieuse Jullie, histoire Parisienne, par M. l'évesque de Belley (J.-Pierre Camus). *Paris,Martin Lasnier*, 1625, in-8, dem.-rel.

Un des plus rares ouvrages du fécond évêque de Belley.

649. — Les rencontres funestes ou fortunes infortunées de nostre temps, par J.-P. Camus, evesque de Belley. *Paris*, 1644, in-8, cart.

650. — L'Endimion de Gombauld. *Paris, Nic. Buon*, 1624, pet. in-8, titre et fig. grav. par Crisp. de Pas et Léonard Gaultier, vél.

Exemplaire grand de marges, dans sa première reliure.

651. — L'Amaranthe de Gombauld, pastorale.*Paris*, 1631, pet. in-8, front. gr., vél.

Edition originale.— Petite déchirure au frontispice et au feuillet RIII.

652. — Le Romant satyrique de Jean de Lannel, escuyer, seigneur du Chaintreau et du Chambort. *Paris, Touss. du Bray*, 1624, 1 tome divisé en 2 vol. in-8, v. marbr., fil.

« Cet ouvrage contient parmi quelques aventures extravagantes et racontées d'une manière diffuse une satyre quelquefois sanglante de la Cour sous la Régence de Marie de Médicis. La plupart des noms s'appliquent facilement aux personnages les plus connus de ce temps ; mais tout ce qui peut s'appeler catastrophe ou dénouement s'éloigne entièrement de la vérité, de façon à dérouter les applications directes. » (*Note de M. Bazin, l'historien de Louis XIII, sur la garde de l'exemplaire*).

653. — Le Lis de la Chasteté, composé par J. de Lannel, escuyer, sieur du Chaintreau et du Chambort. *Paris*, 1625, in-12, v. fauve. (*Reliure ancienne*).

Rare et curieux.

654. — Les Amours des Dieux, de Cupidon et Psiché, du Soleil et Clytie, de Jupiter et Danaé, de Jupiter et Io, de Jupiter et Calisto, de Neptune et Amphitrite, avec celles d'Orphée et sa descente aux Enfers, le tout enrichy de figures, dédiées à la Royne, par le Sr de la Serre. *Paris*, 1624, in-8.

frontisp. et fig. d'après Rabel, grav. par J. Picart, v.

655. — Les Amours du Roy et de la Reyne, sous le nom de Jupiter et de Junon, avec les magnificences de leurs nopces, avec l'histoire morale de la France, soubs le règne de Louys le Juste et Anne d'Austriche, par le Sr de la Serre. *Paris, N. Bessin*, 1625, in-4, front. gr. par M. Lasne, figures de M. van Lochom, vél.

656. — Le Roman de la Cour de Bruxelles, ou les advantures des plus braves cavaliers qui furent jamais et des plus belles dames du monde (par le Sr de la Serre). *Impr. à Spa et à Aix en Allemagne, par J. Tournay*, 1628, 1 tom. div. en 2 vol. pet. in-8, v. fauve. (*Reliure ancienne*).

Livre très rare et fort recherché. — Exemplaire bien conservé, avec le feuillet d'errata qui manque la plupart du temps.

657. — La Clytie, ou le Romant de Cour, par le Sr de la Serre. *Paris, Guill. Loyson*, 1640, in-8, front. gr., mar. v., fil., tr. dor. (*Reliure ancienne*).

Exemplaire de la COMTESSE DE VERRUE, avec ses armoiries sur le dos et les plats. Le nom de *Meudon*, où se trouvait réunie la bibliothèque de cette favorite, est frappé également en lettres d'or sur les plats.

658. — Le Mélante du sieur Videl, secrétaire de Monseign. le Connestable (de Lesdiguières), amoureuse aventure du temps. *Paris*, 1624, gros in-8, curieux front. gr., vél.

Exemplaire grand de marges et bien conservé, sauf le dernier feuillet dont la marge latérale est coupée.

659. — Le Mélante du Sr Videl, secrét. de Monseign. le Connestable. *Paris* (1625), gros in-8, titre gravé, v. marbr.

660. — La Galatée, ou les adventures du prince Astiages, histoire de notre temps, où sous des noms feints sont représentez les amours du Roy et de la Reyne d'Angleterre (par A. Remy). *Paris*, 1625, in-8, vél.

On trouve à la fin de cet exemplaire une *clef* imprimée sur un feuille

7.

séparé, donnant les véritables noms des personnages allégorisés dans ce curieux roman. — Cette *clef*, ajoutée après coup, manque la plupart du temps. — Exemplaire de Richard Heber. — Petite piqûre dans le fond de la marge.

661. — Le Phylaxandre du Sr de la Charnays, gentilhomme Nivernois. *Paris, J. Villery*, 1625, in-8, dem.-rel., v. r.

Roman très rare, en prose et en vers. — Raccommodage au titre et au feuillet 105-106, et au dernier feuillet, page 647.— Quelques lettres du texte sont refaites.

662. — L'Uranie du Sr de Montagathe, où sous des noms empruntez se voyent plusieurs adventures amoureuses et guerrières. *Paris, Rob. Fouet*, 1625, in-8, front. gr., vél.

663. — Les aventures satyriques de Florinde, habitant de la basse région de la Lune. *Imprimé l'an* 1625, in-8, v. marbr.

Exemplaire de Viollet-le-Duc.

664. — La Clorymène de Marcassus. *Paris, P. Billaine*, 1626, 1 tom. rel. en 2 vol. in-8, v. br.

Pierre de Marcassus était originaire de Gimont en Gascogne.

665. — Le Timandre de Marcassus, dédié à Monseigneur, frère du Roi. *Paris, Touss. du Bray* (1628), in-8, beau titre gravé par Crispin de Passe, v. br., fil.

666. — La hayne et l'amour d'Arnoul et de Clairemonde, histoire provençale arrivée de nostre temps, par le Sr du Périer. *Paris, J. Corrozet*, 1627, in-8, cart.

667. — Les Larmes de Floride essuyées par Minerve, recueillies par le Sr de Mousé. *Paris*, 1627, in-12, titre gravé, vél.

668. — La Chrysolite, ou le secret des Romans, par le Sr Mareschal. *Paris, Touss. du Bray*, 1627, gros vol. in-8, v. marbr.

669. — La Chrysolite ou le secret des Romans, par le Sr Mareschal. *Paris*, 1634, in-8, v.

Quelques ff. un peu courts en tête.

670. — La Diane des Bois, par le sieur de Pré-Fon-
taine. *Paris, P. Rocolet,* 1628, joli titre gravé par
Van Lochom d'après Crispin de Passe, in-8, dem.-
rel., v. r.

> Volume rare. — Exemplaire grand de marges.

671. — Histoire de la Cour, sous les noms de Cléo-
médonte et de Hermilinde, par le sieur Humbert
(Ant. Humbert de Queyras). *Paris, Touss. du
Bray,* 1629, pet. in-8, v. f., fil.

> Exemplaire bien conservé. — Armoiries anglaises sur les plats.

672. — Les triomphes de la guerre et de l'amour,
histoire admirable des siéges de Cazalie et de
Lymphirée, places importantes, où s'est signalée
la prodigieuse valeur de Thorasmont, et les chastes amours de ce prince incomparable Martifie,
par le Sr Humbert. *Paris, Ant. Alazert,* 1630,
in-8, titre gravé, v. f., fil. (*Rel. ancienne*).

> Roman allégorique dédié au Maréchal de Toiras. Le véritable nom de
> l'auteur est Antoine Humbert, dit de Queyras, à cause du lieu de sa
> naissance.

673. — Les fortunes diverses de Chrysomire et de
Kalinde, où par plusieurs événements d'amour et
de guerre sont représentez les intrigues de la Cour
(par Humbert de Queyras). *Paris,* 1635, in-8,
front. gr., v. br.

> Exemplaire provenant de la bibliothèque du Comte de Toulouse, et
> en dernier lieu de la Bibliothèque du Palais-Royal, avec le timbre de
> cette dern. bibliothèque sur le titre.

674. — Lysigéraste, ou les desdains de Lyside, antipathie d'amitié arrivée de ce temps soubs les noms
d'Euthamas et Lyside, Thersandre et Alexinde,
par M. Turpin, chev., sieur de Lonchamps. *Paris,
M. Mondière,* 1629, in-8, dem.-rel., v. ant., tr.
dor.

675. — La Philomène, du Sr Mérille. *Paris, P.
Lamy,* 1630, pet. in-8, v.

676. — L'Anti-Roman ou l'histoire du berger Lysis,
accompagnée de ses remarques, par Jean de La

Lande, Poitevin. *Paris, Touss. du Bray*, 1633,
1 tome en 2 vol. in-8, frontisp. gravé par Crispin
de Passe, v. m., fil.

> Jean de La Lande serait le pseudonyme de Ch. Sorel. (V. la *Bibl.
> françoise de cet auteur*, 2e édit., pages 197 et 399). — Exemplaire du
> duc de Valentinois *(Bibliothèque de Passy)*. — Le 2e volume un peu
> rogné en tête.

677. — L'Eromène (trad. de l'ital. de J.-F. Biondi
par d'Audiguier, neveu). *Paris*, 1623, 2 tom. en un
vol. in-4, frontisp. gravé, vél.

678. — Le Roman de l'Incogneu, ens. quelques discours pour et contre les Romans. *Paris, A. Soubron*, 1634, pet. in-8, v.

> Volume rare. — En tête on lit une dédicace adressée à Madame de
> Chalez, par le libraire Soubron.

679. — Le pèlerin estranger, ou les chastes amours
d'Aminthe et de Philiride, par le Sr de Bréthen-
court. *Rouen, J. Cailloué*, 1634, pet. in-12, dem.-
rel.

680. — Les nouvelles de la Cour, ou les amours
d'Alistor et de Caristée, d'Alcinde et de Genièvre,
de Calarinte et d'Astérie, d'Ardenis et d'Oriane, de
Selvage et d'Amis, de Filinte et de Néris, etc., etc.
ens. leurs véritables lettres prises sur les originaux, par le S. de Ville. *Paris, C. Besongne*
(1635), pet. in-8, vél.

681. — Les aventures de Melindor et d'Amasie. *Paris, André Soubron*, 1635, 2 part. en 1 vol. in-8,
v. marbr., fil.

> Exemplaire AUX ARMES DE LA COMTESSE DE VERRUE, provenant de la
> bibliothèque qu'elle avait formée au château de Meudon.

682. — Le prince amoureux, dédié à Mad. la Comtesse de St-Géran, par le Sr de Beauregard, advocat au Parlement. *Paris, L. de Villac*, 1635, pet.
in-8, v. marbr., fil.

683. — Les Amours de Climandre et d'Aristée, où
sous noms empruntez, sont contenus les amours de
quelques seigneurs et dames de la Cour, par le S^r

de Saincte-Suzanne. *Paris, Nic. Bourdin,* 1636, in-8, v. f., fil., tr. dor.

> L'auteur se nommait S. de S.-Martin, sieur de Sainte-Suzanne, *Saintongeais.*

684. — Le Roman de Mélusine, par M. L. M. D. M. — *Paris. P. Rocolet,* 1637, in-8, v. m.

685. — L'Inceste innocent, histoire véritable (par Desfontaines). *Paris,* 1638, in-8, front. gravé, vél.

686. — Les heureuses infortunes de Celiante et Marilinde, veufves Pucelles, par le Sr D. F. (Des Fontaines). *Paris,* 1662, pet. in-8, v. marbr., tr. dor.

> Exemplaire aux armes de CAUMARTIN SAINT-ANGE.

687. — La Stratonice. *Paris, A. Courbé,* 1641, pet. in-8, front. grav., v. f.

> Le nom de l'auteur italien Lucas Assarino est imprimé tantôt Asserini, tantôt Asserino. Pélisson, dans son *Histoire de l'Académie françoise,* assure que cette traduction a été donnée par l'académicien Malleville à d'Audiguier le jeune, qui s'en est rendu l'éditeur.

688. — L'illustre Rosimante, dédié aux Dames. *Paris,* T. Quinet, 1642, pet. in-8, front. gr. par Abrah. Bosse, v. marbr., tr. dor.

> Exemplaire aux armes de CAUMARTIN SAINT-ANGE.

689. — La Dianée à M. le mareschal de Schomberg (trad. de l'italien de F. Loredano). *Paris, Ant. de Sommaville,* 1642, in-8, front. gravé, dem.-rel., v. r.

> Lenglet Dufresnoy affirme que cette traduction est du maréchal de Schomberg. Cependant le livre est dédié au même maréchal de Schomberg. Il en résulterait que le maréchal a composé une dédicace en son propre honneur, adressée à lui-même.

690. — La Fortune de la Cour, ouvrage curieux tiré des Mémoires d'un des princip. conseillers du duc d'Alençon, frère du Roy Henry III (par de la Neuville, sieur des Isles). *Paris,* 1642, in-8, vél.

691. — Les Filles enlevées (par L. de Moreaux). *Paris, Jonas de Briquegny,* 1643, 2 tom. en un gros vol. in-8, vél.

> Roman rare. — Avec les armes du comte de Toulouse sur le dos de la reliure. — Exemplaire du feu Roi Louis-Philippe, portant le timbre de sa bibliothèque particulière du Palais-Royal, sur le titre.

692. — Cl. Barth. Morisoti Peruviana. *Divione*, 1645, in-4, v. br.

Roman historique dans lequel l'auteur raconte sous des noms péruviens les démêlés du Cardinal de Richelieu avec Marie de Médicis et Gaston d'Orléans.

693. — Axiane. *Paris, Aug. Courbé*, 1647-48, 2 vol. in-8, figures de Chauveau, mar. r., dos orné, fil., comp. à la Dusseuil, tr. dor. (*Reliure ancienne*).

Roman très rare et dont il n'a paru que ces deux volumes. On a ajouté à cet exemplaire une copie manuscrite de la « *Conclusion d'Axiane* tirée de la *Bibliothèque universelle des Romans*. » — Cette copie datée de Verdun-sur-Saône, 1819, forme un vol. in-8, cart., du même format que le roman.

694. — Polyandre, histoire comique (par Ch. Sorel). *Paris*, 1648, in-8, vél.

695. — Bérénice, dédié à Mme la Comtesse de Fiesque (par Segrais). *Paris, Touss. Quinet*, 1648-52, 4 vol. in-8, fig. et portraits de femmes par G. Huret, dem.-rel., dos et coins de mar. bl. (*Reliure anglaise*).

ÉDITION ORIGINALE. — Les exemplaires complets des 4 tomes comme celui-ci sont très rares. — Bel exemplaire, grand de marges et très bien conservé.

696. — Le Tolédan. *Imprimé à Rouen (chez L. Maurry) et se vend à Paris, chez Touss. Quinet*, 1647-55, 5 vol. pet. in-8, frontisp. gravé, v. marbr., fil. (*Aux armes de Montmorency-Colbert*).

Roman de l'époque des *Précieuses*. — D'après la *clef* du *Grand Dictionnaire des Précieuses* (page 17), l'auteur anonyme du *Tolédan* serait un nommé *Levert*. — Le privilège placé à la fin du 1er volume indique cependant d'autres initiales : *Le Tolédan de M. D. L. C.* — Raccommodage au frontispice gravé.

697. — Le Tolédan. *Rouen*, 1649-55, 5 vol. in-8, v.

Ce roman, qui est rare et peu connu, a été attribué à La Calprenède, dont les initiales se lisent dans le privilège. Le Tolédan, principal personnage, n'est autre que le célèbre don Juan d'Autriche, fils naturel de Charles-Quint. — Exemplaire grand de marges et bien conservé dans sa première reliure.

698. — La Prétieuse ou le Mystère de la ruelle, dédiée à telle qui n'y pense pas (par l'abbé de Pure). *Paris, G. de Luyne*, 1657-60, 4 vol. in-8, bas.

Exemplaire grand de marges et dans sa première reliure. — Piqûre

dans les prem. ff. de la marge du bas du Tome II. Bien que le Tome I
porte la date de 1660, l'exemplaire est de même édition et au nom du
même libraire que les trois premiers volumes.L'achevé d'imprimer porte
la date de 1656 pour les 4 volumes.

699. — La Promenade de Versailles, dédiée au Roy
(par Mlle de Scudéry). *Paris, D. Thierry*, 1669,
in-8, v. br., fil.

> ÉDITION ORIGINALE du chef-d'œuvre de Mlle de Scudéry. — Rare. —
> Vendu 110 fr. chez Solar.

V. — CONTEURS ET FACÉTIES.

700. — Il Decameron di Messer G. Boccaccio. *Fi-*
***renze, presso Leon. Ciardetti*, 1825, 4 tom. en**
2 vol. gr. in-8, portr., dem.-rel., mar. v. du Lev., à
nerfs, non rog.

701. — Les dix dizaines des Cent Nouvelles nou-
velles, réimprimées par les soins de D. Jouaust,
avec notice, notes et glossaire par Paul Lacroix,
dessins gravés de Jules Garnier. *Paris*, 1874,
10 vol. pet. in-8, br., non rog.

> Exemplaire numéroté sur GRAND-PAPIER DE CHINE, avec double suite
> des gravures, *avant lettre* et avec lettre.

702. — De la Beauté, discours divers avec la Paule-
Graphie ou description des beautez d'une dame
Tholosaine nommée la belle Paule, par Gabr. de
Minut, chevalier, baron de Castéra, seneschal de
Rouergue. *Lyon, Barth. Honorat*, 1587, pet. in-12,
dans un carton.

> Réimpression de la collection des *Raretés bibliographiques*, exécutée
> à Bruxelles, chez Mertens, en 1865. — Exemplaire sur PEAU DE VÉLIN. —
> L'édition originale s'est vendue jusqu'à mille francs dans les ventes
> publiques.

703. — Les Nouvelles de Michel de Cervantes de
Saavedra, où sont contenues plusieurs rares ad-
ventures et mémorables exemples d'amour, de fidé-
lité, de force de sang, de jalousie, de mauvaises
habitudes, de charmes et d'autres accidents non
moins estranges que véritables, trad. d'espagnol

en françois, les six premiers par F. de Rosset,
et les autres six par le sieur d'Audiguier, avec
l'histoire de Ruis Dias et de Quixaire, princesse
des Moluques, composée par le S᷉ de Bellan. *Paris,
J. Richer*, 1614-15, 2 vol. pet. in-8, cart. en parch.

Edition originale de la traduction française des Nouvelles de Cervantès. — Rare. — Quelques mouillures.

704. — La perfection des femmes avec l'imperfection
de ceux qui les mesprisent, par H. D. M. (Honoré
de Meynier), Provençal. *Paris*, 1625, pet. in-8,
couv. en pap.

Petit livre très rare. — Exemplaire grand de marges, avec témoins.

705. — Les Contes des Fées en prose et en vers
de Charles Perrault, publ. par Ch. Giraud. *Lyon,
L. Perrin*, 1865, in-8, portr., vignettes et fig., rel.
pleine en mar. rouge du Lev., à nerfs, dos orné, fil.
à comp., dent. intér., tr. dor. (*Smeers*).

TRÈS BEL EXEMPLAIRE, EN GRAND-PAPIER DE HOLLANDE, relié sur brochure, épreuves des figures AVANT LETTRE.

706. — Galanteries des Rois de France, dep. le commenc. de la monarchie, par H. Sauval. *Paris*,
1736, 2 vol. in-12, front. gr. et figures de Bern. Picart, v. br.

707. — Le passe-temps de M. Guillaume. *S. l.*, 1611,
pet. in-8 de 10 pag., couv. en pap.

708. — Pièces facétieuses et politico-satiriques. —
10 pièces pet. in-8, n. rel.

Le Réveil de Maistre Guillaume aux bruits de ce temps. *S. l.*, 1614.
— Sentence arbitrale de Maistre Guillaume sur les différends qui courent. *S. l.*, 1614. — Bibliothèque imaginaire de livrets, lettres et discours imaginaires. *S. l.*, 1615. — Les regrets de Cendrin. *S. l.*, 1615.
— Le sire Benoist, ferreur d'esguillettes. *S. l.*, 1615. — Lettre du courrier de l'autre monde, arrivée en France. *S. l*, 1615. — La harangue d'Alexandre-le-Forgeron. *S. l.*, 1614. — Harangue de Turlupin-le-Souffreteux. *S. l.*, 1615. — Pasquil (en vers). *S. l. n. d.* — Le Resveil de Maistre Guillaume, avec sa remonstrance aux séditieux. *S. l.*, 1619.

709. — Discours de Maistre Guillaume et de Jacques
Bon-homme, paysan, sur la défaicte de 35 poulles

et le coq faicte en un souper par 3 soldats. *S. l.*, 1614, plaquette pet. in-8, cart. à la Brad.

Dialogue plaisant et familier, bien écrit. L'aventure désignée sur le titre est à la fin de la pièce.

710. — Lettre de Jacques Bonhomme, paysan de Beauvoisis, à Messeigneurs les Princes retirez de la Cour. *Paris*, 1614. — Réplique de Jacques Bonhomme, paysan de Beauvoisis, à son compère le crocheteur. *Paris*, 1614. — Remerciement des poules à M. de Bouillon. *S. l., n. d.* — Ens. 3 pièces pet. in-8, dérel.

711. — L'Ordre des Cocuz Réformez nouvellement establis à Paris, la cérémonie qu'ils tiennent en prenant l'habit, les statuts de leur ordre et un petit abrégé de l'origine de ces peuples. *S. l. (vers 1615)*, pet. in-8, dem.-rel., toile lustrée, tr. dor.

Pièce facétieuse, très rare.

712. — Affiges (*sic*) des grands opérateurs de Mirlinde, nouvellement arrivez. *S. l. (vers 1615)*, pet. in-8, dem.-rel., toile lustrée.

Pièce facétieuse. — Parmi les merveilleux remèdes de ces émules de Tabarin, on trouve les suivants : Savon du vieux temps et d'oubliance pour oster les taches de l'honneur des femmes. — Expression des figures de l'Arétin, broyées entre deux draps pour expulser la mélancolie. — Racine d'impossibilité bouillie en eau de temps perdu pour redresser les bossus. — Eau de scandale pour oster les cors des pieds et les faire voir à la teste. — Etc. — Le détail des remèdes se termine par une pièce de vers commençant ainsi :

Je suis l'oracle
Du miracle
De la foire S.-Germain.

. . . .

et par un boniment également en vers, intitulé : *L'excellence des opérateurs pour dextrement arracher les dents.*

713. — Extraict de l'inventaire qui s'est trouvé dans les coffres de M. le chevalier de Guise, par Mademoiselle d'Antraige, et mis en lumière par M. de Bassompierre, avec un brief catalogue de toutes les choses passées par plusieurs seigneurs et dames de la Cour, le tout recherché et escript de la main

dudict deffunct et présenté aux amateurs de la vertu. *S. l.*, 1615, pièce pet. in-8, cart.

> Pièce facétieuse. — Ce pseudo-inventaire satirique contient des articles tels que les suivants : Un traité de la bonne inclination des bastars, dédié à M. de Vendosme, par le comte d'Auvergne. — Le pouvoir, faculté et vertu de l'engin de l'homme, trouvé aux registres du feu duc de Rais et par luy dédié à la Royne Catherine de Médicis, mis en lumière et faict imprimer aux despens du Roy par le mareschal d'Ancre. — L'art honneste de petter, pratiqué et composé par le président Duret, dédié à M. de Roquelaure. — Etc., etc.

714. — La cholère de Mathurine contre les difformez Réformateurs de la France, à sa grande amye (figure sur bois au-dessous de ce titre). *A Lyon, jouxte la coppie imprimée à Bourdeaux par Arnauld du Breuil*, 1616, pièce pet. in-8, cart.

715. — La descente du marquis d'Ancre aux enfers, son combat et sa rencontre d'Artement avec Maistre Guillaume. *A Rouen, chez Mathieu Gorgeu, rue aux Juifs, prez le Palais, s. d.*, pièce pet. in-8, cart.

716. — Péripatétiques résolutions et remonstrances sententieuses du doct. Bruscambille, aux perturbateurs de l'Estat. *Paris, par Va-du-Cul, gouverneur des singes*, 1619, pet. in-8, dem.-rel., toile.

> Facétie curieuse à étudier pour l'histoire des comédiens de l'hôtel de Bourgogne, auxquels il est fait allusion à chaque instant. — Exemplaire grand de marges et très bien conservé.

717. — La rencontre ès Champs-Elizées de Gaultier Garguille et du Gros Guillaume avec Mauroy, capitaine des portiers de l'autel (*sic*) de Bourgongne. *S. l., n. d.* (1636), pet. in-8, dem.-rel., toile lustrée, tr. dor.

> Pièce facétieuse, fort rare.

718. — Remonstrance aux nouveaux mariez et mariées et à ceux qui désirent de l'estre, ensemble pour connaistre les humeurs des femmes, trouvées dans le cabinet d'une bonne femme, à sa mort. *Sur l'imprimé à Tours, chez Jean Oudot*, 1644, pièce pet. in-8, dem.-rel., toile lustrée.

719. — Testament du Mardy-Gras qui a laissé son
manteau en gaige le jour du Roy-boit au grand
Baccus et a donné charge à ses enfans les bons
beuveurs de le retirer, ausquels il a délaissé tout
son bien au jour de son trespas. *S. l., n. d.* (*vers*
1650), pet. in-8, figure sur bois sur le titre, dem.-
rel., toile lustrée.

> Pièce facétieuse en vers, fort rare. — Un peu courte dans le bas du
> titre. — Cassure au 2ᵉ feuillet.

720. — Le nez pourry de Théophraste Renaudot,
grand gazetier de France et espion de Mazarin, ap-
pelé dans les chroniques : *Nebulo hebdomadarius
de patria Diabolorum*, avec sa vie infâme et
bouquine récompensée d'une vérole euripienne, ses
usures, la décadence de ses monts de piété et
la ruine de tous ses fourneaux et alambics (excepté
celle de sa conférence, rétablie depuis quinze jours),
par la perte de son procez contre les docteurs
de la Faculté de Médecine de Paris. *S. l., n. d.*
(*vers* 1649), pet. in-4, cart.

> Pièce rare, attribuée à Guy Patin.

VI. — ÉPISTOLAIRES. — DIALOGUES.
ENTRETIENS. — SATIRES. — MÉLANGES.

721. — Lettre d'Héloïse à Abailard. *Tours, L. Vau-
quer, imprimeur du Roy*, 1695, in-12, v. br.

722. — Epistres françoises et libres discours du sieur
d'Audiguier à tr.-généreux et illustre Messire François, libre baron du St-Empire, de Bassompierre,
Haronet, Removille, etc., et colonel de 1500 chevaux reistres pour le service de Sa Majesté. *Paris*,
1609. — Epistres françoises et libres discours du
Sʳ d'Audiguier à M. de Bajaumont. *Paris*, 1609.
— Epistres françoises et libres discours du Sʳ d'Audiguier à Mᵐᵉ la marquise de Vernueil. *Paris*,
1609. — Ens. 3 part. en 1 vol. in-12, parch.

723. — Lettres amoureuses et morales des beaux esprits de ce temps, enrichies de discours, de harangues, de consolations, de complaintes et de rares devis et singuliers, revu, corrigé et compos. la plus grande partie, rec. et augm. de nouveau en ceste dern. édit. de la moitié, par F. de Rosset. *Paris*, 1620, in-8, frontisp. gr., v. br.

Petite piqûre dans le bas de la marge.

724. — Les Epistres de l'Aurore à Céphale, Léandre à Héro, Héleine à Ménélas, Hipolite à Phèdre, Echo à Narcisse, Clytie au Soleil, Jupiter à Danaé, etc. *Paris*, 1625, in-12, cart.

725. — Recueil de lettres nouvelles, dédié à Mgr le cardinal de Richelieu. *Paris, T. du Bray*, 1627, 2 part. en 1 gros vol. in-8, titre gravé, couv. en pap.

Ce recueil intéressant est publié par Faret. On y trouve des lettres de Malherbe. de Coulomby, de Bois-Robert, de Silhon, de Godeau, de Racan, etc. Le volume se termine par une série de lettres de Balzac. Piqûre dans la marge du haut.

726. — Recueil de lettres nouvelles de Malherbe, Coulomby, Bois-Robert, Molière, Plassac, Brun, Silhon, Godeau, Conac, Racan, Balzac, Auvray et autres (rec. par Faret). *Paris, M. Collet*, 1639, 2 tom. en 1 gros vol. in-8, front. gr., vél.

727. — Les œuvres (et lettres) de M. de Balzac. *Paris, P. Rocolet*, 1641-42, 3 vol. in-8, portr. gravé par Mich. Lasne, vél.

728. — Raccolta di lettere scritte dal card. Bentivoglio, in tempo delle sue nuntiature di Fiandra e di Francia. *Ristamp. in Colonia*, 1631, in-4, dem.-rel., dos et coins de vél.

729. — Nouv. œuvres de feu M. Théophile, compos. d'excell. lettres franç. et lat., rec. et mises en ordre par Mayret. *Paris*, 1641, pet. in-8, portr. gr. par Daret, dem.-rel., v. v.

730. — Lettres panégyriques au Roy, aux princes du

sang, autres princes, ducs, pairs et officiers de la Couronne, etc., par le Sr de Rangouze. *Paris, imprim. aux despens de l'autheur, logé au cloistre S. Honoré*, 1650. — Lettres panégyriques au chancelier de France, aux présidens à mortier, conseillers d'Estat, maistres des requestes et autres personnes illustres, par le même. *Paris*, 1650. — Ens. 2 vol. in-8, v. marbr., fil.

> Ce Rangouze était un singulier personnage. Il adressait ses livres à de grands personnages et les accompagnait pour chacun de dédicaces particulières et flatteuses, dont il tirait de gros revenus ; aussi presque tous les exemplaires de son recueil présentent-ils des différences. — Bel exemplaire.

731. — Lettres nouvelles du Sr du Pelletier. *Paris, chez l'autheur*, 1655, pet. in-8, v. marbr.

732. — Hug. Grotii epistolæ ad Gallos. *Lugd. Batav., ex offic. Elzeviriana*, 1648, pet. in-12, vél.

733. — Les lettres de Roger de Rabutin, comte de Bussy, lieut.-général des armées du Roy, 3e édition avec les réponses et de nouvelles lettres. *Paris, Delaulne*, 1700, 4 vol. in-12, portr., v.

734. — Le curé Pons, correspondance inédite d'un membre de l'Assemblée Constituante (1789-1791), publ. par L. de la Sicotière. *Angers*, 1880, in-8, br.

735. — Dialogue de trois vignerons du pays du Maine, sur les misères de ce temps, par J. Sousnor, sieur de la Nichilière. *Au Mans, Gerv. Olivier*, 1627, pet. in-12, vél.

> Exemplaire grand de marges, dans sa première reliure. « Ce dialogue, en dialecte Manceau, se rapporte aux événements de 1624. Quant au nom de La Nichilière, c'est évidemment un pseudonyme, et même quelques personnes supposent que c'est le masque de Jean Rousson. » (BRUNET, *Manuel du Libraire*). — Brunet cite une édition du Mans, Gervais Olivier, 1629, et ne paraît pas avoir connu celle-ci, qui est antérieure et datée de 1627.

736. — Les Entretiens de Voiture et de Costar. *Paris, Courbé*, 1654, in-4, br.

737. — Les derniers entretiens de M. Du Mas avec M. de Balzac. *Paris*, 1656, in-4, v. br.

738. — Epulum Parasiticum quod eruditi conditores, instructoresque Car. Feramusius, Œgid. Menagius, J. Fr. Saracenus, Nic. Rigaltius, et J. L. Balsacius, hilarum epulantibus in modum, Macrino parasito grammatico, Gargilio Mamurræ parasitopedagogo, Gargilio Macroni parasitosophistæ, G. Orbilio Museæ, L. Biberio Curculioni atque Barboni, jucunde appararunt et comiter. *Norimbergæ*, 1665, pet. in-12, curieuses figures, v. v., fil.

739. — *La France mourante, consultation historique à 3 personnages : le chancel. de l'Hôpital, le capit. Bayard et la France malade. Se trouve chez tout le monde et à l'hospice de la rue de Grenelle S. Germain*, 1829, in-8 de 75 pag., br.

Réimpression d'une pièce politico-satirique du temps de Louis XIII, et comparaison de la situation des esprits à cette époque avec l'état de la France à la veille de la Révolution des journées de Juillet 1830.

740. — **Naudæana et Patiniana, ou singularitez remarquables prises des conversations de Naudé et Patin, seconde édit. augm. d'additions au Naudæana (par Ant. Lancelot, publ. par P. Bayle). *Amst.*, 1703, in-12, portr. de Guy Patin et de Gabr. Naudé, v. br.**

HISTOIRE

I. — HISTOIRE DE FRANCE.

§ 1. — Géographie et statistique de la France. Voyages en France.

741. — Description cont. toutes les singularitez des plus célèbres villes et places remarquables du royaume de France (par Fr. Des Rues). *Rouen, J. Petit*, 1611, pet. in-8, titre gr., fig. s. bois représent. les vues de différentes villes, v. br.

742. — Itinerarium Galliæ et Angliæ, Reisbuchlein, beschreiben ist durch Pet. Eisenbergium, Danum,

Leipzigk, Hernung Grossen, 1614, pet. in-12, titre
gravé, dem.-rel., mar. v.

    Curieux voyage en France. La description de Paris est particuliè-
rement intéressante. — Volume rare.

743. — Descriptio fluminum Galliæ, quæ Francia
est, Papirii Massoni opera. *Paris.*, *Quesnel*, 1618,
pet. in-8, avec portrait de l'auteur gravé par Léonard Gaultier, vél.

    Bel exemplaire. — Papire Masson naquit en 1544 à Saint-Germain-
Laval, bourg du Forez.

744. — Recens nec antea sic visa Galliæ politico-me-
dica descriptio in quâ de qualitatibus ejus, Aca-
demiis celebrioribus, urbibus præcipuis, fluviis
dignioribus, aquis medicatis, fontibus mirabilibus,
plantis et herbis rarioribus aliisque notatu dignis-
simis rebus à nemine adhuc publicitus emissis
ingenue disseritur, iis qui Galliam adituri sunt
utilissimi viatici, a Joa. Steph. Strobelbergero,
aulæ Swanbergicæ medico ordinario. *Ienæ*, 1620,
in-16, vél.

    Très curieux itinéraire ou guide du voyageur étranger en France, au
xviie siècle. — Volume rare.

745. — Respublica sive status regni Galliæ, diver-
sorum autorum. *Lugd. Batavor.*, *ex offic. Elzeviriana*, 1626, in-16, titre gr., vél.

746. — Jani Cœc. Frey admiranda Galliarum com-
pendio indicata. *Paris.*, *Fr. Targa*, 1628, pet. in-8,
v. m.

747. — Gallia, sive de Francorum Regis dominiis et
opibus commentarius. *Lugd. Bat.*, *ex offic. Elzeviriana*, 1629, in-16, titre gr., v. fauve, fil. (*Rel.
ancienne*).

748. — Merulæ Cosmographiæ pars de Gallia, tabulis
geographicis illustrata. *Amst.*, *G. Blaeu*, 1636, pet.
in-12, cartes géograph., v. fauve, fil. (*Reliure ancienne*).

749. — Les rivières de France, ou description géogr.

et hist. du cours et débordement des fleuves, rivières, fontaines, lacs et estangs qui arrousent les
provinces du royaume de France, avec un dénombrement des villes, ponts, passages, batailles qui
ont esté données sur leurs rivages et autres curio-
sités remarquables dans chaque province, par le Sr
Coulon. *Paris*, 1644, 2 vol. pet. in-8, v. fauve, fil.
(*Reliure ancienne*).

750. — Le Voyage de France, dressé pour la commodité tant des François que des estrangers (par Ol.
de Varennes). *Paris, Ol. de Varennes*, 1644, in-8,
vél.

> Exemplaire grand de marges, dans sa première reliure. — Petite pi-
> qûre au fond de la marge.

751. — Jod. Sinceri itinerarium Galliæ. *Amst., Jod.
Jansonium*, 1655, pet. in-12, titre gr. par J. Van
Meurs, figures, vél. de Holl.

> Bel exemplaire. — Ce curieux itinéraire, fait sous le règne de
> Louis XIII, est orné de vues de quelques-unes des principales villes de
> France, telles que Marseille, Nantes, Orléans, Amiens, Bordeaux, etc.

§ 2. — Histoire de France antérieure à Louis XIII.

752. — Hist. de la Gaule méridionale sous la domi-
nation des conquérants germains, par Fauriel.
Paris, 1836, 4 vol. in-8, br.

753. — Le royaume d'Aquitaine et ses marches sous
les Carlovingiens, par Em. Mabille. *Toulouse*,
1870, pet. in-4, br.

> Tirage à part et à petit nombre de la réimpression de l'Hist. de Lan-
> guedoc, par Dom Vaissette, publ. à Toulouse par Privat.

754. — Abrégé de l'histoire françoise, avec les effigies
et devises des Roys dep. Pharamond jusques au
Roy Louis XIII, à présent régnant, tirées des plus
rares et excellens cabinets de la France. *Rouen,
Dan. Cousturier*, 1615, pet. in-fol., vél.

> Portraits gravés sur bois et entourages à chaque page.

755. — Comptes de l'hôtel des Rois de France aux

xive et xve siècles, par L. Douët-D'Arcq. *Paris*,
1863, gr. in-8, br.
De la collection de la Société de l'histoire de France.

756. — Chronique de Mathieu d'Escouchy, édition -
revue sur les mss. et publ. pour la Soc. de l'Hist.
de France, par G. de Beaucourt. *Paris*, 1863-64,
3 vol. gr. in-8, br.

757. — Mémoire hist. et crit. sur les princip. circonstances de la vie de Roger de St-Lary de Bellegarde,
maréchal de France, et sur l'entreprise qu'il forma
pour se rendre indépendant de l'autorité royale
dans le marquisat de Saluces et sur les suites
qu'eut sa révolte après sa mort, par Secousse.
Paris, 1764, in-12, dem.-rel.

758. — Jeanne d'Arc, par H. Wallon. *Paris*, 1876,
gr. in-8 avec figures dans le texte, gravures hors
texte et chromolithographies, dem.-rel., percal.
blanche, non rog.

759. — Les fastes des Rois, de la maison d'Orléans
et de celle de Bourbon, 1497-1697 (par le P. Du
Londel). *Paris, J. Anisson*, 1697, in-8, v. br.

760. — Voyage du roi François Ier à Angers en 1518,
par Arm. Parrot. *Angers*, 1858, broch. pet. in-8.

761. — Mémoires de Condé, contenant ce qui s'est
passé de plus mémorable sous les règnes de François II et de Charles IX. *La Haye*, 1743, 6 vol. in-4,
portr., v. gr., fil.

762. — Instruction que le Roy entend et veult estre
suyvie et gardée de poinct en poinct par les prevost
de Paris, baillifz, seneschaulx ou leurs lieutenans
et autres officiers en procédant à l'exécution de
l'édict de la vente de cent mille escuz du temporel
de l'Eglise. *Paris, J. Dallier*, 1563, pièce pet. in-8,
cart.

763. — Edict du Roy sur la pacification des troubles
de ce royaume (en faveur des Protestants). *Selon*

la copie imprimée à Poictiers par François Le Page, imprimeur du Roy. 1577, pet. in-8, cart.

764 — Journal des choses mémorables advenues durant tout le règne de Henry III, roy de France et de Pologne (par P. de L'Estoile). *S. l. (Paris),* 1621. — Le procez-verbal d'un nommé Nic. Poulain, lieutenant de la prévosté de l'Isle de France, qui cont. l'histoire de la Ligue, dep. le second janvier 1585 jusques au jour des barricades, escheues le 12 may 1588 (par le même). *S. l.,* 1621. — 2 part. en 1 vol. pet. in-8. v. gr.

Première édition du Journal de L'Estoile.

765. — Apologie ou défense des Catholiques unis les uns avec les autres, contre les impostures des Catholiques associez à ceux de la prétendue Religion. *S. l.,* 1586, pet. in-8, cart.

766. — Advertissement des Catholiques anglois aux François catholiques, du danger où ils sont de perdre leur religion et d'expérimenter comme en Angleterre la cruauté des Ministres s'ils reçoivent à la couronne un roi qui soit hérétique. *S. l.,* 1586, pet. in-8, cart.

767. — Histoire des guerres civiles de France jusques à la paix de Vervins, par Davila, mise en franç. par J. Baudoin. *Paris, P. Rocolet,* 1657, 2 vol. in-fol., front. gravé. v. br.

768. — Chronologie septennaire de l'hist. de la paix entre les roys de France et d'Espagne, conten. les choses plus mémorables advenues en France, Espagne, Allemagne, Italie, Angleterre, Escosse, Flandres, Hongrie, etc., avec le succez de plus. navigations faictes aux Indes Orientales, Occidentales et Septentrionales, dep. le commencem. de l'an 1598 jusques à la fin de l'an 1604, divisé en sept livres (par P.-Victor-Palma Cayet). *Paris,* 1605, in-8, frontisp. gravé par J. de Weert, cart.

769. — Chronologie septenaire, cont. les choses plus

mémorables advenues en France, Espagne, Allemagne, etc., avec le succez de plus. navigations aux Indes Orientales, Occidentales et Septentrionales, dep. le commencem. de l'an 1598 (par Palma Cayet). *Paris*, 1612, in-8, v.

770. — Naissance de Louis XIII. — 2 pièces pet. in-8, dérel.

> Rencontre des choses plus remarquables en l'histoire advenues en France en pareil mois et jour que l'heureuse naissance du très-chrestien Roy de France et de Navarre, Louys XIII, avec ses anagrammes. *Paris*, *s. d.*, 14 pages. — L'Horoscope du Roy. *S. l.*, 1610, 48 pages.

771. — Philipiques contre les Bulles et autres pratiques de la faction d'Espagne, pour très-victorieux prince Henry le Grand, touj. auguste roy de France et de Navarre (par François de Clary). *Tours*, 1611, 2 part. en 1 vol. in-8, v. fauve, fil.

772. — Histoire de la mort déplorable de Henry IIII, roy de France et de Navarre, ensemble un poëme, un panégyrique et un discours funèbre, dressé à sa mémoire immortelle (par P. Mathieu). *Paris*, 1611, in-fol., couv. en pap.

773. — Hist. de la mort déplorable de Henri IIII, roy de France et de Navarre (par P. Mathieu), ens. un poëme, un panégyrique, un discours funèbre et un éloge. *Paris*, *veufve M. Guillemot*, 1613, in-8, front. gr., fig. équestre de Henri IV, v.

774. — Historia della morte d'Henrico Quarto, re di Francia e di Navarra, per P. Matthieu, trad. di francese in ital. da J. Bernard de la Baffarderie. *Modona*, 1615, pet. in-8, dem.-rel., mar. bl. du Lev.

775. — Hist. du Roy Henry le Grand, composée par Hardouin de Péréfixe. *Amsterdam*, *Ant. Michiels*, 1666. — Le procez de MM. le mareschal de Marillac, le duc de Montmorency, Sainct-Preuil, de Cinq-Mars et de Thou. *Paris*, 1650. — Ens. 2 ouvr. en 1 vol. pet. in-12, v.

§ 3. — Histoire de France sous Louis XIII.

A. — *Histoire générale du règne de Louis XIII.*

776. — Chronologie septenaire de l'histoire de la paix entre les Roys de France et d'Espagne (par P.-Vict.-Palma Cayet). *Paris*, 1612, 1 vol. — Le Mercure François ou la suitte de l'histoire de la paix commençant l'an MDCV. *Paris, J. Richer*, 1619, 1 vol. — La Continuation du Mercure François. *Paris, J. Richer*, 1615, 23 vol. — Histoire de nostre temps, années 1643 et 1644. *Paris*, 1648. — Ens. 26 vol. in-8, cartes et plans, v. marbr.

> Exemplaire en reliure uniforme. On trouve rarement ces volumes réunis. C'est un recueil historique des plus importants, une véritable gazette du temps, dans laquelle on trouve de précieux détails, des plus authentiques, sur tous les événements du règne de Louis XIII. Livre indispensable pour quiconque s'occupe de recherches sur cette période si mouvementée de notre histoire.

777. — Journal manuscrit d'Héroard, médecin de Louis XIII. 1605-1628. — 2 vol. in-fol., dos de toile.

> Copie manuscrite faite en grande partie par M. Pécard.

778. — Décade conten. la vie et gestes de Henry le Grand, roy de France et de Navarre, IIIIe du nom, par Bapt. Legrain. *Paris*, 1614. — Décade commençant l'histoire du roy Louis XIII, dep. l'an 1610 jusqu'en 1617 inclus, en laq. seront aussi représentées les choses mémorables advenues durant ledit temps et autres Estats de la Chrestienté, principalement celles ausq. Sa Majesté a interposé son autorité et qui ont regardé sa réputation, le repos public et l'interest de la France, par Bapt. Legrain. *Paris*, 1619, 2 tom. en 1 vol. in-fol., v., fil.

779. — Hist. de Henry le Grand, IVe du nom, roy de France et de Navarre, par Scipion du Pleix. *Paris*, 1635, in-fol., portr. d'Henri IV grav. d'après Léonard Gaultier par Messager. — Histoire de Louis le Juste, XIIIe du nom, roy de France et de Na-

varre, par Scipion du Pleix. *Paris*, 1635, beau
portr. de Louis XIII. — 2 tom. en 1 vol. in-fol.,
v. marbr., fil., dent. (*Aux chiffres de la Société de
Jésus*).

780. — Remarques de M. le mareschal de Bassompierre sur les vies des roys Henry IV et Louis XIII,
de Dupleix. *Paris*, 1665, in-12, cart. en parch.

781. — Le tableau de la régence de Blanche, Marie de
Médicis, royne mère du roy et du royaume, cont.
tout ce qui s'est passé ès régences des régents
et régentes, de leurs droits et prérogatives, et prin-
cipalem. en la régence de la reyne, par Florentin
du Ruau, advocat au siège présidial de Poictiers.
Poictiers, A. Mesnier, 1615, in-8, v. fauve. (*Reliure ancienne*).

    Bel exemplaire d'un livre très rare.

782. — Estat général des affaires de France, sur
tout ce qui s'est passé tant dedans que dehors le
royaume, dep. la mort de Henry le Grand (par le
Sr d'Autreville, Angevin). *Paris*, 1617, in-8, v. m.

    On a relié à la fin dans le même volume la pièce suivante : *Lettre de
M. l'admiral de Montmorency envoyée au Roy, avec la réponse du
Roy. Paris*, 1619.

783. — Estat général des affaires de France, etc. (par
d'Autreville, Angevin). *Paris*, 1617, in-8 de 900 p.,
vél.

784. — Hist. mémorable de ce qui s'est passé tant en
France que aux pays étrangers, de l'an 1610 à 1619
(par P. Boitel, Sr de Gaubertin). *Rouen*, 1619,
2 part. en 1 vol. pet. in-8, v. marbr., fil.

785. — Hist. génér. des dern. troubles arrivez en
France sous les règnes de Henry III, Henry IV et
Louis XIII, et de tout ce qui s'est passé au royaume
en la guerre contre les rebelles de la religion prétendue Réformée, jusques à présent; ens. l'histoire
de la guerre faicte entre les deux maisons de
France et d'Espagne, sous les règnes de François I,

8.

Henri II, François II, Charles IX, Henry III et
Henry IV, jusques à la paix de Vervins, par P. Matthieu. *Paris, J. Petit-Pas,* 1622, in-4, v. br.

Ce volume est orné de 3 figures, représentant les rois Henry III,
Henry IV et Louis XIII, à cheval. La première (Henry III) est gravée
par J. Le Clerc, d'après R. Boissard ; la seconde (Henry IV) est gravée
par Th. de Leu ; la troisième (Louis XIII) est aussi gravée par Thomas
de Leu. En regard de chaque figure on a ajouté une signature autographe sur vélin de chacun des rois en question. Ces autographes sont
remontés sur papier blanc. Le titre est doublé et un peu taché.

786. — Thrésor de l'histoire générale de nostre temps,
de tout ce qui s'est fait et passé en France sous le
règne de Louys le Juste, dep. la mort déplorable
de Henry le Grand, cont. les troubles arrivez
au royaume durant la régence de la Royne Mère,
dans la majorité du Roy, et pend. les guerres de la
Rébellion jusques après la paix donnée par Sa Majesté à ses subjects de la Religion. *Paris, Sam.
Poinsot,* 1623, in-8 de 1 f. pour le titre, 658 pp.
chiffr. et 2 ff. non chiffr., v. or., fil., comp., tr. dor.

Avec le nom de *Noël de Lestang* en lettres d'or sur les plats.

787. — Thrésor de l'hist. générale de nostre temps,
de tout ce qui s'est fait et passé en France sous le
règne de Louis le Juste, depuis la mort déplorable
de Henry le Grand jusques à présent, conten. les
troubles arrivez au royaume durant la régence
de la Royne, sa mère, dans la majorité du Roy et
pendant les guerres de la Rébellion jusques après
la paix donnée par Sa Majesté à ses subjects de la
Religion prétendue Réformée, par M. Gaspart N.,
historien. *Paris,* 1623, in-8, vél.

788. — Histoire de la rébellion excitée en France
par les rebelles de la Religion prétendue Réformée,
avec la suitte (par Claude Malingre, historiographe). *Paris, J. Petit-Pas,* 1623-29, 5 forts vol.
in-8, titres gravés, v. fauve, fil. (*Rel. anc.*).

Exemplaire aux armes de la COMTESSE DE VERRUE. — Rare ainsi complet avec la suite et surtout dans cette condition.

789. — Histoire des guerres et choses mémorables

arrivées sous le règne de Louys le Juste, dep. son
advénement à la couronne jusqu'à présent, 1622.
Rouen, 1623, pet. in-8, v. m.

L'épître est signée (Pierre Boitel, sieur de Gaubertin). — Exemplaire
un peu court de marges.

790. — Historia prostratæ a Ludovico XIII secta- — *30 ₇*
riorum in Gallia rebellionis, autore G. B. Gra-
moundo, in suprema Tolosatum curia senatore
regio. *Tolosæ, P. Bosc*, 1623, in-4, titre gr.,
v. br., fil.

791. — Historiarum Galliæ ab excessu Henrici IV — *6 —₦*
libri XVIII quib. rerum per Gallos totâ Europâ
gestarum accurata narratio continetur autore Gabr.
Barth. Gramondo in Parlam. Tolosano præside.
Tolosæ, Arn. Colomerius, 1643, in-fol., bas. r., fil.
(*Aux armes de l'anc. collége des Jésuites de
Louis-le-Grand*).

792. — Thrésor de l'histoire génér. de nostre temps, — *2 —₦*
de tout ce qui s'est fait et passé en France sous le
règne de Louis le Juste, dep. la mort déplorable du
roy Henry le-Grand jusques à la paix donnée par
Sa Majesté à ses subjets de la Religion prétendue
Réformée, par Loisel. *Paris*, 1626, fort vol. in-8,
dem.-rel.

793. — Les Mémoires de la Roine Marguerite (publ.— *3 —₦*
par Mauléon de Granier). *Paris, Ch. Chappelain*,
1628. (*Première édition*). — La fortune de la Cour
ou discours curieux sur le bonheur et malheur des
favoris entre les sieurs de Bussy d'Amboise et de
la Neuville, tiré des Mémoires d'un des principaux conseillers du duc d'Alençon, frère du roy
Henry III, seconde édition, reveue et augmentée.
Paris, N. de Sercy, 1644. — 2 ouvr. en 1 vol. pet.
in-8, v. f., fil. (*Rel. anc.*).

En tête de la *Fortune de la Cour* on trouve un *Discours sur quelques particularitez touchant les entretiens de la Fortune de la Cour
et sur les Mémoires de la Reine Marguerite, ausquels ils ont du
rapport en plusieurs endroicts.*

794. — Correspondance de Gaston d'Orléans, frère de Louis XIII, pendant les années 1629, 1630, 1631, 1632, 1633 et 1634. — Lettres de Monseign. le colonel (d'Ornano) à la Royne-Mère. Année 1622. — Lettres de la Royne-Mère à plusieurs princes et autres. — Lettres missives du feu Roy Henry III estant duc d'Anjou au Roy Charles IX. — Lettres de Madame la princesse de Piedmont. — Lettres du Roy de la Grande Bretagne, de la Reine d'Espagne, de la Reine-Mère et d'Anne d'Autriche. — Lettres du Légat et aultres cardinaulx avec les responces et les lettres escriptes par Son Alt. (Gaston d'Orléans) à Sa Sainteté. — Lettres de Monseign. (Gaston d'Orléans) à plusieurs princes et aultres, avec les responces. 1626-27, 2 vol. in-fol., mar. rouge avec double G entrelacé alternant avec des fleurs de lys sur le dos et sur les plats, fil. tr. dor. (*Reliure du temps*).

> Précieux recueil. — C'est la copie de lettres originale de Gaston, frère de Louis XIII. On y trouve en outre les copies de diverses lettres de grands personnages qu'il avait pu se procurer. Cette correspondance importante pour l'histoire du règne de Louis XIII est en très grande partie inédite. — Voir le nº suivant, qui pourra être réuni.

795. — Lettres de Monsieur le duc d'Orléans, Gaston, frère unique du Roy Louis XIII, depuis 1634 jusqu'en 1645. In-fol., bas., fil.

> Copie de lettres originale comme la précédente. — Ce volume sera vendu avec les deux précédents au chiffre de Gaston.

796. — Histoire de France soubs les règnes de François I, Henry II, François II, Charles IX, Henry III, Henry IV, Louis XIII, et des choses plus mémorables adven. aux autres Estats de la Chrestienté, par P. Matthieu, historiographe de France. *Paris*, 1631, in-fol., vél.

797. — Mémoires de Rohan. In-fol., vél.

> Manuscrit du xviie siècle, composé d'environ 400 pages. Ce manuscrit des Mémoires de Henri de Rohan, chef du parti Calviniste, est de son temps. Il paraît être de la main d'un de ses secrétaires, et renferme un discours inédit sur la mort de Henri IV.

798. — Lettres de divers personnages célèbres du
XVIIe siècle au cardinal de Richelieu et autres. —
In-fol., dem.-rel.

Manuscrit du XVIIe siècle, d'une très bonne écriture, composé
de 278 feuillets répartis de la manière suivante : 1° Année 1634 (de 1 à
190 pages). — 2° Année 1633 (de 1 à 154 pages). — 3° Année 1635
(de 1 à 104 pages). — Ces copies de lettres historiques sont curieuses
et plusieurs paraissent inédites.— On remarque parmi les signataires de
ces lettres les noms de Bouthillier, Fouquet, d'Aguesseau, d'Argenson,
de Sabran, d'Harcourt, Montbazon, Villeroy, de Sourdis, archevêque de
Bordeaux, Bussy, La Force, les religieuses de Remiremont, les supé-
rieurs généraux de divers ordres religieux, etc.

799. — Recueil des Gazettes de l'année 1631, avec
une préface servant à l'intelligence des choses qui
y sont contenües et une table alphabétique des
matières. *Au Bureau d'adresse au Grand Coq,
rüe de la Calandre sortant au Marché Neuf,
près le Palais à Paris*, 1632, *avec privilège*,
1 vol. — Recueil des Gazettes nouvelles, relations
et autres choses mémorables de toute l'année 1632,
dédié au Roy par Théophraste Renaudot, conseiller
et médecin de Sa Majesté, intendant général des
bureaux d'adresse de France. *A Paris, au Bureau
d'adresse, rue de la Calende* (sic) *au Granq Coq*,
1633, 1 vol. — Recueil des Gazettes nouvelles, et
relations de toute l'année 1633, etc. *Paris, au Bureau d'adresse*, 1634, 1 vol. — Recueil de Gazettes
nouvelles, relations extraordinaires et autres récits
des choses avenües, toute l'année 1634, etc. *Paris*,
1635, 1 vol. — Recueil de toutes les Gazettes nouvelles ordinaires et extraordinaires et autres relations contenant le récit des choses remarquables
avenües tant en ce royaume qu'ès pays estrangers
dont les nouvelles nous sont venües toute l'année
1635, etc. A *Paris, au Bureau d'adresse*, 1636,
1 vol. — Ens. 5 vol. in-4, reliure en veau brun un
peu fatiguée, avec chiffres entrelacés sur les plats.

Ces cinq volumes forment la tête de la Gazette de France, le *premier journal qui ait été fondé en France*. — Ces premiers volumes
sont d'une extrême rareté. C'est à peine si l'on connaît trois ou quatre

exemplaires complets du premier volume. — Le présent exemplaire, qui
a été donné par Renaudot lui-même, ainsi qu'il appert du mot *Donum*
en écriture du temps inscrit au haut des titres, est peut-être le plus
complet de tous, car il possède des titres spéciaux, de curieuses dédi-
caces au roi Louis XIII, des préfaces et une table, toutes pièces imprimées après coup, qui manquent toujours et ne se trouvaient pas dans
l'exemplaire des années 1631, 1632 et 1633, vendu sous le n° 2,093 de
la bibliothèque Rochebilière. — Comme les titres de la Gazette ont
varié à leur début, nous en avons indiqué les divers changements ;
il nous reste à indiquer les titres et préfaces qui se trouvent dans notre
exemplaire : Année 1631 : titre imprimé, dédicace *au Roy* commençant
ainsi : « *C'est bien une remarque digne de l'histoire que dessouz soi-
xante-trois Rois la France si curieuse de nouveautez ne se soit
point avizée de publier la Gazette, ou recueil par chacune semaine
des nouvelles tant domestiques qu'estrangères...* »; préface, en tout
12 pag. chiffr. ; *Table alphabétique des principales matières contenues ès Gazettes de l'année* 1631, 28 pag. chiffr. — Année 1632, titre,
1 f., dédicace au Roi commençant ainsi : « *Voicy enfin cette année de
Bissexte passée...* » 3 pag. non chiffr. — Années 1633, 1634 et 1635.
Titres imprimés seulement ; plus de dédicace, ni de préface. — La
reliure seule des volumes, qui est du temps, est fatiguée ; à l'intérieur la
conservation est parfaite.

800. — Recueil des Nouvelles ordinaires et extraordinaires, relations et récits des choses avenues
tant en ce royaume qu'ailleurs pendant l'année
1637. *A Paris, du Bureau d'adresse, aux Galle-
ries du Louvre, devant la rue St-Thomas*, 1638.
— Les mêmes pour les années 1638, 1639, 1640,
1641, 1642 et 1643 (date de la mort de Louis XIII).
Paris, 1639-44, 7 années en 9 vol. in-4, rel. uni-
forme en veau brun.

> Cette seconde série est différente de la première. — Le format est un
> peu plus grand et l'adresse de la Gazette est changée. — Sauf l'an-
> née 1636, que nous n'avons pas, elle forme avec la série précédente la
> suite du Journal parue pendant tout le règne de Louis XIII. — Beaux
> exemplaires. — Les années 1642 et 1643 sont divisées chacune en deux
> tomes.

801. — Mémoires pour servir à l'histoire, tirez du
cabinet de Messire Léon du Chastelier-Barlot, dep.
1596 jusques en 1636. *A Fontenay, par Pierre
Petit-Jan*, 1643, pet. in-4, v. fauve, fil. (*Reliure
ancienne*).

> Volume rare. — Exemplaire bien conservé, avec armoiries sur les
> plats.

802. — LE JUSTE PRINCE, ou le Miroir des princes en
la vie de Louis le Juste, par Nic. Charpy, advocat
au Parlement. *Paris, Séb. Cramoisy*, 1638, pet.
in-4, rel. molle en vél., fil. à comp., tr. dor.

> EXEMPLAIRE DU CARDINAL DE RICHELIEU, A SES ARMES. —
> L'auteur de ce livre, Nicolas Charpy, était Bressan. Secrétaire de Cinq-
> Mars, le favori de Louis XIII, il dut prendre la fuite lors de la conspi-
> ration de ce dernier et fut condamné à être pendu en effigie. Il profita
> des troubles de la Fronde pour revenir à Paris et mourut en 1670 après
> être entré dans les ordres ecclésiastiques.

803. — Remarques d'histoire, ou descript. chronolog.
des choses plus mémorables passées tant en France
qu'ès pays estrangers, depuis l'an 1610 jusques
à présent, par le Sr de Saint-Lazare. *Paris, Cl.
Collet*, 1638, gros in-8, vél.

804. — Le politique très-chrestien, ou discours sur
les actions principales de la vie de feu le cardinal
de Richelieu. *Paris*, 1643, in-4, portr., vél.

805. — Le politique très-chrestien ou discours politique sur les actions principales de la vie de feu
M. le card. duc de Richelieu. *Paris (Leyde, Bonav.
et Abr. Elzevier, à la Sphère)*, 1665, pet. in-12,
front. gravé, vél.

> « Ce livre, traduit de l'espagnol, est une apologie des principaux actes
> du card. de Richelieu et de l'antiquité de sa maison, qu'il fait descendre
> des rois de Castille et de Portugal par le mariage de Guyonne de Laval
> avec Fr. Du Plessis, l'un des ancêtres du premier ministre. L'auteur
> était un Portugais, nommé Man. Fernandez Villareal, consul de sa na-
> tion à Rouen. Il périt à Lisbonne en 1652, étranglé par ordre de l'In-
> quisition. Le traducteur anonyme est de Grenaille, sieur de Cha-
> tounières. » WILLEMS, *les Elzevier*.

806. — Hist. du mareschal de Toiras, où se voyent
les effets de la valeur et de la fidélité, avec ceux de
l'envie et de la jalousie de la Cour, ennemies de la
vertu des grands hommes, ens. une bonne partie
du règne du Roy Louis XIII, par le Sr Mich. Baudier. *Paris*, 1644, in-fol., front. gr., portr. par
Huret, fig. de blasons et autres, v. br., fil.

> Exemplaire en GRAND-PAPIER. — Une piqûre de la grosseur d'une tête
> d'épingle dans la marge.

807. — Histoire du règne de Louys XIII, roy de France et de Navarre, prise du jour de sa naissance jusques à sa mort, où se voyent les victoires, triomphes et les glorieux progrès de ses armes tant aux guerres civiles de France qu'en celles entreprises pour la deffence des alliez de sa couronne, par S. M. C. (attribué à Cl. Malingre). *Paris*, 1646, in-8, dem.-rel.

808. — Histoire du Roy Louis XIII, composée par Messire Ch. Bernard, conseiller du Roy, lecteur ordinaire et historiographe de France. *Paris*, 1646, 2 part. en 1 vol. in-fol., portr. de Louis XIII gravé par Daret, v. fauve, fil.

809. — Lustra Ludovici, or the life of the late Victorious King of France Lewis the XIII (and of his cardinall de Richelieu), divided into seven lustres, by J. Howell. *London, H. Moseley*, 1646, in-fol., joli portr. en méd., vél.

810. — Le véritable inventaire de l'hist. de France, illustré par la conférence de l'Eglise et de l'Empire, par de Serres, avec la continuation de la mesme histoire jusques à l'année 1648, conten. tout ce qui s'est passé de plus mémorable en Flandres, en Allemagne, et Italie et dans la Catalogne jusques à la deffaite de l'armée du roy d'Espagne par le Prince de Condé. *Paris*, 1648, 2 vol. in-fol., fig. de J. Boulanger, dem.-rel., mar. r. anc.

Exemplaire en GRAND-PAPIER.

811. — Nouv. mémoires du Maréchal de Bassompierre, publ. par le président Hénault. *Paris*, 1803, in-8, dem.-rel.

812. — Hist. du ministère d'Arm.-J. Du Plessis, card. duc de Richelieu, sous le règne de Louys le Juste, XIII du nom, roy de France et de Navarre, av. des réflexions politiques et diverses lettres contenant les négociations des affaires de Piedmont et

du Montferrat. *Paris*, 1649, 4 part. en un vol. in-fol., bas.

813. — Hist. du ministère d'Arm. du Plessis, cardin. duc de Richelieu, sous le règne de Louys le Juste, XIII du nom. *Paris*, 1650, 4 tom. en 2 vol. pet. in-12, v. ant., fil. (*Ledoux*).

814. — Abrégé de l'hist. de ce siècle de fer, cont. les misères et calamitez des dern. temps, avec leurs causes et prétextes, jusques au couronnement de Ferdinand IV, par de Parival, seconde édit. augm. et continuée jusques à l'an 1655. *Bruxelles, Fr. Vivien*, 1655, 3 vol. in-8, vél.

815. — Epitome rerum in inferiore Occitania pro Religione gestarum ab excessu Henrici IV regis, sive ab anno Christi 1610 ad annum 1657 (auctore Petro Gariel). *Monspelii, Dan. Pech*, 1657, pet. in-4, dem.-rel., mar. n.

> Volume très rare sur les guerres de religion dans le Bas-Languedoc, principalement sous le règne de Louis XIII. — On y trouve la copie de documents originaux en français, des proclamations du duc de Rohan, des délibérations d'assemblées catholiques ou protestantes, toutes pièces qui ne se trouvent pas dans les autres histoires. — Fort raccommodage dans le fond de la marge du titre et à 2 feuillets.

816. — Histoire du Mareschal de Guébriant, contenant le récit de ce qui s'est passé en Allemagne dans les guerres des couronnes de France et de Suède et des Etats alliez de la maison d'Autriche, par Jean Le Laboureur, prieur de Juvigné. *Paris*, 1657. — Histoire généalogique de la Maison des Budes, curieusement recherchée et justifiée par titres, histoires et autres preuves authentiques, par J. Le Laboureur. *Paris*, 1656, 2 tom. en un vol. in-fol., portr. par Nanteuil, v. br. (*Aux armes du Comte de Toulouse*).

> Provenant de la bibliothèque du roi Louis-Philippe, à Neuilly.

817. — Journal de M. le Cardinal de Richelieu, qu'il a fait durant le grand orage de la Cour, ès années 1630-1631. *Amsterdam, Abrah. Wolfgank*, 1664,

2 tom. en un vol. pet. in-12, portr., v. ant., fil., tr. dor. (*Ducastin*).

818. — Histoire du Cardinal duc de Richelieu, par le Sr Aubery. *Cologne, P. du Marteau (à la Sphère)*, 1666, 3 vol. pet. in-12, mar. v., dos orné, fil., tr. dor.

Joli exemplaire en reliure ancienne.

819. — Mémoires pour l'hist. du Cardinal duc de Richelieu, rec. par le Sr Aubery, avocat au Parlement. *Cologne, à la Sphère, P. Marteau (Amsterdam, Wolfgang, à la Sphère)*, 1667, 5 tomes en 8 vol. pet. in-12, v. ant., fil.

820. — Mémoires de M. Déageant, envoyez à M. le Card. de Richelieu, conten. plus. choses particulières et remarquables arrivées dep. les dern. années du Roy Henry IV jusques au commencem. du ministère de M. le Cardin. de Richelieu. *Grenoble, Ph. Charvys,* 1668, in-12, v. br.

821. — Memorie recondite di Vittorio Siri, dall' anno 1601 sino al 1640. *Lione e Parigi,* 1677-1679, 8 vol. in-4, front. gr., bas.

Recueil intéressant et peu commun. — Les tomes III et IV sont imprimés à Paris chez Cramoisy et portent la date de 1677.

822. — MÉMOIRES DE M. DE CHISAY (Louis Favereau), contenant ce qui s'est passé de plus mémorable sous le règne de Louis Treze *(sic)* et Louis Quatorze à présent régnant, depuis les années mil six cent quatorze jusques en l'année soixante et dix-sept. — In-fol., v.

MANUSCRIT ORIGINAL DU XVIIe SIÈCLE, composé de 681 pages. Ces Mémoires sont INÉDITS. C'est un journal autographe qui commence ainsi : *J'ay Messire Louis Favreau, chevalier seigneur chatelain de Boussay, de Chizay et de Vauroux estant retiré de ceste mienne maison de Bouffay, deschargé de tout employ, charges et bénéfices, plain de loisir, j'ay désiré mettre en escript les observations tant pour mon divertissement que pour servir à mes enfants s'ils prennent le soing de le lire, bien que je sache que la noblesse soit ennemye de lecture et qu'elle ne prenne plaisir que parler à leurs oiseaux, à leurs chiens, sans se soucier de la lecture des histoires et que la*

*moralle et la politique leur sont des termes aussi incognuz comme
les Terres Neuves, etc., etc.*

823. — MÉMOIRES de la vie de Messire Claude de Le-
touf, chevalier, baron de Sirot, lieutenant génér.
des armées du Roy, sous les règnes de Henry IV,
Louis XIII et XIV. *Paris, Cl. Barbin*, 1683, 2 tomes en un vol. in-12, portr. gr. par Giffart, mar.
r., fil., dent., dos et plats semés de fleurs de lys,
tr. dor. (*Reliure ancienne*).

> Mémoires rares et très recherchés. — BEL EXEMPLAIRE en GRAND
> PAPIER FORT. — La planche des armoiries de Sirot, qui manque sou-
> vent, se trouve à la fin.

824. — Mémoires contenant ce qui s'est passé en
France de plus considérable depuis l'an 1608 jusqu'en l'an 1636. *Paris, Cl. Barbin*, 1685, in-12, v.
br.

> « Ces Mémoires, qu'on appelle *Mémoires de Monsieur*, parce qu'ils
> commencent à sa naissance et contiennent plusieurs choses qui le con-
> cernent, ont été rédigés par Etienne Algay de Martignac, l'un de ses
> confidens. » (*Note ms. sur la garde de l'exemplaire*).

825. — Mémoires du marquis de Beauvau, pour
serv. à l'hist. de Charles IV, duc de Lorraine et de
Bar. *Cologne, P. Marteau (à la Sphère)*, 1688, in-
12, rel. en toile.

> Dans le même volume : *Histoire de l'emprisonnement de Char-
> les IV, duc de Lorraine, détenu par les Espagnols dans le château
> de Tolède. Cologne, P. Marteau*, 1688.

826. — Mémoires de M. de B** (de Bouy), secrétaire
de M. L. C. D. R. (M. le Card. de Richelieu), dans
lesquels on y découvre la plus fine politique et les
affaires les plus secrètes qui se sont passées sous le
règne de Louis le Juste, sous le ministère de ce
grand cardinal, et quelq. autres de curieuses et de
singulières sous celui de Louis le Grand (par Sandras de Courtilz). *Amst. (Rouen)*, 1711, 2 part. en
1 vol. in-12, v. br.

827. — Histoire du règne de Louis XIII, Roy de
France (par Jacq. Le Cointe, revue par Ellies Du-
pin). *Paris*, 1716, 5 vol. in-12, v. fauve. (*Rel.
anc.*).

828. — Mémoires de M. de Montchal, archev. de Toulouse, cont. des particularitez de la vie et du ministère du card. de Richelieu. *Rotterdam*, 1718, 2 vol. in-12, v. marbr., fil. (*Bel exemplaire*).

829. — Lettres, mémoires et négociations du comte d'Estrades, ambassadeur de S. M. très chrétienne en Italie, en Angleterre et en Hollande, cont. les années 1637 jusqu'à 1668 inclusivement (publ. par Jean Aymon). *La Haye*, 1719, 6 vol. in-12, v. br.

830. — Les mémoires de Mess. Jacq. de Chastenet, chev., seigneur de Puységur, colonel du régiment de Piedmont, lieut.-général des armées du Roy sous les règnes de Louis XIII et de Louis XIV, donnez au public par Du Chesne. *Paris*, 1747, 2 vol. in-12, portr., v. marbr.

831. — Histoire du règne de Louis XIII, roi de France et de Navarre, par Mich. Le Vassor. *Amst.*, 1750-51, 10 tomes en 15 vol. in-12, v. marbr.

832. — Hist. de Louis XIII, roi de France et de Navarre, cont. les choses les plus remarquables arrivées en France et en Europe depuis la minorité de ce prince jusqu'à la mort de Villeroy, anc. secrétaire d'Etat, par Mich. Le Vassor. *Amst.*, 1757, 6 vol. in-4, dem.-rel., non rognés.

833. — Lettres et négociations du marquis de Feuquières, ambassadeur extraordin. du Roi en Allemagne en 1633 et 1634 (publ. par l'abbé G.-L. Calabre-Pérau). *Amsterdam*, 1753, 3 vol. in-12, v. marbr

834. — Mémoires de M. le marquis de Chouppes, lieuten.-génér. des armées du Roi et de la province de Roussillon, ambassadeur à Lisbonne. *Paris*, 1753, 2 tom. en 1 vol. in-12, v. marbr.

835. — Histoire militaire du règne de Louis le Juste, XIIIe du nom, par Ray de St-Geniès. *Paris*, 1755, 2 vol. in-12, v. marbr.

836. — Mémoires pour servir à l'histoire universelle
de l'Europe, depuis 1600 jusqu'en 1716, par le P.
d'Avrigny. *Paris*, 1757, 5 vol. in-12, v. marbr.

837. — Histoire du règne de Louis XIII, roi de
France et de Navarre, par le P. H. Griffet, de la
Comp. de Jésus. *Paris*, 1758, 3 vol. in-4, v. marbr.
(*Bel exemplaire*).

838. — Histoire de Tancrède, duc de Rohan, avec
quelques autres pièces concern. l'hist. de France et
l'hist. Romaine (par le P. Griffet). *Liège*, 1767, in-
12, v. marbr.

 Contenant aussi : Remarques sur la naissance de Henri II, prince de
Condé. — Observat. sur les troubles de la Régence pendant la minorité
de Louis XIV. — Recherches sur les finances des Romains. — Etc.

839. — Hist. des guerres et des négociations qui pré-
cédèrent le traité de Westphalie, sous le règne de
Louis XIII et le ministère des card. Richelieu et
Mazarin, composée sur les mémoires du comte
d'Avaux, par le P. Bougeant. *Paris*, 1767, 3 vol.
in-4, v. marbr. (*Bel exemplaire*).

840. — Histoire de la vie de Louis XIII, roi de
France et de Navarre, par de Bury. *Paris*, 1768,
4 vol. in-12, v. marbr. (*Bel exemplaire*).

841. — Mémoires de Louis de Nogaret, cardinal de
La Valette, général des armées du Roi en Allemagne, en Lorraine, en Flandre et en Italie, ouvrage
nécessaire à l'intelligence de l'hist. de Louis XIII
et très utile à la Noblesse (publ. par Gabet), années
1635, 1636 et 1637. *Paris*, 1772, 2 vol. in-12, v. marbr.

842. — Histoire de France sous Louis XIII, par A.
Bazin. *Paris*, 1838, 4 tom. en 2 vol.in-8, dem.-rel.,
mar. rouge, fil.

843. — Correspondance de Henri d'Escoubleau de
Sourdis, archevêque de Bordeaux, chef des Con-
seils du Roi en l'armée navale, commandeur du S.
Esprit, primat d'Aquitaine, etc., augm. des ordres,

instructions et lettres de Louis XIII et du card. de
Richelieu, à M. de Sourdis, concern. les opérations
des flottes françaises de 1636 à 1642, et accomp.
d'un texte hist., de notes et d'une introduct. sur
l'état de la marine en France sous le ministère du
card. de Richelieu, par Eug. Sue. *Paris*, 1839,
3 vol. in-4, dem.-rel., v. antiq.

844. — Lettres, instructions diplomatiques et papiers
d'Etat du Cardinal de Richelieu, rec. et publ. par
Avenel. *Paris*, 1853-77, 8 vol. in-4, br. et cart.,
non rogn.

845. — Richelieu et les ministres de Louis XIII, de
1621 à 1624, la cour, le gouvernement, la diploma-
tie, d'après les archives d'Italie, par B. Zeller. *Paris*, 1880, in-8, br.

846. — Catalogue analytique par ordre chronologi-
que des manuscrits historiques (relatifs aux événements du règne de Louis XIII), de la Bibliothèque Impériale. 1610-1628, 2 vol. in-fol., dos de
toile.

MANUSCRIT de M. Ad. Pérard.

B. — *Détails de l'histoire du règne de Louis XIII. — Poésies et
pamphlets historiques de l'époque. — Relations de combats, sieges
et batailles.*

847. — Recueil de 4 pièces de l'année 1610, en un vol.
pet. in-8, cart. à la Brad.

Déclaration du Roy sur les Edicts de Pacification. *Paris*, 1610. —
Edict du Roy conten. règlement sur le faict des eaues et forests, che-
mins publics, entretenement des rivières, turcies et levées, avec création d'officiers, attribution et augmentation de gages et hérédité à
aucuns officiers desd. forests en janvier 1583. *Paris*, 1610. — Fides
Regia, Silvæ extemporalis fragmentum, ad virum illustrem Joann. Du-
retum doctor. medicum, carmen auctore Nic. Borbonio. *Parisiis*, 1610.
— Remonstrances très humbles à la Royne Mère Régente en France
pour la conservation de l'Estat pendant la minorité du Roy, son fils
(par Nicolas Pasquier, fils d'Etienne Pasquier). *Paris*, 1610.

848. — Pièces historiques du règne de Louis XIII,
sans date. — 10 pièces pet. in-8, dérel.

Complainte au Roy, sur la Pyramide. — Prosopopée de la Pyramide du Palais. — La Magie des Favoris. — Lettre de Monseign. le duc de Sully, au Roy (datée de St-Maixent, le 29 déc. 1615). — Le Miroir du temps passé à l'usage du présent, à tous bons Pères religieux et vrays catholiques non passionez. — Les Alarmes. — Cassandre françoise. — Séjanus françois. — Etc.

849. — **Douze pièces diverses. 1610-1617, dans un cart. pet. in-8, dem.-rel.**

Lettre de M. de Rosny, à la Royne Régente. *S. l.*, 1611. — Le Pater Noster des Catholiques (en vers). *S. l.*, 1611. — Le Confiteor des Catholiques (en vers). *S. l.*, 1611. — L'Ave Maria des Catholiques (en vers), avec sa suite. *S. l.*, 1611. — Salutation Angélique (en vers) ou advis, dédiée à la Royne Régente par les François. *S. l.*, 1611.— Lettre de Monseign. le Cardin. Du Perron envoyée au sieur Casaubon en Angleterre. *Paris*, 1612. — Arrest du Conseil d'Estat sur le règlement général des tailles pour la descharge des pauvres habitans des paroisses de ce royaume. *Paris*, 1613. — Lettre du Roy aux gouverneurs de ses provinces. *Paris*, 1617. — Arrest de la Cour de Parlement pour l'observation de l'Edict des Monnoyes portant défenses de les mettre à plus haut prix qu'il n'est porté par ledict édict. *Orléans*, 1617.— Etc.

850. — **Présentation de M. de Montmorancy en l'office d'admiral de France.** *Paris, D. du Val*, **1612, pet. in-4, vél. marbr.**

851. — **Fiançailles et mariage de Louis XIII. — 6 pièces des années 1614-1615, dans une liasse pet. in-8.**

Articles et conventions arrestées en France par l'illustrissime seigneur duc de Pastrana et le seigneur Don Inigo de Cardenas, ambassadeur ordinaire du Roy catholique sur le mariage de Dom Philippe, prince d'Espagne, et Madame Elizabeth de France. *S. l.*, 1614. — Disc. sur les mariages de France et d'Espagne, contenant les raisons qui ont meu Monseign. le Prince. *S. l.*, 1614. — Nouvelles d'Espagne envoyées à une grand'Dame de la Cour par un gentilhomme françois y estant le 15 de ce mois sur ce qui s'est passé en la ville de Madrid à la réception de M. le Commandant de Sillery, ambassadeur extraordinaire pour le Roy vers Sa Majesté Catholique. *Paris*, 1615. — La rencontre de Henry-le-Grand au Roy, touchant le voyage d'Espagne. 1615. — Les terreurs paniques de ceux qui pensent que l'alliance d'Espagne doive mettre la guerre en France. *Paris*, 1615. — L'accomplissement des alliances de France et d'Espagne. *S. l.*, 1615.

852. — **Recueil de 8 pièces de l'année 1614, en 1 vol. pet. in-8, dem.-rel., toile.**

Lettre de Perroquet aux enfans perdus de France. *Paris*, 1614. — Le courier général de la paix. *Paris*, 1614. — Les XVI propositions de Pierre Boutiquier, surnommé le Pacifique, qu'il soutiendra sur les XVI articles de la paix, déd. aux XVI quartenaires de la ville, cité et université de Paris. *Paris*, 1614. — Le tableau de tous les traitez de la paix ou l'abrégé de l'histoire de ce temps. *Paris*, 1614. — Articles de la paix. *Paris*, 1614. — Le project des princip. articles de la paix et le choix du lieu désigné pour la tenue des prochains Estats. *Paris*, 1614. — Le triomphe de la paix faicte entre Nosseign. les Princes. *Paris*, 1614. — Résolution à la paix et au service du Roy. *Paris*, 1614.

853. — Poitiers. — 8 pièces des années 1614-15. Pet. in-8, cart.

Libre discours sur les mouvemens derniers de la France et particulièrement de Poictou. *S. l.*, 1614. — Procès-verbal de la révolte faicte par MM. de Poictiers à leur gouverneur. par M. le duc de Roannès. *S. l.*, 1614. — Lettre de M. de Bouillon à M. le Prince sur l'affaire de Poictiers. (1614). — Remerciement au Roy par les habitans de la ville de Poictiers sur le soing que Sa Majesté a eu de leur conservation. *Paris*, 1614. — Lettre de M. le Prince envoyée à la Royne touchant le refus à luy faict en la ville de Poictiers. *S. l.*, 1614. — La justice que Monseign. le Prince demande à la Royne de la rébellion de Poictiers. *S. l.*, 1614. — Copie de la lettre de la Royne escrite au lieuten.-général. maire de la ville de Poictiers, le 5 juillet 1614. — Etc.

854. — Lettre escrite à Monseign. le Prince par le sieur de Nervèze. *Paris, Touss. du Bray*, 1614, plaquette pet. in-8, cart. à la Brad.

855. — La response à la lettre de M. le Prince envoyée à MM. du Parlement de Bordeaux. *Paris*, 1614, pièce pet. in-8, cart.

856. — Lettre de la Royne au Parlement de Bretagne. *Paris*, 1614, pièce pet. in-8, cart.

857. — Discours sur le traité de Soissons. *S. l.*,1614, pièce pet. in-8, cart.

858. — Articles de la paix, accordez par le sieur duc de Vantadour, pair de France et lieutenant pour le Roy au gouvernement de Languedoc, les sieurs de Thou, Jannin, de Boissize et de Bullion, tous conseillers au Conseil d'Estat et commissaires deputez par Sa Majesté à Monseign. le Prince de Condé, premier prince du sang, tant en son nom que des autres princes, officiers de la couronne et seigneurs qui l'ont assisté, soit présens ou absens. *Jouxte la copie imprimée à Paris par F. Morel*

et P. Mettayer, 1614, plaquette pet. in-8, dem.-rel.,
v. br.

859. — Le triomphe de la paix faicte entre le Roy et
Nosseign. les Princes. *Paris*, 1614, pièce pet. in-8,
cart.

860. — Libre harangue faicte par Mathault en la présence de M. le Prince en son chasteau d'Amboise,
le 16 de juin 1614. *S. l.*, 1614, pièce pet. in-8, couv.
en pap.

861. — Pièces historiques de l'année 1614. — 35 pièces pet. in-8, dérel.

> Articles accordez par le sieur duc de Ventadour, lieuten. pour le Roy
> en Languedoc, à Monseign. le Prince de Condé. — Discours de Maistre
> Jean Jouffu sur les débats et divisions de ce temps. — Le Réveil de
> Maistre Guillaume aux bruits de ce temps. — Ennuis des paysans cham-
> pestres, adressés à la Royne Régente. — Le vieux Gaulois à MM. les
> Princes. (2 éditions différentes, l'une avec le portrait du vieux Gaulois
> gravé sur bois, l'autre sans portrait). — Le citoyen françois ou le cour-
> rier des bonnes nouvelles de la Cour. 1614. — Lettre de Mgr le Cardi-
> nal du Perron à Monseign. le Prince. — Complainte de la France sur
> la rumeur de la guerre civile. — Le soldat désarmé. — Le manifeste de
> M. le Prince, envoyé à M. le Cardinal de Joyeuse. — Elégie ou com-
> plainte sur l'estat des affaires de ce temps. — Epistre de M. le prési-
> dent de Thou, au Roi. — Advis au Roy sur la réformation générale des
> abus qui se commettent en son royaume. — Etc., etc.

862. — Règne de Louis XIII. — 11 pièces historiques. Pet. in-8, dem.-rel. ou cart. à la Brad.

> Advis sur le départ de leurs Majestez. *Paris*, 1614. — Advis à Mon-
> seign. le Prince. *S. l.*, 1614. — Disc. sur la lettre de M. le Prince. *S.
> l.*, 1614. — Lettre du Roy avec l'ordonnance dud. seigneur portant
> deffences de lever ny assembler aucunes troupes sans commission et
> exprès commandement de Sa Majesté. *Paris*, 1614. — Advertissement
> à la France touchant les libelles qu'on sème contre le gouvernement de
> l'Estat. *S. l.*, 1615. — Discours sur un tableau de guerre et sur la ren-
> contre d'une espée d'or. *Paris*, 1615. — Advis à M. le Prince. *S. l.*,
> 1615. — L'heureuse trompette pour la paix, adressée à Monseign. le
> Prince de Condé. *Paris*, 1615. — Déclaration de la volonté du Roy,
> adressée à Nosseign. de sa Cour de Parlement sur son voyage. *S. l.*,
> 1615. — Advis à MM. de l'Assemblée. *S. l.*, 1617. — Remonstrance
> à Monsieur par un François de qualité. *S. l.*, 1631.

863. — Advis aux Trois Estats de ce royaume sur les
bruits qui courent à présent de la guerre civile.
Jouxte la copie imprimée à Bloys; à Paris,

chez P. Chevalier, 1614, pièce pet. in-8, dem.-rel.,
m. r.

10 -,, 864. — Recuil (*sic*) de ce qui s'est observé et passé
durant la tenue des Estatz Généraulx à Paris con-
voquez par le commandement du Roy commencez
le vingt-sept octobre mil six cens quatorze et finis
le vingt-troisyesme febvrier Mil vi c quinze. — In-
fol., vél.

> Manuscrit du temps d'une belle écriture, composé d'environ 300 pag.
> — A la fin on trouve un plan manuscrit et explicatif très détaillé de l'or-
> dre dans lequel les Etats-Généraux de 1615 ont été tenus, avec l'indi-
> cation de la place occupée par chaque député.

20, 865. — Recueil journalier de ce qui s'est négotié et
arresté en la Chambre et compagnie du Tiers-
Estat de France en l'assemblée générale des Trois
Estats, premièrement assignez par le Roy en la
ville de Sens au xvii septembre 1614, et depuis
transferez par Sa Majesté au xvii octobre en suivant en la ville de Paris. — Edit du mois de juillet 1618 dressé sur les cahiers des Estats tenus à
Paris l'an 1615 et sur ceux de l'assemblée des Notables tenue à Rouen, l'an 1617. — De l'origine de
la convocation des Trois Estats de France qui
estoit jadis sous la première et seconde lignée de
nos Roys. 1651. — 3 part. en un vol. in-fol., v.
fauve, fil. (*Rel. ancienne*).

> Manuscrit du xviie siècle, d'une belle écriture et parfaitement con-
> servé, composé d'environ 500 pages.

26-, 866. — Recueil très exact et curieux de tout ce qui
s'est fait et passé de singulier et mémorable en
l'assemblée gén. des Estats tenus à Paris, en l'année 1614, par Florimond Rapine, Sr de Fouche-
rainne et Lathenon, conseiller et premier advocat
du Roy au bailliage de St-Pierre le Moustier. *Paris,*
1651, 2 part. en 1 vol. in-4, v. gr.

> Exemplaire aux armes de Fevret. — Il provient de la bibliothèque
> de Louis-Philippe, et porte sur le titre le timbre de la Bibliothèque du
> Palais-Royal.

1-, 867. — Etats-Généraux de 1614 considérés sous le

point de vue politique et littéraire, par Aug. Poirson. *Paris, s. d.*, in-8 de 57 pag., br.

868. — Pamphlets de l'année 1615. Un vol. pet. in-8, cart.

Le Cayer général des remonstrances que l'Université de Paris a dressé pour présenter au Roy en l'Assemblée générale des Trois Ordres de son royaume qui de présent se tient à Paris, iceluy cayer délibéré et receu tant du recteur que des doyens et docteurs des Facultez et des procureurs des Nations en la congrégation solemnelle de lad. Université tenue aux Maturins le 13 déc. 1614. *S. l.*, 1615, 38 pag. — Discours sur la réception du Concile de Trente en France. *S. l.*, 1615 (32 pag.). — L'Image de la France représentée à MM. des Estats avec la réfutation d'un libelle intitulé : Le Caton François faict contre ceux qui maintiennent la religion et l'Estat. *S. l*, 1615 (136 pag.).

869. — Etats-Généraux de 1614-1615. — 30 pièces pet. in-8, dérel.

A Messieurs des Estats. — Le Diogène françois. — Response au Diogène françois — L'Image de la France représentée à MM. des Estats, avec la réfutation d'un libelle intitulé : Le Caton françois, faict contre ceux qui maintiennent la religion et l'Estat. *S. l.*, 1615. — Le Caton et Diogène françois pour apologie contre un traict de l'image de la France où est représenté la réfutation du Caton françois. 1615. — Le premier article du cahier général du Tiers Estat de France assemblez à Paris aux Augustins en l'année 1614. — La Gazette des Estats et de ce temps du seign. Gio servitour de Piera Grosa. 1615. — Discours d'un gentilh. franç. à la Noblesse de France sur l'ouverture de l'assemblée des Estats-Généraux dans la ville de Paris en ceste année 1614. — Advis, remonstrances et requestes aux Estats-Généraux tenus à Paris, 1614, par six paysans. — Des Estats-Généraux de France avec ouverture des moyens d'une bonne réformation pour le bien du service du Roy et de son Estat, utilité, commodité et soulagement de son peuple. 1615. — Lettre de N. S. P. le Pape escrite à MM. du Clergé députez aux Estats de ce royaume. — Advis à un des grands de ce royaume sur la harangue faite au Tiers-Estat, le 2 janvier 1615, par Monseign. le Cardinal du Perron, touchant la puissance du Sainct-Père sur les princes souverains. 1615. — Advis aux Trois Estats de ce royaume sur les bruits qui courent à présent de la guerre civile. 1614. — Le Financier à MM. des Estats. 1614. — Article de l'Eglise apporté au Tiers Estat par Monseigneur. l'évesque de Mascon. 1615. — Etc., etc.

870. — Chronologie des Estats-Généraux où le Tiers-Estat est compris, depuis l'an MDCXV jusques à CCCCXXII, au Roy très chrestien Louis XIII, par J. Savaron, lieuten.-génér. en la seneschaussée d'Auvergne et siège présidial à Clairmont. *Paris*, 1615, pet. in-8, dem.-rel., v. fauve.

871. — Paris. — 2 pièces pet. in-8, dérel.

> Les protestations de la ville de Paris faites au Roy sur son voyage. *Paris*, 1615. — Les privilèges donnez par le Roy aux bourgeois de Paris en faveur des bons services par eux faicts à Sa Majesté. *Paris*, 1615. *(Les 2 prem. feuillets de cette pièce fatigués)*.

872. — Copie de la lettre sur la remonstrance faicte au Roy à la conclusion des Estats, le samedy 21 febvrier, par Monseign. l'archevesque de Lyon, député du Clergé de France, en faveur de MM. les évesques et autres ecclésiastiques du pays de Béarn. *S. l.*, 1615, pièce pet. in-8, dem.-rel., toile lustrée.

873. — L'image de la France représentée à MM. des Estats, avec la réfutation d'un libelle intitulé le Caton François faict contre ceux qui maintiennent la religion et l'Estat, le tout divisé en 3 parties. *S. l.*, 1615, pet. in-8 de 136 pag., cart.

874. — Anatomie des Trois Ordres de la France sur le sujet des Estats. *S. l.*, 1615. — Le Financier à MM. des Estats. *S. l.*, 1615. — Le Matois Limousin. *S. l.*, 1615. — Le Censeur, discours d'Estat pour faire voir au Roy en quoy Sa Majesté a esté mal servie. *S. l.*, 1615. — Le Philothémis. *S. l., n. d.* — Ens. 5 pièces en 1 vol. pet. in-8, v. marbr.

875. — Le Patois Limousin à M. le Prince. *S. l.*, 1615, pièce pet. in-8, dem.-rel., toile lustrée.

876. — Le gentil-homme Bourguignon. *Paris*, 1615, pièce pet. in-8, dem.-rel., toile lustrée.

877. — Pièces historiques de l'année 1615. — 32 pièces pet. in-8, dérel.

> Arrest de la Cour de Parlement contre le prince de Condé et autres princes, seigneurs et gentilshommes qui, sans permission du Roy et contre son auctorité, ont pris les armes et commettent toutes sortes d'hostilité qui vont à la ruine et désolation de son pauvre peuple. — Copie de la lettre de N. S. Père le Pape envoyée à Monseign. le Prince de Condé en responce de celle que ledit sieur prince avoit escripte à Sa Saincteté pour luy faire trouver bonnes ses armes. 1615. — Arrest de la Cour pour le règlement des arrérages et rentes de la ville (de Paris). — Discours sur l'estat présent des affaires de France. — L'heureuse

trompette pour la paix, adressée à Mgr le Prince de Condé.— Lettre du
Marquis de Bonnivet, envoyée à M. le Prince de Condé. — Discours
sur les conférences faites entre Monseigneur le Prince, M. de Villeroy
et autres députez de leurs Majestez. — Lettre de Mgr le duc de Longueville au Roy. — Lettre de Monseign. le Prince envoyée au Roy et à
la Reyne par le sieur de Marcognet.— Déclaration de la volonté du Roy
adressée à Nosseigneurs de sa Cour de Parlement sur son voyage. —
L'Héraclite Parisien aux pieds du Roy. — Le bon ange de la France
adressé à la Royne, mère du Roy, contre les perturbateurs de son repos. — Le Censeur, discours d'Estat pour faire voir au Roy en quoy Sa
Majesté a esté mal servie. — Extrait des registres de la Cour touchant
ce qui s'est passé en l'affaire de M. d'Espernon. — Advis salutaire
donné au Cardinal de Sourdis pour sagement vivre à l'advenir. — Le
Catholique christianizé. — Le protecteur des Princes, dédié à la
Royne. — Response à la lettre d'un gentilhomme sur les prétextes de
la guerre sur l'advis qu'il lui demande à sçavoir s'il doit suivre le party
de M. le Prince. — Etc., etc.

878. — **Béarn, Navarre.** — 3 pièces pet. in-8, dérel.
Arrest du Parlement de Béarn pour se venir conjoüir de l'heureux
mariage du Roy, avec la princesse d'Espagne, avec la déclaration criminelle contre ceux qui prendront les armes contre Sa Majesté. *Paris,*
1615. — Le fidèle Béarnois, au Roy. *S. l.,* 1617. — Le Bon Navarrois
aux pieds du Roy. *S. l.,* 1615.

879. — **Les colloques du curé de Coussi aux François,** touchant les alliances d'Espagne. *S. l.* (1615),
pièce pet. in-8, cart.

880. — **L'Ombre de Henry-le-Grand,** au Roy. *S. l.,*
1615, pet. in-8 de 96 pag., couv. en pap.

881. — **Le Confiteor de Henry-le-Grand,** dédié au
Roy Louis XIII. *S. l., n. d.* — Les Mânes de
Henry-le-Grand, se complaignant à tous les Princes, peuples de ce royaume, et à tous les potentats
ses alliez durant son règne. *S. l.,* 1615. — Révélation ou suite des Mânes d'Henry-le-Grand, à la
France. *S. l.,* 1616. — Ens. 3 pièces pet. in-8, dérel.

882. — **La chemise sanglante de Henry-le-Grand.** *S.
l.,* 1615. — La rencontre de Henry-le-Grand au
Roy touchant le voyage d'Espagne. *S. l.* (1615). —
Ens. 2 pièces pet. in-8, dérel.

883. — **Copie de la lettre de Nostre Sainct Père le
Pape** envoyée à Monseign. le Prince de Condé en

responce de celle que led. sieur Prince avoit escripte à Sa Saincteté pour luy faire trouver bonnes ses armes. *Paris*, 1615, pièce pet. in-8, dem.-
rel., mar. viol.

884. — Lettre du prince d'Orange, èn forme de remonstrance, envoyée au nom des Seigneurs des
Estats de Hollande à M. le Prince de Condé. *Paris*,
1615, pièce pet. in-8, cart.

885. — Les mémoires de ce qui s'est passé à Creil
près Clermont en Beauvoisis pendant le séjour de
M. le Prince. *Paris*, 1615, pièce pet. in-8, cart.

> Relation d'une joute ou concours à l'arquebuse, donnée à Creil. « Le
> prix destiné aux vainqueurs et aux gaignans plus dextres et adroicts fu-
> rent deux enseignes de diamans et pierreries de la valeur et estime de
> cinq à six mille francs.... Les villes deffiéez pour le gain du prix proposé
> furent Mante, Pontoise, Senlis, Luzerche, Verbery, S.-Leu, Beaumont
> et Clermont... » — Ce furent ceux de Beaumont qui remportèrent le
> prix. — Pièce rare et curieuse. — On y trouve le nombre des tireurs
> concurrents de chaque localité, et les détails de l'habillement, ainsi que
> l'enseigne de chaque compagnie.

886. — La description de tout ce qui s'est passé en
Champagne depuis le partement du Roy et spécia-
lement sous la conduite de M. le Marquis de la
Vieuville, lieutenant pour Sa Majesté audit pays
entre les rivières de Marne et de Meuze, ensemble
de la reprise de Neuf-Chastel et de ce qui s'est
passé entre les mauvais desseins de Poitrincourt
envers led. sieur Marquis en la reprise de Méry-
sur-Seine. *Paris*, 1615, pièce pet. in-8, cart.

887. — Deffaite des compagnies de M. d'Armantir,
capitaine pour MM. les Princes, par M. le Marquis
de la Viville. *Paris*, 1615, pièce pet. in-8, cart.

> Escarmouche livrée à Neufchastel, « bourg très fort, distant de
> Rheims, de six lieues. »

888. — Les desseins de M. le Prince envoyez au Roy,
et ce qui s'est passé entre les deux armées, ensuite, ce qui est arrivé ès deux journées du passage
de la rivière de Loire (à Bonny et à Neuvy). *Paris*,
1615, pièce pet. in-8, cart.

889. — Discours de ce qui est arrivé entre l'armée de
M. le mareschal de Bois-Dauphin et celle de
MM. les Princes passans la rivière de Loire. *Pa-*
ris, 1615, pièce pet. in-8, cart.

890. — La deffaicte des troupes de M. le prince de
Condé faicte entre Melle et S.-Maixent par les
sieurs de la Salle, du Bourg et de Fourilles, capitaines des gardes de Sa Majesté, le lundy dernier
de novembre. *Paris*, 1615, pièce pet. in-8, cart.

891. — Le Croquant de Poictou. *S. l.*, 1615, pièce
pet. in-8, cart.

892. — La deffaicte des Reistres et autres troupes de
M. le Prince de Condé faicte par Monseign. le duc
de Guise devant la ville de Saincte-Foy, assiégée
par les troupes dudict sieur Prince. *Paris*, 1615,
pièce pet. in-8, cart.

893. — La révolte du pays de Gascogne contre le duc
de Rohan et ses alliez, extr. d'une lettre escrite le
sixiesme de décembre par un gentilhomme de Pamiers à un sien dans Paris. *Paris*, 1615, pièce pet.
in-8, cart.

894. — Duc de Savoye. — 3 pièces de l'année 1615,
pet. in-8, dérel.

> La trefve accordée entre le Roy d'Espagne et le duc de Savoye, avec
> les ambassades envoyées vers Sa Majesté très chrestienne pour termi-
> ner leur différend à la paix. *Paris*, 1615. — Articles de la paix esta-
> blie entre le roy d'Espagne et le duc de Savoye, le 21 de juin 1615.
> *Paris*, 1615. — Advis salutaire du duc de Savoye à M. le prince de
> Condé. *S. l.*, 1615.

895. — Lettres de MM. de l'assemblée de Grenoble
envoyées au Roy et à la Royne par les députez,
datée d'aoust 1615, plus la harangue de M. de La
Haye, envoyé de la part de Monseign. le Prince de
Condé en l'assemblée générale de Grenoble, prononcée le 16 d'aoust 1615, avec la lettre dud. prince
à MM. de La Rochelle et le serment de fidélité

qu'il a fait faire à son armée. *S. l.*, 1615, pet. in-8,
dem.-rel., toile lustrée.

Pièce très rare. — Exemplaire du ministre protestant BOCHART, avec sa signature au bas du titre.

896. — La Ligue resusitée (*sic*). *S. l., n. d. (Paris, vers* 1616). — La Ligue renversée ou response à la Ligue ressuscitée. Qu'est-ce que Ligue ? *S. l., n. d.* (*vers* 1616). — 2 pièces réunies en 1 plaq. pet. in-8, dem.-rel., mar. rouge.

La *Ligue renversée* est une pièce historique fort curieuse. Elle est signée *Ja. Maingova*. L'auteur paraît être Rouennais ou tout au moins habitait Rouen à l'époque des guerres de religion. A propos de la révolte du prince de Condé, « fils du premier Ligueux que dessus, » il rappelle les excès commis par les protestants quarante ou cinquante ans auparavant, et justifie la Saint-Barthélemy à sa manière. Pour assombrir le tableau, il entre dans des détails circonstanciés sur les désordres et les pilleries qui eurent lieu à Rouen et aux environs en 1561 et 1562. Il en fait le narré en témoin oculaire. « De tout le mal qu'ils (les Protestants) ont fait par la France, je n'en peux estre tesmoin oculaire, seulement que des ruines et cessation du service divin, mais de ce qu'ils ont fait à Rouen. j'en puis rendre bon tesmoignage.» Il fait mention aussi de protestants tués par surprise en 1571, au retour du presche de Boudeville. « Ces excès, dit-il, avaient été prédits par un passant en la façon qui se suit : L'an 1557, il vint un homme en la ville de Rouen, vestu d'une robe de gros drap gris. nud pied et nud teste, cheminant les bras croisez et n'usoit pour viande que du pain... et estoit logé en la rue Ste-Croix des Pelletiers chez une pauvre vefve. Il alloit prescher à Nostre-Dame, se mettant non pas en chaire, mais debout à l'entrée de la porte du chœur, puis il fut au Pallais, au Neuf-Marché et autres lieux publics de la ville et ses exhortations duroient quelque peu moins de demie-heure. blasmant les vices des ecclésiastiques, des officiers de la justice, des marchands et du commun peuple, exhortant chacun en son endroict de faire pénitence, leur disant : amendez-vous, car si vous ne le faites pas, Dieu courroucé contre vous permettra vostre ville abysmer dans cinq ans... Je suis nommé Jean, natif de Lyon, envoyé de Dieu pour vous advertir... »

897. — EDIT DE PACIFICATION de paix donné à Blois par le Roi Louis XIII, de l'autorité et avis de la Reine Régente et de tous les princes de la Cour et de son Conseil en faveur de M. le Prince de Condé et de tous ceux qui avaient suivi son party tant de la Religion prétendue Réformée que de la catholique qui sont tous restablis et renvoyés dans leurs états, biens et fonctions avec rémission et imposition de

silence, cessation de poursuites et autres procédures extraordinaires commencées à ce sujet. *Blois, 6 mai 1616.* — Cahier de 22 feuillets sur parchemin.

> MANUSCRIT ORIGINAL avec signature du roi Louis XIII. — C'est une des copies officielles envoyées aux Parlements de province pour y être enregistrées. Celle-ci a été envoyée à la Chambre des Comptes de Normandie et a été enregistrée le 7 août 1616.

898. — L'avan-coureur des oppressez de la France.— *Imprimé à Niort, par le sieur de la Quadrature, 1616, pet. in-8, cart.*

> Pièce rare contre le marquis d'Ancre et l'assassinat commis sur le gouverneur d'Amiens. Elle se termine par cette requête de l'auteur : « Plaise à votre Majesté d'envoyer lettres d'autorisation... pour faire procéder à l'encontre de ceux qui témérairement ont voulu attenter à la personne de M. de Longueville dans la ville d'Amyens et aussi à l'encontre du soldat italien de la garnison de la citadelle qui a tué et assassiné la personne du sieur de Prouille, sergent-major dudit sieur de Longueville en ladicte ville d'Amyens... »

899. — Remonstrance très humble présentée au Roy par ses subjects de la province de Picardie, sur le faict de la citadelle d'Amyens. *S. l., may 1616, pet. in-8 de 16 pag., cart.*

> Dans cette pièce l'auteur fait un intéressant historique de la citadelle d'Amiens et par toutes sortes de bonnes raisons conclut à son rasement comme « en sa situation tout à fait nuisible, inutile et périlleuse à la France. »

900. — Une révolte à Péronne sous le gouvernement du Maréchal d'Ancre l'an 1616, avec des documents inédits, publ. par Alfr. Danicourt. *Péronne, 1885, pet. in-8, portr., pap. de Holl., br.*

> Publication à petit nombre, faite avec soin.

901. — Pièces historiques de l'année 1616. — 12 pièces pet. in-8, n. rel.

> Le Manifeste et déclaration de M. le duc de Guyse sur son absence. — L'ordre tenu en la déclaration du Roy sur la détention de la personne de M. le Prince. — Le Catolicon François par l'admirable Guillot Le Songeur. — Déclarat. du Roy sur l'arrest fait de la personne de Monseign. le Prince de Condé et sur l'eslongnement des autres princes, seigneurs et gentils-hommes. — Le hérault d'armes à M. le duc de Vendosme. — Disc. vérit. des affaires présentes envoyé au Roy de la Grand' Bretagne par un certain quidan de la Cour du très chrestien Roy

de France et de Navarre. — Seconde remonstrance très humble des officiers de finances. — Edict du Roy pour la pacification des troubles de son royaume. — Etc., etc.

Notice 902. — Extraict du manuscript trouvé après la mort de M. le duc d'Aumalle en son cabinet, iceluy estant signé de sa main, pour aprobation d'iceluy, et cacheté de ses armes. *S. l.*, 1616, pièce pet. in-8.

903. — Lettre escrite au Roy par le sieur du Plessis-Mornay, du 26e apvril 1617. *Paris*, 1617, pièce pet. in-8, dem.-rel., toile lustrée.

904. — Discours touchant la prise des villes et chasteaux de Chasteau Porcien et Pierrefonds par MM. le duc de Guise et comte d'Auvergne, par P. D. C. S. D. N. *Rouen*, 1617, pièce pet. in-8, cart.

905. — Assault et prinse de la ville de Sainct-Damien, plus la prinse du chasteau de Garennes et de la ville d'Albe, renduz par composition, avec les capitulations et dénombrement des gens de guerre et du canon. *Lyon*, 1617, pièce pet. in-8, cart.

906. — La conjuration de Conchine. *Paris, P. Roco-let*, 1618, in-8, vél.

> Exemplaire grand de marges et dans sa première reliure. — « Attribué à Pierre Mathieu par le *Catalogue Leber*. Par Michel Thévenin, d'après le P. Lelong.» Cette attribution paraît motivée par le privilège de l'édition de 1619 en faveur du libraire Mich. Thévenin. La première attribution est beaucoup mieux confirmée par les termes de l'épître dédicatoire. » (BARBIER. *Dict. des Anonymes*).

907. — La conjuration de Conchine. *Paris*, 1618, in-8.

> Cet exemplaire est piqué et fortement mouillé, mais il est curieux par sa provenance. Il a appartenu à GUY PATIN et porte sur le premier feuillet blanc de garde cette mention autographe du célèbre docteur : *Ex libris Guidonis Patin Bellovacens. Lutetiæ studentis in medicina sub DD. Michaele Seguino doctore medico, professore regio Saluberrimæ Facultatis Decano et D. Ren. Moreau Andegav. doct. medico et Scholarum profess. ord.* 1623. Plus loin, sur la page en regard du titre, on lit ces deux vers latins qui semblent faire allusion à son exil :
>
> *Post atramentum data fuit absinthia nobis*
> *Sed dubium quæ sit potio amara magis.*

908. — Pièces historiques des années 1617-18. —
9 pièces pet. in-8, dérel.

> Arrest de la Cour de Parlement contre le Mareschal d'Ancre et sa femme, prononcé et exécuté à Paris le 8 juillet 1617. — Response au manifeste publié par les perturbateurs du repos de l'Estat. — Advis à Messieurs de l'Assemblée. — Lettre de M. le duc de Mayenne au Roy. — Remerciement à M. le Mareschal de Vitry par les bons François. — Heureux augures au Roy de sa victoire remportée sur un monstre. — Lettre du Roy aux gouverneurs de ses provinces. — Les présages du bonheur du Roy et de la France.

909. — La Merveille royale de Louys treisiesme, roy de France et de Navarre, par le sieur de M. M., gentilhomme ordinaire de la Chambre de Sa Majesté. *Paris, Jos. Gueneau*, 1617, pièce pet. in-8, couv. en pap.

> A la fin : *Sonnet en forme d'épitaphe sur le trespas du traistre Concino, à l'estranger passant.*

910. — Déclaration de ce qui s'est passé sur le restablissement de la religion catholique, apostolique et romaine au pays de Béarn, avec le discours du tremblement de terre et autres prodiges qui y sont arrivez. *Paris*, 1618, pièce pet. in-8, cart.

911. — Lettres de MM. les chancelier, garde des sceaux et président Jeannin escrites à la Royne Mère. *Paris*, 1619, plaquette pet. in-8, cart. à la Brad.

912. — Déclaration de la volonté du Roy sur le départ de sa très honorée dame et mère du chasteau de Blois et de ce qui s'est ensuyvi en conséquence d'iceluy. *Orléans, Fab. et Sat. les Hotots*, 1619, pièce pet. in-8, cart.

913. — Pièces historiques de l'année 1619. — 25 pièces dans une couvert. pet. in-8, vél.

> Lettres patentes du Roy portant défenses de faire aucunes levées, ny amas de gens de guerre sous quelque prétexte que ce soit, sans commission de Sa Majesté. — Lettre de Cléophon à Polemandre sur les affaires de ce temps, avec un advertissement aux lecteurs. — L'accueil des François sur la liberté donnée par le Roy à Monseign. le Prince. — Extrait des raisons et plaintes que la Royne-Mère du Roy fait au Roy, son fils. — Traicté de la paix par l'heureux accord et amiable réconci-

liation du Roy avec la Royne, sa mère. — Le pourparler de M. le Prince à son arrivée vers Sa Majesté. — Articles accordez par MM. le Cardinal de La Rochefoucauld et de Béthune, au nom du Roy, à la Royne Mère. — Lettre de la Royne-Mère à M. le duc de Rohan. — Lettre de M. l'admiral de Montmorency envoyée au Roy. — Le Songe ou démon véritable sur l'estat de la France. — Lettres de MM. les chancelier, garde des sceaux et président Jeannin escrites à la Royne-Mère. — Mémoires envoyés de la Cour le 17 de ce mois sur l'accommodement des princes et seigneurs et estat présent des affaires de France, ensemble les résolutions de l'entrevue de Sa Majesté avec la Royne sa mère et Monseign. le Prince de Condé à Fontainebleau, le douziesme du mois d'aoust prochain — La nouvelle asseurée et agréable sur l'eslargissement de Monseign. le Prince de Condé. — Remerciement au Roy sur la délivrance de M. le Prince. — Lettre et advis sur les affaires de ce temps envoyée à M. de Luynes par un très fidèle serviteur du Roy et grandement amateur du repos public. — Les humbles supplications de la Royne Mère au Roy. — Etc., etc.

914. — La lettre du Roy envoyée à M. le duc d'Espernon, ensemble la première et dernière response dudict sieur d'Espernon au Roy. *Paris*, 1619, pièce pet. in-8, cart.

> La première réponse de Louis de la Valette, duc d'Espernon, est datée de *Metz, 17 janvier* 1619 ; la seconde porte la suscription : *du Pont de Vichy*, ce 7 février 1619.

915. — La Roulée du sieur d'Espernon en forme de remontrance et advis salutaire, par un de ses amys. *Paris*, 1619, pièce pet. in-8, couv. en pap.

916. — Le renouvellement des anciennes alliances, et confédérations des maisons et couronnes de France et de Savoye, en la pacification des troubles d'Italie, et au mariage du Sr Amédée prince de Piémont avec Madame Chrestienne sœur de Sa Majesté, par Scipion Guilliet, advocat au Parlement de Dauphiné. *Paris*, 1619, in-4, titre grav. par Matheus, avec plusieurs portr. en méd., vél.

> Bel exemplaire d'un livre rare.

917. — Lettre et advis envoyé au Roy par M. le Mareschal de Bouillon. *Sedan*, 1619, pet. in-8, cart.

> Pièce datée de *Sedan*, ce 4 mars 1619.

918. — La descouverte de l'entreprise de M. le duc de Bouillon sur la cité impériale de Bezançon en la Franche-Comté, selon les lettres escrites du 19 octobre dernier. *S. lieu*, 1620, pièce pet. in-8, cart.

919. — Les Antipodes pour et contre en l'assemblée tenue par permission du Roy à Loudun ès années 1619 et 1620. *S. l.*, 1620, pet. in-8 de 39 pag., cart. à la Brad.

920. — Déclaration du Roy de l'innocence de sa très-honorée dame et mère et de sa volonté touchant son très cher et très amé cousin la Comtesse, sa mère, les princes, ducs, pairs, officiers de la Couronne et tous autres qui ont assisté sadite dame et mère durant ces derniers mouvements. *Orléans, Fab. et Sat. les Holots*, 1620, pièce pet. in-8, cart.

921. — Pièces historiques de l'année 1620. — 18 pièces dans un carton in-8, v. m.

> Le jeu de l'Esbahy des censeurs estonnez. — La Poupée démasquée, adressée au Roy, l'an 1620. — L'enfer estonné à l'arrivée des trois Géryons. — Les Monopoliers ennemys de la France. — Déclarat. du Roy par laq. les princes, ducs et seigneurs y dénommez sont déclarez criminels de lèze-majesté, si dans un mois après la publication des présentes ils ne posent les armes et reviennent trouver sadicte Majesté en personne. — Arrest du Conseil d'Estat du Roy portant reiglement général entre les prévost des marchands et les juges des sièges présidiaux. — Le guidon françois, ensemble Radamante armée de vengeance. — Le favory du Roy. — Lettre de M. le Nonce du Pape à la Reyne Mère du Roy. — Les Pseaumes des Courtisans, dédiés aux braves esprits qui entendent les jars de la Cour. — L'adoration du veau d'or aux bons François. — Etc., etc.

922. — Lettre de M. Du Plessis-Mornay à M. le duc de Montbazon, sur les affaires de ce temps. *A Saumur, par Daniel Lerpinière*, 1620, pièce pet.in-8, cart.

922 *bis*. — Le Comtadin Provençal. *S. l.*, 1620, pet. in-8 de 32 pag., cart.

> Pièce contre le Marquis d'Ancre.

923. — Les Pseaumes des Courtisans dédiés aux braves esprits qui entendent le jars de la Cour. *S. l.*, 1620, pièce pet. in-8, dem.-rel., toile.

924. — Recueil mémorable de tout ce qui s'est faict et passé depuis la réception des chevaliers de l'ordre du S. Sprit (*sic*) en l'année 1620 jusques à présent. *Paris*, 1620, pet. in-8, dem.-rel., toile lustrée.

Ce volume est un recueil de pièces curieuses du temps, parmi lesquelles on trouve les suivantes : Le Noël des Chevaliers. — Le Pasquil des Chevaliers. — Advis au Roy sur le restablissement de l'office de Connestable. — Harangue au Roy par Loys Servin. — L'avant-courier du Guidon François. — L'Ombre du Marquis d'Ancre à la France.— Les admirables propriétez de la Luyne. — Les Resveries de la Royne. — Les contre-veritez de la Cour. — Le monstre à trois testes.— Requeste présentée au Roy Pluton contre M. de Luynes. — Le Comtadin Provençal. —Conseil de Théophile au Roy. — Les souspirs de la Fleur de Lys. — Les trois Harpies. — Etc., etc.

925. — Le restablissement des evesques et ecclésiastiques de Béarn en leurs honneurs, fonctions de leurs charges et jouissances de leurs bénéfices ou suite de l'heureux succez du voyage du Roy. *Paris*, 1620, 15 pag.— Remarques de quelques traicts excellens de la piété du Roy estant en Béarn. *S. l., n. d.* (1620), 110 pag. (Avec un titre de départ seulement). — Au Roy à son retour du Béarn à Paris. *S. l., n. d.*, 22 pag. (Avec titre de départ seulement). — Ens. 3 pièces pet. in-8, couv. en pap.

926. — Le grand et merveilleux accident de feu arrivé en la ville de Bordeaux le 17 décembre dernier par lequel l'arsenal du Roy a esté brûlé avec plusieurs autres ruines de la ville. *Paris, Adr. Bacot*, 1620, pièce pet. in-8, couv. en pap.

927. — Raisons desduites par un des premiers magistrats de Paris, contre les assemblées secrettes tenues en plus. couvents de Paris ès moys de janvier, février et mars, l'an du jubilé 1620, pour adviser aux moyens d'extirper les hérétiques de France, sans endommager les catholiques. *S. l.*, 1621, pièce pet. in-8, couv. en pap.

928. — Récit véritable de ce qui s'est passé à Privas

depuis le 23, 24 et 25 janvier jusques à présent et de l'entreprise sur icelle. *S. l.*, 1621, pièce pet.in-8, cart.

929. — Déclaration sur la réception de Monseign. le duc de Luynes, connestable de France, dans le chasteau royal du Louvre, le 1er avril 1621, par M. I. P. *Paris*, 1621, plaquette pet. in-8, cart.

930. — Lettre du Roy escrite au sieur Mareschal de Bouillon estant à Sedan du quatriesme jour d'apvril 1621, ensemble la response dudict sieur Mareschal de Bouillon à la lettre de Sa Majesté. *S. l.*, 1621, pièce pet. in-8, cart.

931. — Continuation de relation de ce qui s'est passé au second voyage du Roy, depuis le 1 du mois de may 1621, avec la description des villes que le Roy par ses armes a remises en son obeyssance ou qui luy ont volontairement porté les clefs. *A Tolose, par Raim. Colomiez* (1621), pet. in-8, dem.-rel., v. fauve.

> Cette relation, qui est fort rare, s'étend depuis le premier mois de l'année 1621 jusqu'au siège de Clérac, c'est à dire jusqu'aux premiers jours d'août de la même année. Le siège de St-Jean-d'Angély y est raconté avec les plus grands détails. L'historien Bernard a largement puisé dans cette relation qui est très circonstanciée. — Bel exemplaire.

932. — La desroute et deffaitte des troupes du Comte de Chastillon par Monseign. l'admiral de Montmorency, avec la prise des villes d'Aubenas, Dye et Crest rendues à l'obéyssance du Roy, ensemble ce qui s'est passé au pays de Languedoc et Vivarets jusques à présent. *Paris, Isaac Mesnier*, 1621, pièce in-12, n. rel.

> Réimpression faite à Lyon, chez Perrin en 1875. — Exemplaire sur PEAU DE VÉLIN.

933. — Récit véritable de la réduction du Mas-de-Verdun, de l'Isle en Jourdain et de Mauvoisin, au service du Roy par MM. le duc de Mayenne et mareschal de Themines. *Paris*, 1621, pièce pet. in-8, cart.

934. — Le grand et juste chastiment des rebelles de Négrepelisse mis et taillez en pièces et leur ville réduite à feu et à sang par l'armée royale de sa Majesté les 10 et 11 juin 1621. *Paris*, 1622, pièce pet. in-8, cart.

935. — Les ruines et razement des murailles et fortifications de la ville de Cheylar en Vivarets pour la rébellion des habitans d'icelle de la Religion prétendue Réformée les 29 et 30 juillet 1621, avec la deffaicte des troupes huguenotes du païs de Languedoc et Vivarets par M. le duc de Ventadour. *Paris*, 1621, pièce pet. in-8, cart.

936. — Remuemens et alarmes faites en la ville de Paris le dimanche 26 de septembre 1621, avec le massacre faict au Bourg de Charenton près de Paris, bruslement du Temple, fuite de ceux de la Religion par les pages, laquais et autres personnes. *A Paris, chez Jacques Chameau, tenant sa boutique aux Fleurs de Lys*, 1621, pet. in-8 de 16 pag., dem.-rel., mar. r.

Pièce très rare. — Bel exemplaire à toutes marges, absolument non rogné.

937. — Pièces historiques des années 1621-22. — 17 pièces dans un carton pet. in-8, parch.

Advertissement au Roy pour cognoistre la vérité de ceux qui sont cause des troubles de son royaume. 1621. — Discours d'Estat et salutaire advis de la France mourante. 1621. — La rencontre de Fusy avec l'évesque d'Alberstad aux enfers. 1622. — L'anti-manifeste françois, au Roy. 1622. — Accord de la querelle de MM. les ducs de Nevers et prince de Joinville faict par le Roy en présence de MM. les Princes du sang et autres princes. 1622. — Les Matines de la Cour faites par un bon François sur les trahisons descouvertes par MM. de Luynes. 1622. — Le Resveil-Matin des François, touchant les troubles et mouvemens de ce temps. 1622. — La justice des armes du Roy. 1622. — La remonstrance du soldat françois à tous ceux qui font profession de porter l'espée en France pour le service du Roy, sur le sujet de la guerre contre les rebelles. 1622. — Le Courrier fidelle envoyé à la noblesse françoise. 1622. — Advis sur les causes des mouvemens de l'Europe, envoyé aux roys et princes, pour la conservation de leurs royaumes et principautez, faict par Messire Alerimand Conrad, baron d'Infridembourg et comte du Palatinat. 1622. — Francophilie présentée au Roy sur la résolution de son voyage, par le Sr Mangeart, A. (Angevin). 1622. — Le génie des mal-fortunez sous les noms d'Alcidor et Melissandre. 1622. — La lettre du Roy envoyée à MM. les prevost et eschevins de ceste ville de Paris. 1622. — Etc.

938. — Le plan de l'anarchie Rochelloise, fondée sur les sablons de la mer, dressée par Fr. de Fermineau, Sr de Beaulieu, premier advoc. en la Cour présidiale de Nismes. *Toulouse, J. Maffré*, 1621, in-8, vél.

Très rare. — Bel exemplaire dans sa première reliure.

939. — La prise de l'isle de Ré sur les Rochelois par M. le baron de St-Luc, ensemble la nouvelle desroute desdits Rochelois au fauxbourg de la Fon par l'armée du Roy commandée de M. le duc d'Espernon logé à présent audit faux-bourg de la Fon et de quatre cens femmes prises et emmenées prisonnières en ce présent mois d'octobre. *Paris*, 1621, pièce pet. in-8, cart.

940. — De Regis expeditione in insulam de Rié (*sic*) adversus Subisium, per N. Prou des Carneaux. *Parisiis*, 1622, pet. in-16, vél.

941. — Relation véritable de ce qui s'est passé à La Rochelle en la réception de M. de Soubize au retour de Rié (*sic*). *Jouxte la copie imprimée à La Rochelle, chez le Libertin, imprimeur de la ville*, 1622, pièce pet. in-8, cart.

942. — Lettre du Roy envoyée à MM. les prevost des marchands et eschevins de la ville de Paris, touchant la deffaicte du sieur de Soubize (devant l'ile de Ré). *Paris*, 1622, pièce pet. in-8, cart.

943. — Lettre d'un advocat de La Rochelle escrite à un sien ami de la Religion prétendue Réformée de présent à Paris, contenant au vray tout ce qui s'est passé de plus remarquable tant dedans ladite ville qu'aux environs, depuis le 15 avril jusques à présent. *S. l.*, 1622, pet. in-8, cart.

944. — La description générale et très particulière

des noms et qualitez de tous les chefs et nombre des gens de guerre tant tuez que prisonniers en la deffaicte du sieur de Soubise, avec l'ordre du combat et poursuite des ennemis. *Paris*, 1622, pièce pet. in-8, cart.

945. — Relation faitte par le mareschal de Vitry, commandant à l'avant-garde, de tout ce qui s'est passé en la victoire obtenue par le Roy contre les rebelles commandez par M. de Soubize. *Paris, Ant. Estienne*, 1622, pet. in-8, cart.

946. — Défaite de l'armée de M. de Soubize, compos. de six mil (*sic*) hommes de pied et de six cens chevaux, avec la prise de sept pièces de canon, armes et bagage et plusieurs chasteaux importans par le Roy, aux Sables d'Olone en Poictou. *Tolose, Raym. Colomiez*, 1622, pièce in-8, cart.

947. — Relation véritable apportée par le sieur Du Buisson, envoyé par le Roy, de la défaicte de l'armée du sieur de Soubize par Sa Majesté en personne et de la prise du chasteau de la Chaume dans les Sables d'Olonne le 18e de ce mois. *Paris*, 1622, pièce pet. in-8, cart.

948. — L'expédition généreuse du Parlement de Bourdeaux envoyée contre les Rochelois chassez de Soulac et du pays de Médoc, ensemble tout ce qui s'est passé en la haute et basse Guyenne et Quercy, depuis la réduction de Saincte-Foy jusques à présent. *Paris, jouxte la copie imprimée à Bourdeaux par Sim. Millanges*, 1622, pet. in-8, cart.

949. — La réduction de la ville de Saincte-Foy, avec le traicté du sieur de la Force, ensemble la solennelle procession faicte en ladite ville ce jeudy dernier, Sa Majesté y assistant et toute la Noblesse. *Paris*, 1622, pièce pet. in-8, cart.

950. — Lettre du Roy à M. de Sully et du Sr de Sully au sieur de Pybrac, ensemble celle d'un offi-

cier de Figeac réfugié à Fous à un sien amy de la
ville de Caors, touchant les troubles faits par les
rebelles tant en Gascogne, Guyenne que Gascogne.
*Paris, jouxte la copie imprimée à Caors par Cl.
Rousseau*, 1622, pièce pet. in-8, cart.

951. — La réduction de huict grandes et fortes villes
à l'obéissance du Roy, prises sur les rebelles de Sa
Majesté en ses provinces de Guyenne et Languedoc, avec la submission rendüe par MM. le duc de
Sully, marquis de La Force, et leurs enfants, lesquels à présent sont tous auprès et au service de
Sa Majesté, ensemble l'ordre pour les sièges de La
Rochelle et Montauban. *Paris, Ant. Estienne*,
1622, pièce pet. in-8, dem.-rel., toile lustrée.

952. — Lettre du Roy escrite à M. le mareschal de
Souvré sur ce qui s'est passé à Montpellier, ens.
la réduction de la ville de Montauban à l'obéyssance du Roy. *Paris*, 1622, pièce pet. in-8, cart.

953. — La deffaicte des troupes rebelles du Dauphiné
sur le passage du Rhosne pour venir au secours des
villes de Bais et du Pousin, par Monseign. le duc
de Vantadour, lieutenant du Roy au gouvernement
de Languedoc. *Paris*, 1622, pièce pet. in-8, cart.

954. — Accord de la querelle de MM. les duc de Nevers et prince de Joinville, faict par le Roy en présence de MM. les princes du sang et autres princes.
S. l., 1622, pièce pet. in-8, cart.

955. — Apologie en faveur du Roy, adressée à la
France, avec deux lettres sur les affaires de
ce temps. *Paris*, 1622, pet. in-8, vél.

> Exemplaire grand de marges, dans sa première reliure. — Légère
> mouillure au commencement.

956. — Lettre à Monseign. l'Illustrissime cardinal de
Richelieu sur sa promotion au Cardinalat (par
Pelletier). *Paris, Ant. Estienne*, 1622, pièce pet.
in-8, dem.-rel., toile lustrée.

957. — La mort de la France ou la France en croix,

avec la consolation au pauvre peuple affligé. *S. l.*, 1623, pièce pet. in-8, cart.

958. — La Pourmenade du Pré aux Clercs. *S. l.* (*Paris*), 1623, pièce pet. in-8, chiffr., remonté à châssis dans le format in-4, dem.-rel., v. v.

959. — Pièces historiques. Année 1623. 8 pièces pet. in-8, dérel.

> Proposition d'Estat au Roy. — Déclarat. du Roy par laq. défenses sont faictes de faire aucunes levées de gens de guerre. — Arrest de la Cour portant défenses à tous gouverneurs, maires, eschevins et autres qui commandent ès villes, bourgs et villages qui sont sur les grands chemins, advenües et ès environs de la ville de Paris, d'empescher de passer et loger ceux qui sortiront de lad. ville. — Lettre de M. le comte de Schomberg au Roy. — Le triomphe de la France contre les anthropophages de ce temps, ennemis de l'Estat. — L'horoscope des usuriers. — Le mort qui court les rues. (*Ces deux dernières pièces remontées de format in-4*). — Etc.

960. — Pièces historiques des années 1623-24. 6 pièces en 1 vol. pet. in-8, vél. marbré.

> La Réformation de ce royaume. *S. l.*, 1623 (21 pag.). — Le triomphe de la France contre les anthropophages de ce temps, ennemis de l'Estat. *S. l.*, 1623 (62 pag.). — Le flux dissentérique des bourses financières ou la dissenterie des financiers. *S. l.*, 1624 (16 pag.). — Les Hipocondriaques de la Cour. *S. l.*, 1624 (22 pag.). — L'Empirique. *S. l.*, (16 pag.), pièce dans le genre des plaisanteries de Bautru. — Les tapisseries royales représentant au naïf les plus rares affaires de ce temps. *S. l.*, 1624 (23 pag.).

961. — Récit véritable de ce qui s'est passé à Blavet, maintenant dit le Port-Louys, entre Monseign. le duc de Vendosme et le sieur de Soubize, avec la sortie dudit sieur de Soubize hors de Blavet et sa retraite sur la mer. *Lyon*, 1624, pièce pet. in-8, cart.

962. — Pièces historiques de l'année 1624. 12 pièces pet. in-8, dérel.

> Le flux dissentérique des bourses financières ou la dissenterie des financiers, ens. le Salve Regina desd. financiers à la Royne-Mère. — L'adieu de Mme de Puysieux à la Cour. — Le mot à l'oreille de M. le marquis de la Vieville. — Discours d'Estat à Monseign. d'Haligre, garde des sceaux de France. — Déclarat. du Roy portant l'ordre que Sa Majesté veut estre observé pour la recherche des abus et malversations commises au faict de ses finances. — La voix publique au Roy. — La

poursuite de la chasse aux larrons. — Le Pasquil touchant les affaires de ce temps. — Response à la voix publique envoyée de la Cour. — La France en convalescence ou ses très humbles remontrances au Roy pour la recherche des financiers et la Réformation de l'Estat. — Etc.

963. — Les amours du Roy et de la Reine sous le nom de Jupiter et de Junon, avec les magnificences de leurs nopces ou l'histoire morale de France soubs le règne de Louys le Juste et Anne d'Autriche, le tout enrichi d'un grand nombre de figures et dédié à Leurs Majestez par le Sr De La Serre. *Paris*, 1625, in-4, frontisp. gravé par Mich. Lasne et fig. en taille-douce, v. br.

Quelques raccommodages.

964. — Recueil de traités politiques et historiques sur le règne de Louis XIII. — 9 pièces en 1 vol. pet. in-4, mar. rouge, fil., tr. dor. (*Rel. ancienne de Derome*).

Volume en belle condition, provenant de la bibliothèque de l'abbé Rive. — G. G. R. theologi, ad Ludovicum XIII Galliæ et Navarræ regem Christianissimum admonitio fidelissimè, humillimè, verissimè facta et ex gallico in latinum translata qua breviter et nervosè demonstratur Galliam fœdè et turpiter impium fœdus iniisse et injustum bellum hoc tempore contra Catholicos movisse salvaque Religione prosequi non posse. *Augustæ Francorum*, 1625. — Apologeticus pro Rege Christianissimo Ludovico XIII, adversus factiosæ admonitionis calumnias in causa Principum federatorum (auctore N. Rigaltio). *Lutetiæ Parisior.*, 1626. — Mysteria politica hoc est epistolæ arcanæ virorum illustrium sibi mutuo confidentium, lectu et consideratione dignæ. *Antuerpiæ*, 1625. — Cardinalium, archiepiscoporum, episcoporum cæterorumque qui ex universis Regni provinciis, Ecclesiasticis comitiis interfuerunt, de anonymis quibusdam et famosis libellis sententia. *Lutetiæ Parisior.*, *Ant. Stephanus*, 1625. — Déclaration de MM. les cardinaux, archevesques, evesques, et autres ecclésiastiques députez en l'assemblée générale du Clergé de France tenue à Paris, touchant certains libelles faicts contre le Roy et son Estat, trad. du lat. de M. l'evesque de Chartres, par le Sr Pelletier. *Paris, Ant. Estienne*, 1625. — Diræ in quæstiones quodlibeticas F. Garassi, auctoritate supremi senatus laceratas et combustas 17 januarii MDC.XXVI. — Propositions extraites de la Somme théologique du P. Garasse. — Discorso sopra le ragioni della risolutione fatta in Valtelina contra la tirannide de Grisons et heretici. *Parigi*, 1625. — Jubilæus Confœderatorum alia Nova Novorum in quibus magnæ victoriæ et læti terra marique progressus anni 1625 continentur. 1625. (*Cette dernière pièce manuscrite*).

965. — Le Catholique d'Estat ou discours politique

10.

des alliances du Roy très chrestien contre les calomnies des ennemis de son Estat, dédié au Roy
par le sieur du Ferrier. *Paris*, 1625. — Alliances du
Roy avec le Turc et autres, justifiées contre les
calomnies des Espagnols et de leurs partisans, par
G. Le Guay. *Paris*, 1626. — 2 ouvr. en 1 vol. pet.
in-8, v. gr.

> Chiffre de l'historien Denis Godefroi sur le dos.

966. — Pièces historiques. 1625-29. 8 pièces pet. in-8,
non rel.

> Le Pacifique à MM. les evesques et curez. *Paris*, 1625. — Advis
> d'un théologien sans passion sur plusieurs libelles imprimez depuis peu
> en Allemagne. *S. l.*, 1626. — Propositions accordées à Saincte-Gene-
> viève, présent Monseigneur le Cardinal sur le fait de la censure. *S. l.*,
> 1626. — Arrest de la Cour de Parlement sur ce qui s'est passé en Sor-
> bonne, le samedy 2 de ce mois. *Paris*, 1627. — Arrest de la Cour de
> Parlement portant réglement pour le pasturage des bestiaux dans les
> forests, à la conservation des droicts d'usage. *Paris*, 1628. — La lettre
> deschiffrée. *Paris*, 1629. — Etc., etc.

967. — La prise et possession de l'importante place
et chasteau de Brets (*sic*) en Bretagne, par le commandement du Roy, avec l'ordre maintenant tenu
en la province de Bretagne pour le service de Sa
Majesté, sous la prudente conduite de Monseign.
le mareschal de Themines. *Paris, chez Nic. Martin, sur la copie imprimée à Nantes par P. Do-
riou*, 1626, pet. in-8, cart., dos de toile lustrée.

> Pièce très rare et bien conservée.

968. — Pièces, pamphlets et édits de l'année 1626. —
Environ 30 pièces en 1 vol. pet. in-8, vél.

> Harangue prononcée au Parlement par M. (Seguier). 1626. — Le ma-
> riage de la paix avec la guerre. 1626. — La rencontre de M. Servin et
> du P. Coton ou voyage de l'autre monde. *Avec privilège de Rada-
> mante et se vend sur les rives du Cocyte*. 1626. — La justice en
> deuil de Monsieur Servin. 1626. — Lettre sur la mort du R. P. Coton,
> provincial des jésuites. 1626. — Totius cleri Gallicani Lutetiæ congre-
> gati ad Urbanum VIII super Steph. Louytre Nannetensis decani epis-
> tola. *Lut. Paris.*, 1626. — Censure de la sacrée Faculté de théologie
> de Paris d'un livre intitulé : Ant. Sanctarelli ex Soc. Jes. tractatus de
> hæresi, schismate, apostasia, etc. *Paris.*, 1626. — Les nouvelles de
> l'autre monde, apportées en poste des Champs-Elisées. *S. l.*, 1626. —
> Edict du Roy sur le faict des duels et rencontres. *Paris*, 1626. — Edict

sur la paix qu'il a plu à Sa Majesté de donner à ses subjets de la Religion Réformée. *Paris,* 1626. — Etc., etc.

969. — Recueil de piéces intéressantes pour serv. à l'histoire des règnes de Louis XIII et de Louis XIV (publ. par P.-B. de La Borde). *Londres,* 1780. — Lettre de Marion De Lorme aux auteurs du Journal de Paris. *Londres,* 1780. — 2 ouvr. en 1 vol. in-12, portraits ajoutés gr. par Le Bert et Masquelier, v. fauve, dos orné, fil., dent. int., tr. dor. (*Reliure ancienne*).

Bel exemplaire. — Ce recueil contient les pièces du procès de Henri de Tallerand, comte de Chalais, décapité en 1626. On y a ajouté les portraits du comte de Chalais et de la duchesse de Chevreuse. — A la *Lettre de Marion de Lorme* on a ajouté les portraits de Marion de Lorme, de Buckingham, de Cinq-Mars, de Marie de Gonzague, du comte de Grammont et de Ninon de Lenclos, le tout en belles épreuves.

970. — Récit véritable de la tempeste estrange arrivée sur la coste de Bayonne, où toute la flotte Espagnolle a esté entièrement perdüe, les richesses et dénombrement des choses principalles de lad. flotte, avec ce qui s'est passé de plus mémorable en ce naufrage. *Paris,* 1627, pet. in-8, couv. en pap.

Bel exemplaire de cette pièce rare.

971. — La prise de la ville de Pamiers, capitale du païs de Foix, des nommez Beaufort, lieuten.-génér. des armées du duc de Rohan, et d'Auros, gouverneur de Mazères, ensemble la desroute de toutes les troupes du pays, avec les articles accordez aux capitaines, soldats et habitans de Pamiers, plus le nombre des prisonniers et de ceux qui ont esté penduz et menez aux galères et le restablissement de la Saincte Messe en lad. ville par Monseign. le Prince, lieuten.-général pour le Roy en ses armées de Languedoc, Guyenne et Dauphiné. *Lyon, Cl. Armand dit Alphonse* (1628), pièce pet. in-8, cart., non rog.

972. — Recueil des pièces les plus curieuses qui ont esté faites pendant le règne du connettable de

Luyne, 4e édition, augm. des pièces les plus rares.
S. l., 1628, pet. in-8. (*Rel. anc.*).

Bel exemplaire aux armes de BOYER D'EGUILLES.

973. — Relation de la descente des Anglois en l'ile de
Ré, du siège mis par eux au fort ou citadelle
de Saint-Martin, et de tout ce qui s'est passé de
jour en jour tant dedans que dehors pour l'attaque,
défense et secours de ladite place, et jusques à
la défaite et retraite desdits Anglois. *Paris, E.
Martin*, 1628, pet. in-8, dem.-rel., v. viol.

Volume très rare. — Le premier feuillet du texte est refait à la
plume.

974. — Expeditio Rupellana, auspiciis et armis Ludovici Justi regis Christian. ac invictis. confecta,
authore Ab. Sammarthano Scævolæ filio. *Paris.*,
1629, pet. in-8, v. br.

975. — La chasse aux Anglois en l'île de Rez et
au siège de La Rochelle, et la réduction de ladite
ville à l'obéissance du Roy (poëme), par Marc Lescarbot, escuier, seigneur de Wiencourt et de
Sainct-Audebert. *Paris, F. Jacquin*, 1629. — Victoire du Roy contre les Anglois au siège de La Rochelle, et la réduction de sa dite ville à son obéissance (en vers, par le même). *Paris*, 1629, 2 pièces
en 1 vol. pet. in-8, vél.

Volume très rare. — La *Chasse aux Anglois* est datée de *Prele-
la-Commune, pais Soissonnois*. — La *Victoire du Roy* est dédiée au
Roi Louis XIII par *Marc Lescarbot* et *damoiselle Françoise de Val-
pergue, sa femme*.

976. — Arcis Sammartinianæ obsidio et fuga Anglorum a Rea insula, scriptore Jac. Isnard. *Paris*,
1629, pet. in-4, titre gravé, grande fig. par Mich.
Lasne, carte, v. br.

Volume très rare sur le siège de St-Martin de Ré. La grande planche
qui représente le cardinal de Richelieu en pied et les deux plans
du siège, ainsi que la carte, s'y trouvent. — Belle conservation intérieure.

977. — Histoire de la rébellion des Rochellois, et de
leur réduction à l'obéissance du Roy, tirée du sieur

de Sainthe-Marthe l'aisné, par J. Baudoin. *Paris,
Jacques de Viller*, 1629, pet. in-8, dem.-rel. toile.
Volume rare. — Exemplaire grand de marges, mais un peu mouillé.

978. — De obsidione urbis Rupellæ, libri IV per Nic.
des Carneaux, Regis historiographum. *Parisiis*,
1631, in-8, vél.

979. — G. Revelli Nannetensis in præfectura Rupel-
lensi consiliarii, de Rupella ter obsessa, dedita
demum, capta, subacta libri III. *Amst., apud J.
Jansson.*, 1649, pet. in-12, cart.

980. — Le journal des choses les plus mémorables
qui se sont passées au dernier siège de La Rochelle, par P. Mervault, Rochelois. *Rouen, Jacq.
Lucas*, 1671, in-12 d'envir. 700 pag., v. br.

981. — Lettre du Roy envoyée à Mgr le duc de Montbason, pair et grand veneur de France, gouverneur
et lieutenant-général pour Sa Majesté à Paris et
Isle de France, ensemble la relation de ce qui
s'est passé en Piedmont depuis l'arrivée de M. le
cardinal de Richelieu, du 23 mars 1630 à Pignerol,
avec la réduction du fort de La Pérouse. *Paris*,
1630, piéce pet. in-8, dem.-rel.

982. — Journal de M. le cardinal duc de Richelieu,
qu'il a faict durant le grand orage de la Cour en
l'année 1630 et 1631, tiré des mémoires écrits de sa
main, avec diverses autres pièces remarquables
qui sont arrivées en son temps (le procez de Cinq-
Mars et de Thou, instruict par M. le chancelier).
S. l., 1649, pet. in-8, v. éc., fil.
Aux armes du prince de Turenne, grand-chambellan de la Maison
du Roi Louis XV.

983. — Recueil de 6 pièces, publ. à Paris, vers 1630,
en 1 vol. pet. in-8, dem.-rel., mar. br.
Derniers advis à la France, par un bon chrestien et fidèle citoyen.
28 pag. — Le prophète François. 20 pag. — Les justes plaintes de l'Hollandois catholique et pacifique sur les affaires du temps et les guerres
présentes. 67 pag. — L'Esprit bien heureux du mareschal de Marillac.
44 pag. — Lettre de la cordonnière de la Reyne mère à M. de Baradas.

14 pag. — Le Catolicon françois ou plaintes de deux chasteaux, rapportées par Renaudot. 247 pag.

984. — Les Entretiens des Champs-Elisées. *Paris*, 1631, pet. in-8 de 65 pag., cart. à la Brad.

Cet écrit intéressant, entremêlé d'anecdotes, est attribué à Hay du Chastelet, avocat général au Parlement de Bretagne.

985. — Le Coup d'Estat de Louis XIII, au Roy. *Paris*, 1631, pet. in-8 de 95 pag., dem.-rel., toile.

986. — Histoire journalière de ce qui s'est passé dans le Montferrat pour la protection de M. le duc de Mantoue, depuis que le Roy en donne la garde à M. de Toyras jusques à la paix générale et lèvement du second siége de Cazal. *Paris*, 1631, pet. in-8, dem.-rel., toile lustrée.

987. — Lettre escrite au Roy par Monsieur et apportée par le sieur de Briançon, avec la response de Sa Majesté. *Rouen, Th. Mallard*, 1631, pièce pet. in-8, cart.

988. — Recueil de pièces pour servir à l'histoire (publ. par P. Hay du Châtelet, maître des requêtes). *S. l. (Rouen)*, 1638, in-4, vél.

Parmi les nombreuses pièces que contient ce recueil, on remarque les suivantes : Le Coup d'Estat de Louys XIII. — La vie du card. d'Amboise, par le sieur des Montagnes. — Lettres-patentes du Roy cont. abolition en faveur de ses sujets rebelles de la province de Languedoc. — Les Entretiens des Champs-Elysées. — Lettres de Balzac à Richelieu. — Arrest de la Cour de Parlement contre le duc de Lorraine. — Lettres du Roi au Parlement de Mets. — Extraicts des procez criminels faicts aux nommés Alfeston, Blaise Ruffet dit Chavagnac. — Etc., etc.

989. — Pièces historiques. 1631-39. 17 pièces pet. in-8, dérel.

Déclaration du Roy sur la sortie de la Reine sa mère et de Monseign. son frère hors le royaume. *Paris*, 1631. — Lettre escrite au Roy par Monsieur et par luy envoyée à MM. du Parlement pour la présenter à Sa Majesté, avec la response du Roy à lad. lettre de Monsieur. *Paris*, 1631. — Copie d'une requeste envoyée à MM. du Parlement, *S. l.*, 1631. — La fièvre continue de Brioys. *S. l.*, 1631. — Manifeste des bons François sur la mort desplorable de Monseigneur le mareschal de Schomberg. *Lyon*, 1632. — Lettre du Roy envoyée à Monseign. le duc de Montbason, gouverneur de Paris, sur la naissance de M. le Dauphin. *Paris*, 1638. — Pictura loquens. *Genevæ*, 1632. — Les visages qui se

desmontent. *S. l.*, 1639. — Déclarat. du Roy en faveur des gentilshommes et nobles de son royaume. *Paris*, 1639. — Etc., etc.

990. — Francophilie présentée au Roy pour la résolution de son voyage, par le sieur Mangeart. *S. l.*,
1632, pet. in-8 de 38 pag., cart.

991. — Déclaration du Roy sur l'entrée en armes de
Monsieur en France et contre tous ceux qui le sui-
vent et assistent, de quelque qualité et condition
qu'ils soient. *Paris*, 1632, pièce pet. in-8, dem.-rel.,
v. r.

992. — La déroute générale des trouppes de M. le
duc d'Elbeuf, avec la prise de tout son bagage et
munitions de guerre, par l'armée du Roy, conduite
par le mareschal de la Force, ensemble la réduction de la ville de Monfrain en l'obéyssance du
Roy, la prise et exécution de mort du vicomte de
l'Estrange, gouverneur pour Sa Majesté de la ville
et chasteau du Puy en Velay et l'emprisonnement
de plusieurs seigneurs et capitaines. *Paris*, 1632,
pièce pet. in-8, cart.

993. — La noblesse de Languedoc aux pieds du Roy,
avec le discours de la puissance et de la bonté du
Roy, sur le subjet des lettres d'abolition et de
pardon accordées aux seigneurs et gentilshommes
de la province, à la prière de M. le duc d'Halluyn,
pair de France et gouverneur pour le Roy en
la mesme province, par Me Pierre de Marmiesse,
advocat au Parlem. de Tolose. *Paris*, 1633, pièce
pet. in-8, dem.-rel., toile lustrée.

994. — Discours sur l'heureuse réduction de Bou-
chain à l'obéissance du Roy. *S. l.*, 1633, pet. in-4,
cart.

995. — Lettre d'un solitaire à Monseign. l'Eminentiss. cardinal duc de Richelieu. *Paris*, 1633, pièce
pet. in-8, cart. à la Brad.

996. — Relation fidelle des trois sièges de la petite

ville de La Mothe (en Lorraine). Pet. in-4, cart.

Manuscrit du xviiie siècle, composé de 62 pages d'une bonne écriture. — Les sièges de La Mothe eurent lieu en 1634, 1643 et 1645.

997. — Histoire de la ville et des deux sièges de La Mothe (1634 et 1645), par Du Boys de Riocour, suiv. de notes hist. sur les princip. personnages qui ont figuré dans les deux sièges. *Neufchâteau*, 1841, in-8, plan, br.

998. — La réduction de la ville de Philisbourg en Allemagne à l'obéissance du Roy, par M. le mareschal de la Force, général de l'armée de Sa Majesté, le onziesme jour d'octobre 1634. *Paris*, 1634, pièce pet. in-8, cart.

999. — Le Mercure d'Estat ou recueil de divers discours d'Estat (par Paul Hay, sieur du Chastelet). *Paris*, 1635, pet. in-8, vél.

Dans ce recueil on remarque les pièces suivantes : Advis aux princes catholiques sur l'estat présent des affaires publiques, en réponse du discours pour induire les princes chrestiens à se libérer de la tyrannie d'Austriche. — Raisons de la dernière révolution faite en la Valteline contre la tyrannie des Grisons et hérétiques. — Etc., etc.

1000. — Scriptorum Galliæ maledicentiæ et adulationes impiæ. Prima pars continet maledicentias in præcipuos Europæ principes eorumque ministros, secunda blasphemias in Deum, Angelos, et summum Ecclesiæ Pontificem, tertia impias et sacrilegas Card. Richelii laudes, cum magno Regis regnique Galliæ dedecore. *S. l.* (*sed Antuerpiæ, officina Plantiniana*), 1635, pet. in-4 de 59 pp. chiffr., dem.-rel., dos et coins de mar. v., à nerfs, dos orné, fil.

Ce volume renferme de nombreux extraits d'ouvrages français contemporains en l'honneur de Louis XIII, dont les auteurs sont pris à partie dans ce pamphlet.

1001. — Libre et sincère discours d'un serviteur très affectionné à la couronne de France, au pieux Louys XIII, roy de France, tiré d'une copie italienne impr. à Macerata l'an 1635. *Bruxelles, J. Pepermans* (*vers 1635*), plaq. pet. in-4, dem.-rel.

1002. — Lettre du Roy, escrite à Monseign. le duc de Montbason, gouverneur et lieuten.-général de Paris et Ile-de-France, conten. les justes causes que Sa Majesté a eues de déclarer la guerre au roy d'Espagne. *Paris*, 1635, plaquette pet. in-4, cart.

1003. — Déclaration du Roy sur l'ouverture de la guerre contre le Roy d'Espagne, vérifiée en Parlement le 18 juin 1635. *Paris*, 1635, pièce pet. in-8, cart. à la Brad.

1004. — Arrest de la Cour de Parlement portant injonction de saisir et arrester tous les effects et marchandises qui se trouveront appartenir aux subjets du Roi d'Espagne. *Paris*, 1635, pièce pet. in-8, dem.-rel., mar. bl.

1005. — Lettre du Roy escrite à Monseign. le duc de Montbazon, pair et grand veneur de France, gouverneur et lieuten.-général pour le Roy, de Paris et Isle de France, pour l'heureux succès des armes de Sa Majesté contre l'armée espagnole devant la ville de Laucate, ensemble la quantité des ennemis qui sont demeurez sur la place et le nombre des noyez et la quantité des canons, mortiers, cornettes et drapeaux qui ont esté pris, avec les particularitez qui s'y sont passez. *Paris*, 1637, 14 pag. — Lettre du Roy envoyée à MM. les prévost des marchands et eschevins de la ville de Paris touchant la victoire obtenue par l'armée de Sa Majesté contre les Espagnols en la levée du siège de Laucate. *Paris*, 1637, 6 pag. — Les 2 pièces rel. ensemble. Pet. in-8, cart.

1006. — L'ordre et l'estat de l'armée du Roy et son acheminement dans le Pays-Bas, soubs la conduitte de Mgr le cardinal de la Valette. *S. l., par P. Mettayer, imprim. du Roy*, 1637, pièce pet. in-8, couv. en pap.

1007. — Deffaicte de quatre cornettes de cavallerie de l'armée espagnolle, avec la prise du chasteau et

fort de Bussy (entre Landrecies et Avesnes) par
MM. le colonel Gassion et de Rambure, soubs
le command. de Mgr le cardinal de la Valette. *Pa-*
ris, 1637, pièce pet. in-8, couv. en pap.

1008. — Les véritez françoises opposées aux calomnies espagnoles, par un gentilhomme de Picardie
C.-B. de Beinville). A *Beauvais*, 1637, pet. in-8,
vél.

1009. — Diverses pièces pour la défense de la Royne
mère du très chrestien Roy Louis XIII, par Mess.
Matthieu de Morgues, sieur de St-Germain. (*An-*
vers, imprimerie Plantinienne), 1637, in-fol. de
12 ff. prél. non chiffr. y compris le titre gr., 801 pp.
chiffr., vél. de Holl.

> Ce recueil est ainsi composé : La très-humble et très-importante re-
> monstrance au Roy. *Impr. l'an* 1631. — Le François fidèle, ou réponse
> au libelle intitulé : Défense du Roy et des ministres. *Impr. l'an* 1631.
> La charitable remonstrance de Caton chrestien. *Impr. l'an* 1631. — La
> réponse de Nicocléon à Cléonville. 1632. — Le génie démasqué. *Impr.*
> *l'an* 1632. — La réponse à la lettre de Balzac. *Impr. l'an* 1632. — La
> vérité défendue. *Impr. l'an* 1635. — Le jugement sur les diverses
> pièces. *Impr. l'an* 1635. — L'advis de ce qui s'est passé sur le sujet de
> certaines lettres. *Impr. l'an* 1636. — Les lumières pour l'histoire de
> France contre Dupleix. *L'an* 1636. — La lettre de change protestée.
> *L'an* 1637. — L'épistre au Roy et l'advis au lecteur. *L'an* 1637.

1010. — Pièces curieuses en suite de celles du sieur
de S. Germain, contenant plusieurs pièces pour la
deffence de la Reyne mère du Roy très-chrestien
Louis XIII, et autres traitez d'Estat sur les affaires
du temps depuis l'an 1630 jusques à l'an 1643, par
divers autheurs. *Sur la copie imprimée à An-*
vers, 1644, in-4, v.

> Lettre du cardinal de Lyon au cardinal de Richelieu, l'an 1631 (avec
> la réponse). — Traicté de la paix accordée entre le Roy d'Espagne et
> le Roy d'Angleterre, l'an 1631. — Lettre du P. de Chantelouve
> aux nouvelles Chambres de Justice, l'an 1632. — Relation de l'admirable
> et riche trésor nouvellement acquis par le Roy d'Espagne aux Indes
> Orientales sur le Roy de Tanary, l'an 1632. — Lettre du Roy au Par-
> lement de Bourgogne, l'an 1632. — L'esprit bien-heureux du mareschal
> de Marillac à l'esprit malheureux du cardinal de Richelieu, l'an 1632.
> — Advis des marchands de la Bourse d'Anvers à MM. les marchands
> de la Bourse de Paris et de Lyon. — Conversation de Maistre Guil-

laume avec la princesse de Conty aux Champs-Elysées, imprimée
l'an 1634. — Lettre de la cordonnière de la Reyne Mère à M. de Baradas, l'an 1634. — Le Bal et le Jeu de la Prime des princes de l'Europe, l'an 1635. — Le Catholicon françois ou plainte des deux chasteaux
du Bois de Vincennes et Bicestre, rapportée par Renaudot, maistre du
Bureau d'Adresse, l'an 1636. — L'ambassadeur chimérique ou le cher-
cheur de dupes du cardinal de Richelieu. — Etc., etc.

1011. — Le siège de la ville de Dole, capitale de
la Franche-Comté, et son heureuse délivrance,
par Jean Boyvin, conseiller de S. M. en son Parl.
de Dole. *Anvers, de l'impr. Plantinienne de
B. Moretus*, 1638, pet. in-4, titre gr. par C. Galle,
plan, v. br., fil.

    Exemplaire aux armes de HARLAY.

1012. — Jul. Chiffletii Audomarum obsessum et libe-
ratum, anno 1638. *Antuerpiæ, ex offic. Plantiniana Ballh. Moreti*, 1640. — J. Chiffletii crux
Andreana victrix, sive de cruce Burgundica cœlitus
in Ariensi obsidione visa, commentarius. *Ant., ex
offic. Plantin.*, 1642. — Ens. 2 ouvr. en 1 vol. pet.
in-12, plan de St-Omer assiégé et figures, v. br.

1013. — Le siège de Hesdin, par Messire Antoine de
Ville, chevalier, où est contenu tout ce qui s'est
passé dans ce siège, les ordres qu'on a tenu au
marcher, au camper, aux approches ; les tranchées,
batteries et logemens qu'on a faits, le passage du
fossé, les mines et toutes les attaques, etc., la description de la ville, du pays, du campement et de
la circonvallation, les deffences que les ennemis
ont faites, avec les sorties, artifices et retran-
chements, leur capitulation et l'estat de la place
lorsque nous y sommes entrés. *Lyon*, 1639, pet.
in-fol. avec 4 plans gravés, dem.-rel.

    Volume très rare.

1014. — La Place Royale ou la statue dressée à
Louis le Juste, par l'ordre et la magnificence de
Mgr le cardinal duc de Richelieu, par le Sr de Grenaille. *Paris, J. Paslé*, 1639, pet. in-4 de 54 pag.,
cart. (*Rare*).

1015. — Lettre de Louis XIII à nos très-chers et bien
amez les sénateurs et consigliers (*sic*) de la ville de
Casal. *Escrit en Soissons, le XVIIIe jour de
may 1640*, in-fol., cart.

Pièce très rare. — C'est un placard de 2 pages imprimé à Casal
même, avec la traduction en italien de la lettre française originale qui
se trouve en regard.

1016. — La voix gémissante du peuple chrestien et
catholique accablé sous le faix des désastres et misères des guerres de ce temps, par un François
désintéressé. *Paris*, 1640, pet. in-4, titre gr., vél. bl.

Volume rare, qui nous paraît être sorti des presses de l'imprimerie
Plantinienne à Anvers. La dédicace au Roy Louis XIII est des initales :
F. D. D. I. T.

1017. — Discours sur la rencontre du temps et des
affaires, présenté par un vieulx cavalier françois à
Mgr le duc d'Orléans. *Bruxelles, J. Pepermans*
(*vers* 1640), pet. in-4, dem.-rel., v. v.

Pièce rare, dans laquelle il est question du P. Joseph, l'Eminence grise.

1018. — La deffence des Catalans, où l'on voit le
juste sujet qu'ils ont eu de se retirer de la domi-
nation du Roy d'Espagne, avec les droicts du Roy
sur la Catalogne et le Roussillon. *Paris, N. de
Sercy*, 1642, pet. in-8, dem.-rel., mar. br.

1019. — Remonstrance aux peuples de Flandre, avec
les droicts du Roy sur leurs provinces (par Ch.
Sorel). *Paris, N. de Sercy*, 1642, pet. in-8, dem.-
rel., mar. br.

1020. — Journal de ce qui s'est fait et passé à la maladie et à la mort de feu Monseign. l'Eminentissime Cardinal duc de Richelieu et les dernières
paroles qu'il a proférées, envoyé à Monseign. de
Fontenay-Marueil, ambassadeur du Roy à Rome.
S. l., n. d. (1642), 8 pag. — Testament de M. le
cardinal duc de Richelieu, par-devant Pierre Fal-
conis, notaire royal en la ville de Narbonne. *S. l.,
n. d.* (1642), 16 pages. — Pet. in-4, cart.

1021. — Testament de la très-vertueuse Reyne-Mère

du Roy Louis XIII. *S. l.*, 1643, pièce pet. in-4, portrait de la Reine grav. sur bois, au milieu du titre, cart.

§ 4. — Histoire de France après le règne de Louis XIII.

1022. — Transaction, lettres-patentes, arrests et autres pièces concernans la succession de la feue Royne Marie de Médicis, cédée par le Roy à Monseign. le duc d'Orléans, son oncle. *S. l.*, 1648, pet. in-4, cart.

1023. — Journal cont. tout ce qui s'est fait et passé en la Cour de Parlement de Paris, toutes chambres assemblées, sur les affaires de ce temps, du 13 mai 1648 au mois d'avril 1649, où sont insérées les conférences de S.-Germain et de Rueil. *Lyon. G. Barbier*, 1649, in-4, bas.

1024. — Recueil de pièces secrètes de ce temps. *S. l.* (*Rouen*), 1649. — Second recueil des pièces curieuses de ce temps. *Sur l'imprimé à Paris, à Rouen, par les imprimeurs de la Cour, 1649.* — In-4, vél.

Recueil de pièces en vers et en prose sur la Fronde, dites *Mazarinades*, choisies parmi les plus intéressantes. La plupart de ces pièces sont avec titres et paginations particulières. Plusieurs sont en vers burlesques. Ce sont toutes des réimpressions faites à Rouen à l'époque même, d'après les originaux ou *copies de Paris*.

1025. — Recueil de soixante-quatorze pièces curieuses sur la Fronde, de l'année 1649, en 1 vol. in-4, dem.-rel., v. fauve, dos orné. (*Koehler*).

Recueil provenant de Courtanvaux. Voici l'énoncé de quelques pièces : La requeste des trois Estats présentée à MM. du Parlement. — Manifeste ou raisonnement sur les affaires de Catalogne, contre les intrigues du card. Mazarin. — Apologie pour le card. Mazarin, tirée d'une conférence tenue à St-Germain-en-Laye. — Décret infernal contre Jules Mazarin et tous les partisans de France. — La censure ecclésiast. de Rome la Sainte contre la vie dépravée de Jules Mazarin. — Le procès criminel du card. Mazarin. — La manifestation de l'antechrist en la personne de Mazarin et de ses adhérans. — La mine éventée de Jules Mazarin, par un ingénieur, avec un sonnet au duc de Beaufort. — Le miroir à deux visages opposez. 1649. — La Fronde du Parlement fatalie au Mazarin. — Le foudroyement des géans Mazarinistes abymez sous les ruines du fameux et désolé bourg de Charenton. — L'amende honorable de Jules Mazarin des crimes qu'il a commis contre Dieu, contre le Roy et contre luy-mesme. — Le court-bouillon de Mazarin assaisonné par toutes les bonnes villes de France. — Remerciment des imprimeurs au card. Mazarin. — La Nazarde à Jules Mazarin. — Le grand Bréviaire de Mazarin réformé à l'usage et utilité de la France. — L'horoscope de Jule Mazarin naïfvement et fidellement expliquée des centuries de Nostradamus, avec portrait. — Généalogie ou l'extraction et vie de Julle Mazarin. — Advis de l'âme du mareschal d'Ancre à l'esprit du card. Mazarin. 1649. — Le mouchard ou espion de Mazarin. — Nouvelles apportées au Roy Louis XIII dans les Champs-Elisées et son entretien avec les héros et les princip. seigneurs de sa Cour, touchant la funeste guerre que Mazarin a allumée dans la France. — Les leçons de ténèbres ou les lamentations de Mazarin. — Lettre déchiffrée d'un Mazariniste à Mazarin, trouvée entre St-Germain et Paris. — Le roman des esprits revenus à S.-Germain. — Les dernières actions et paroles du président de Barillon, par le R. P. Antoine Rivière, au couvent de St-Augustin à Pignerol. — L'homme qui ne craint rien et qui dit tout. — Très-humble remonstrance d'un gentilhomme Bourguignon au prince de Condé, avec la response de l'Echo de Charenton, aux plaintes de la France. — Lettre d'un Normand aux fendeurs de nazeaux de ce temps, qui ont peur de mourir pour leur patrie. — Le monopoleur rendant gorge. 1649. — Récit véritable des discours tenus entre les trois figures qui sont sur le Pont-au-Change, sur les affaires de ce temps. — La vérité reconnue ou les intrigues de Sainct-Germain. 1649. — Lettres de deux amis sur la prise de la Bastille. — 3 dialogues entre le Roy de Bronze et la Samaritaine. — Le bon succez de toute la France prouvé par la nature des astres. — L'adieu du Sr Catalan au Sr de La Raillère dans la Bastille. — La response de La Raillère à l'adieu de Catalan, son associé. — Agréable conférence de deux paisans de Saint-Ouen et de Montmorency sur les affaires du temps (par Richer). 4 parties (en patois des environs de Paris). — Etc., etc.

1026. — Mémoires et négociations secrétes de la Cour de France touchant la paix de Munster, contenant les lettres, réponses, mémoires et avis secrets envoiés de la part du Roi, du cardin. Mazarin et du comte de Brienne, secrétaire d'Estat, aux plénipotentiaires de France à Munster, etc. *Amsterdam*, 1710, 4 vol. in-8, v. fauve. (*Reliure ancienne*).

1027. — L'histoire du cardinal Mazarin, par Aubery. *Amsterdam*, 1718, 3 vol. in-12, portr., v. br.

1028. — Mémoires de la minorité de Louis XIV, par

de Varillas. *Villefranche, J. de Paul (à la Sphère)*, 1689, 2 part. en 1 vol. pet. in-12, v. gr.

1029. — Salomon instruisant le Roy (par Mlle de Scudéry). *Paris*, 1651, pet. in-4, cart. — 2.fo
Pièce en vers.

1030. — Histoire des quatre dern. campagnes du maréchal de Turenne en 1672, 1673, 1674 et 1675, enrichie de cartes et de plans topographiques par le chevalier de Beaurain. *Paris*, 1782, 2 vol., dont un de texte et l'autre de planches, in-fol., cart. — 2 -,

1031. — Mémoires du duc de Navailles et de la Valette, pair et maréchal de France et gouvern. de Monseign. le duc de Chartres. *Paris, Cl. Barbin*, 1701, in-12, v. m. — 2 -,,

1032. — Mémoires de Gaspard, comte de Chavagnac, mareschal-de-camp ez armées du Roy, lieut.-géu. des troupes de l'empereur et son ambassadeur en Pologne (publ. par Fr.-L. Rigoine). *Besançon, Rigoine*, 1699, 2 vol. in-12, v. — 5-,

1033. — Mémoires de Gaspard, comte de Chavagnac. *Amsterdam*, 1701, in-12, front. gravé, v. gran. — 5-fo

1034. — Mémoires de Michel de Marolles, abbé de Villeloin, avec des notes hist. et critiques (publ. par l'abbé Goujet). *Amsterd. (Paris)*, 1755, 3 vol. in-12, v. marbr., fil. — 7 -.

1035. — Mémoires de d'Artagnan, capitaine, lieutenant de la première compagnie des mousquetaires du Roi. *Amsterdam, P. Rouge (à la Sphère)*, 1704, 4 vol. in-12, portr., bas. — 16-,

1036. — Mémoires de M. le duc de Montausier, pair de France, gouverneur de Mgr Louis Dauphin, ayeul du roy à présent régnant, écrits sur les mémoires de la duchesse d'Uzès, sa fille, par N*** (le P. Nic. Le Petit, jésuite). *Rotterdam*, 1731, 2 vol. in-12, portr. gr. par Tardieu, v. marbr. — 2 -,

1037. — Tableau de l'histoire mod., dep. la chute de — 5-,

l'Empire d'Occident jusqu'à la paix de Westphalie, par le chev. de Méhégan. *Paris*, 1766,
3 vol. in-12, v. m.

1038. — Michel Chamillart, contrôleur-général des
finances et secrétaire d'État de la Guerre (1699-
1709) ; correspondance et papiers inédits rec. et
publiés par l'abbé G. Esnault. *Paris*, 1885, 2 vol.
in-8, br.

1039. — Histoire de la guerre de Trente ans, par
Schiller, et de la paix de Westphalie, par C.-R. de
Woltmann, trad. par Mailher de Chassat. *Paris*,
1820, 2 vol. in-8, br.

1040. — Mémoires hist., politiques, crit. et littéraires, par Amelot de la Houssaye. *Amsterdam*,
1737, 3 vol. in-12, v. br.

1041. — Lettres de M. de Kageneck, brigadier des
gardes du corps, au baron Alstromer, sur la pé-
riode du règne de Louis XVI. de 1779 à 1784, publ.
par Léouzon-le-Duc. *Paris*, 1884, in-8, br.

1042. — Correspondance Condéenne, précédée d'une
notice sur l'armée de Condé, de quelques lettres et
proclamations des princes français réfugiés pendant leur émigration. *Paris*, 1829, in-8, br., non
rog.

Avec la suite, contenant une 22e lettre (15 pages chiffr. à part).

II. — PROVINCES DE FRANCE.

1043. — La coppie d'une lettre envoyée par un gentilhomme de l'armée de M. le duc de Mayenne, aux
bourgeois et habitans de la ville et fauxbourgs de
Paris, en laquelle est contenu la seule cause pour-
quoy le duc de Longueville et La Noüe avec
leur armée font approche de ladite ville. *Lyon,
J. Pillehotte, libraire et imprimeur de la S.
Union*, 1589, pet. in-8, cart., tr. dor.

Pièce fort rare et des plus curieuses. C'est un de ces bulletins de la
Ligue dans lesquels Mayenne se donne de faux avantages. Il annonce

que le roi de Navarre (Henri IV) est à toute extrémité et a été battu
« et poursuivy de telle sorte qu'il luy fut grandement besoing de trouver
le chasteau d'Arques à son secours, duquel il ne peut eschapper qu'il ne
tombe en la miséricorde de mondit sieur le duc de Mayenne. . »

1044. — Histoire de l'abbaye de St-Denis en France, conten. les antiquitez d'icelle, ens. les tombeaux et épitaphes des roys, reynes, enfans de France, et autres signalez personnages qui s'y treuvent, par F.-J. Doublet, religieux de l'abbaye. *Paris*, 1625, in-4, dem.-rel., mar. bleu.

1045. — Récit véritable de l'attentat fait sur le précieux corps de N.-S. Jésus-Christ entre les mains du prestre disant la Messe le lendemain de la Pentecoste, 24° may de ceste présente année 1649, commis en l'église du village de Sannois, à une petite demy-lieue d'Argenteuil, par un grand laquais âgé de 26 à 27 ans. *Paris*, 1649, pièce pet. in-4, cart.

1046. — La défaite des troupes Mazarines à l'attaque du château du Plessis, par les paysans réfugiez dans le mesme chasteau et les désordres commis dans le chasteau de Villebon près Palaizeau, appartenant à M. le président de Novion. *Paris*, 1652, pièce pet. in-4, dem.-rel., toile lustrée.

1047. — Relation véritable contenant tout ce qui s'est fait et passé à Mantes à l'arrivée des troupes conduites par M. le duc de Nemours, avec la marche de lad. armée. *Paris*, 1652, pièce pet. in-4, cart.

1048. — La trahison descouverte des politiques de la ville de Troys (*sic*) en Champagne, avec les noms des capitaines et politiques qui avoient conspiré contre la Saincte Union des Catholiques. *Paris, Den. Binet*, 1589, plaquette pet. in-8, dem.-rel., toile lustrée.

Pièce très rare.

1048 *bis*. — Signe prodigieux d'une commette (*sic*) apparue dans la Champagne au grand estonnement de tout le peuple. *Paris*, 1649, pièce pet. in-4, cart.

1049. — Relation contenant le secours jetté dans la ville de Gravelines par les soins du sieur d'Estrades, lieuten.-général dans les armées du Roy et gouverneur de Dunkerque, avec l'estat de cette première place et ce qui s'est passé en son siège jusques au 29 de ce mois. *Paris, Jacq. Bellay*, 1652, pièce pet. in-4, cart.

1050. — Relation véritable de ce qui s'est passé à la prise de la ville de Harfleur, près le Hàvre, par l'armée de M. le duc de Longueville, ensemble la liste de tous les officiers de son armée. *Paris*, 1649, pièce pet. in-4, cart.

1050 *bis*. — Histoire des comtes d'Eu, par L. Estancelin. *Dieppe*, 1828, in-8, br.

1051. — Essai histor. et archéolog. sur le canton de Londinières (pays de Bray), par l'abbé J.-E. Decorde. *Paris et Rouen*, 1851, in-8, br.

1052. — Quelques observations à propos d'une enquête faite en l'année 1297 par le bailli de Caën sur les chaussées de Corbon, de Troam et de Varaville, par C. Hippeau. *Caen*, 1854, broch. in-4, avec une carte, br.

1053. — Essai historique sur la cathédrale et le chapitre de Séez, par Marais et Baudouin. *Alençon*, 1878, in-8, br.

1054. — Almanach de Normandie pour l'année 1767, présenté à M. de Méroménil, premier président du Parlement. *Rouen, veuve Besongne* (1767), in-24, couv. en pap.

1055. — Notice sur les rosières de Bricquebec, 1776-1789, par de Pontaumont. *Cherbourg*, 1851, br. in-8.

1056. — Preuves de la pleine souveraineté du Roi sur la province de Bretagne. *Paris*, 1765, in-8, br.

1057. — La Bretagne, esquisses pittoresques et archéologiques, origines celtiques et nouv. interprétation des monuments, par L.-F. Jehan (de St-Clavien). *Tours*, 1863, in-8, fig., br.

1058. — Résultat de l'assemblée de la Noblesse tenue à Dreux par les députez des bailliages unis, le dimanche 21 juillet 1852; ensemble le récit par le menu de ce que leurs députez en Cour y ont négocié et de toute leur conduite. *Paris*, 1652, pièce pet. in-4, cart.

1059. — Un coin de l'ancien Dunois, promenades archéologiques et autres dans les environs de Châteaudun. *Châteaudun*, 1869, in-8, dem.-rel., dos et coins de mar. viol., doré en tête, non rog.

1060. — Les cruautez commises contre les Catholiques de la ville de Vandosme par le Roy de Navarre, avec les derniers propos de M. Jessé, provincial de l'ordre des Cordeliers, misérablement exécuté et mis à mort. *Paris, Rolin Thierry, imprimeur de la Saincte Union*, 1589, pet. in-8, couv. en pap.

> Pièce très rare et fort curieuse par ses détails. — Mouillée, mais grande de marges.

1061. — Jean Hiretius, Angevin, docteur en théologie. Des antiquitez d'Anjou, à très-haut et très-puissant seigneur Messire Guill. de la Varenne-Foucquet, gouverneur des ville et chasteau d'Angers. *Angers, Ant. Hernault*, 1609, in-12, titre gravé par J. La Roche, dem.-rel., mar. r.

> Volume rare ; le titre est remonté.

1062. — Chroniques des comtes d'Anjou, rec. et publ. par Marchegay et Salmon, introduct. par E. Mabille. *Paris*, 1871, 1 vol. — Chroniques d'Anjou, publ. par Marchegay et Salmon. *Paris*, 1856 (tome 1er). — Ens. 2 vol. gr. in-8, br.

> Publication de la Soc. de l'Histoire de France.

1063. — Archives d'Anjou, recueil de documents

et mémoires inédits sur cette province, publ. par
P. Marchegay. *Angers*, 1843, gr. in-8, br.

1064. — Doléances des vrais catholiques captifs et
asservis en la ville d'Angers, par lesquelles on
peut veoir à l'œil le traictement que reçoivent ceux
qui se laissent apaster à l'aigre-doux des politiques
et catholiques fardez, et combien leur joug est
fascheux à porter. *Paris, G. Bichon*, 1589, pet.
in-8 de 30 pag., couv. en pap.

1065. — La prise du bagage, meubles et cabinet de
Mazarin par les habitans de la ville d'Angers, avec
la liste de tout ce qui s'y est trouvé. *Paris*, 1652,
pièce pet. in-4, cart.

1066. — Relation véritable de ce qui s'est passé à la
prise du village de la Pointe, situé à la cheute de
la rivière du Mayne dans la Loyre. *Paris*, 1652,
pièce pet. in-4, cart.

1067. — Description de la carte Cénomanique contenant les villes, forests, rivières, paroisses, chapelles et bénéfices tant réguliers que séculiers
estans situez au diocèse et comté du Maine, ensemble les notes et marques distinctives pour sçavoir à quels patrons et collateurs ils appartiennent,
avec les cotes des distances de chacunes paroisses
aux autres, et outre à la fin les blanques et adres-
ses pour aller de la ville du Mans aux villes
et foires les plus renommées et fameuses du
royaume de France et autres. *Au Mans, Jacq.
Ysambart*, 1673, in-16, v. br.

1068. — Mémoires de René-Pierre Nepveu de la Ma-
nouillère, chanoine de l'église du Mans, publ.
et annotés par l'abbé Gust. Esnault. *Le Mans*,
1877, 2 vol. in-8, br.

1069. — Revue historique et archéologique du Maine.
Mamers et Le Mans, 1876-85. 18 vol. gr. in-8, fig.,
br.

1070. — Chroniques de Touraine, par Alfr. M'Mahon. —
Paris, 1847, in-12, fig. s. bois, br.

1071. — Tours. 2 pièces in-4, br.
Lettres-patentes du Roi concernant le collège de la ville de Tours. .
Paris, 1779. — Extrait des registres des délibérations de la Société des
Amis de la Constitution, établie à Tours et affiliée à celle de Paris.
Tours (1791).

1072. — La Collégiale de St-Martin de Tours ; basilique, chapitre, possessions, par Nobilleau. *Tours*,
1869, in-8, pap. de Holl., br.
Tiré à petit nombre.

1073. — Procès-verbal du pillage par les Huguenots
des reliques et joyaux de St-Martin de Tours
en mai et juin 1562, publ. pour la prem. fois par
Ch.-L. Grandmaison. *Tours*, 1863, in-8, pap. de
Holl., br.

1074. — Du rétablissement des églises en France
à l'occasion de la réédification de celle de St-Martin
de Tours, par Jacquet Delahaye-Avrouin. *Paris*,
1822, 1 vol. et atlas in-4, br.

1075. — Nobilleau. Les archives communales de
Tours. *Tours*, 1870, in-8 tiré in-4, grand-papier de
Hollande, br.
Tiré à 100 exemplaires numérotés. — Celui-ci porte le n° 2.

1076. — Les archives communales de Tours, par
Nobilleau. *Tours*, 1870, in-8, pap. de Holl., br. —
Nobilleau. Mélanges. *Tours*, 1874, broch. in-8.

1077. — Necrologium Beatiss. Martini Turonensis
804-1495 et Majoris Monasterii Obituarium publicati
per Nobilleau. *Tours*, 1875. — L'archidiacre Bé-
renger et le prieuré de Saint-Come-lez-Tours (1088-
1585), publ. par Nobilleau. *Tours*, 1878. — Ens.
2 broch. in-8, pap. de Holl.

1078. — J.-L. Chalmel. Précis des événements qui
ont eu lieu à Tours le 9 thermidor, publ. par L.-P.
Nobilleau. *Tours*, 1868, broch. in-8 tirée in-4, sur
grand-papier, br.
Tiré à 30 exemplaires numérotés. — N° 5.

1079. — Le prieuré de St-Christophe en Touraine, par Dom Huymes, publ. par Nobilleau. *Tours*, 1880, broch. gr. in-8.

Tiré à très petit nombre.

1080. — Histoire de la ville et du canton de Preuilly (Indre-et-Loire), par Ch. Audigé et Const. Moisand. *Tours*, 1846, in-8, blasons color., br.

1081. — Discours histor. sur la chatellenie et le château de Chenonceau, publ. par le P. Aug. Galitzin. *Tours*, 1858, pet. in-4, br.

Tiré à 50 exemplaires seulement.

1082. — Tablettes chronologiques de l'histoire du chateau et de la ville de Loches, par le chevalier Adolphe de Pierres. *Paris*, 1843, in-4, br.

1083. — Notice sur l'abbaye de Beaulieu-lez-Loches. ordre de St-Benoit, diocèse de Tours, par Nobilleau. *Tours*, 1868, in-8. br.

Tiré à 30 exemplaires numérotés.

1084. — Notice sur Crozant, Châteaubrun et Gargileste, avec un appendice sur Argenton et St-Marcel et sur la station de Chabenet, par V.-A. Fauconneau-Dufresne. *Châteauroux*, 1871, in-8, br.

1085. — Berry. 2 broch. in-8.

Quelques renseignemens sur l'état et les productions des forges du Berry, par L. Gallicher. *Bourges, s. d*, — Notice historique, administrat. et commerciale sur le canal du Berry, avec plans et profils. *Bourges*, 1842.

1086. — Chroniques de St-Martial de Limoges, publ. d'après les mss. originaux, pour la Soc. de l'Hist. de France, par H. Duplès-Agier. *Paris*, 1874, gr. in-8, dem.-rel., v. fauve. (*Bel exemplaire*).

1087. — Rerum Engolismensium scriptores, collegit Eus. Castaigne. *Engolismæ*, 1853, 2 fascicules in-8.

Contenant : Chronicon Engolismense ab anno 814 ad annum 991. — Historia Pontificum et Comitum Engolismensium ad annum usque 1159. — Chronicon monasterii B. Mariæ de Corona : avec fac-simile. (Le 2e fascicule n'a pas de titre).

1088. — Lettre du Roy à M. le mareschal de l'Hospital, gouverneur de la ville de Paris, sur la réduction de la ville de Xaintes à son obéissance, de Blois, le 16 de mars 1652. *Paris*, 1652, pièce pet. in-4, cart.

1089. — Lettre du Roy envoyée à M. le mareschal de l'Hospital, gouvern. de la ville de Paris, sur la réduction de la ville et chasteau de Taillebourg, ensemble les articles de capitulation accordez par MM. du Plessis-Bellièvre et Montauziers, lieutenants-généraux de l'armée du Roy, de Sully, le dernier jour de mars 1652. *Paris*, 1652, pièce pet. in-4, cart.

1090. — La défaite des troupes du marquis de Sauvebœuf (près Périgueux) par celles de M. le Prince sous la conduite du sieur Baltazar. *Paris*, 1652, pièce pet. in-4, cart.

1091. — Miradoux. — 5 pièces en 1 vol. pet. in-4, dem.-rel., mar. r.

Relation véritable contenant la défaite de l'arrière-garde de l'armée de M. le comte de Harcourt par les troupes de Monseign. le Prince, commandées par le sieur Marsin, avec la prise de la ville de Miradoux, où il a été fait 1200 prisonniers de guerre. *Paris*, 1652. — Relation de tout ce qui s'est fait et passé dans la levée du siège de Miradoux par M. le Prince. — Le second Babillard du temps racomptant tout ce qui s'est fait et passé entre les armées Mazarines et celles de MM. les Princes, en vers burlesques, ensemble les Triolets de la ville de Miradoux, rendüe à l'obéissance de M. le prince de Condé. *A Paris, chez Marignon Jacquet, rue de la Boucherie, aux Trois Oysons*, 1652. — Relation de la défaite de l'armée du marquis de S.-Luc, devant Miradoux, par MM. les princes de Condé et de Conty, ensemble la défaite de quatre mille hommes des troupes de Mazarin. *Paris*, 1652. — La véritable relation de la deffaite du marquis de S.-Luc (entre Astaffort et Miradoux), par les troupes de MM. les Princes. *Paris*, 1652.

1092. — Le coup d'Estat de la Guyenne, présenté à Mgr le prince de Condé et à MM. de Bordeaux, ou remonstrance à tous les ordres de la province. *Paris*, 1651. — L'estat général des affaires de Guyenne et de tout le pays de delà la Loire. *S. l.* (1651). — Ens. 2 pièces en une plaquette pet. in-4, cart.

1093. — Relation véritable de l'arrivée de M. le duc
de Guyse en France, la réception qui luy a esté
faite à Bordeaux, avec l'armée qu'il fait pour venir
joindre celle de MM. les Princes. *Paris*, 1652, pièce
pet. in-4, cart.

1094. — Récit véritable de ce qui s'est passé au Mont
de Mersan (*sic*) contre les troupes du marquis de
Poyanne. *Paris*, 1652, pièce pet. in-4, cart.

1095. — Hist. des troubles du Béarn, au sujet de la
religion, dans le xvII^e siècle, par le P. Mirasson,
Barnabite. *Paris*, 1768, in-12, v. m.

1096. — Journal de ce qui s'est passé au siège du
chasteau de Dijon depuis le 26e jour de novembre
jusqu'au 2 décembre 1651. *Paris*, 1652, pièce pet.
in-4, cart.

1097. — Histoire et légende concernant le pays de la
Montagne ou le Châtillonnais, par Mignard. *Paris*,
1853, in-8, avec planche d'inscription, br.

1098. — Recherches et mémoires servans à l'histoire
de l'ancienne ville et cité d'Autun, par feu Jean
Munier, conseiller et advocat du Roy au bailliage
d'Autun, rev. et donnez au public par Cl. Thiroux.
Dijon, 1659, in-4, dem.-rel., mar. bl.
    Exemplaire de l'historien de *Ste-Marthe*, avec sa signature sur
le titre.

1099. — Hist. des guerres des deux Bourgognes,
sous les règnes de Louis XIII et Louis XIV, cont.
la description de ces deux provinces, traité de
neutralité entre la Bourgogne et la Franche-Comté,
cause de la rupture, siège de Dole et de St-Jean-
de-Lône, vigoureuse défense des habitans de ces
deux villes et surtout de leurs femmes, prise
de Verdun et de Mirebeau, arrivée du fameux
Galas en Bourgogne, Galas poursuivi par le prince
de Condé, diversité des Espagnols en Picardie (par
Béguillet). *Dijon*, 1783, 2 vol. in-12, v. marbr.

1100. — Guerres de la Franche-Comté sous le règne

de Louis XIII, en ce qui concerne le baron d'Ar-
nans (recueil des rapports faits dans le temps par
les Français et par les Francs-Comtois). *Lons-le-
Saulnier*, 1822, in-4, portr. ajouté, br., non rog.

1101. — *Notes et documents pour servir à l'hist. de
Lyon sous le règne de Louis XIII, 1610-1643, par
Ant. Péricaud aîné. Lyon,* 1846, gr. in-8, dem.-rel.,
mar. br. du Lev., non rog.

1102. — HISTOIRE PRODIGIEUSE et punition de Dieu
espouventable naguères arrivée auprès de la ville
d'Enduze au païs de Jevosdan (*sic*), d'un homme de
la Religion Prétenduë qui vouloit travailler et
*faire travailler les serviteurs le jour de la Feste
Dieu dernièrement passée. Paris, Abr. Saugrain,*
1618, plaquette pet. in-8, rel. pleine en mar. rouge
du Levant janséniste à nerfs, dent. intér., tr. dor.
(*Duru et Chambolle*).

   Pièce de toute rareté. — SEUL EXEMPLAIRE CONNU. — Provenant de
la vente Morel, de Lyon.

1103. — Nouv. recherches pour serv. à l'hist. de la
ville de Beaucaire, par M*** (le chevalier de For-
ton). *Avignon,* 1836, in-8, br.

1104. — Lettre des Trois Estats de Provence à M. le
duc de Guise par laquelle il est prié d'accepter le
gouvernement de la province et les tirer du joug
tyrannique sous lequel ils languissent depuis la
mort du deffunct duc de Guise, son père. *Paris;*
1652, pièce pet. in-4, cart.

1105. — *Relation des fêtes données par la ville d'A-
vignon les 7, 8, 9 et 10 mai 1775 pour l'exaltation
de N. S. P. le Pape Pie VI. Avignon, J. Bléry,*
1775, pièce in-4.

1105 *bis.* — Mémoire statist. sur le départem. de
Vaucluse, par Max. Pazzis. *Carpentras,* 1808, in-4,
br.

1106. — Hist. de la ville d'Orange et de ses antiquités, par de Gasparin, aîné. *Orange,* 1815, in-12, avec 6 grav., br.

1107. — Essai sur l'Algérie chrétienne, romaine et française ou extraits de quelques-uns des sommaires de la traduction de l'*Africa Christiana* de Marcelli, annoté et augmenté par Mgr Dupuch. *Turin,* 1847, gr. in-8, br.

III. — HISTOIRE DES PAYS ÉTRANGERS.

1108. — Ambassades de M. de la Boderie en Angleterre, sous le règne de Henri IV et la minorité de Louis XIII, de 1606 à 1611 (par Burtin). *S. l.,* 1750, 5 vol. in-12, v. f.

1109. — Déclaration du Séréniss. Roy Jacques I, roy de la Grand' Bretaigne et Irlande, défenseur de la foy, pour le droit des Rois et indépendance de leurs couronnes contre la harangue de l'illustrissime Cardinal Du Perron, prononcée en la Chambre du Tiers-Estat, le 15 janvier 1615. *Jouxte la copie imprimée à Londres par Jehan Bill, imprimeur du Roy,* 1615, pet. in-8 de 145 pag.,dem.-rel., mar. viol.

1110. — La nouvelle Troye ou mémorable histoire du siège d'Ostende, le plus signalé qu'on ait veu en l'Europe, en laq. sont descripts et naïfvement représentés en diverses figures les assauts, défenses, inventions de guerre, mines, contre-mines, retranchemens, combats par terre et par mer et autres remarcables (*sic*) advenues de part et d'autre, avec ce qui s'est passé par chascun jour durant ledit siège, depuis le 5 juing 1601 jusqu'au 20 septembre 1604 qu'elle fut rendue, receuillis (*sic*) des plus asseurés mémoires par Henry Haestens. *A Leyde, chez Loys Elzevier, l'an* 1615. Pet. in-4, avec plus. planches grav. en taille-douce, dem.-rel., mar. rouge.

1111. — Le mémorable siège d'Ostende, décrit et divisé en douze livres par Christ. de Bonours, du conseil de guerre et capitaine entretenu de Sa Majesté. *A Bruxelles, achevé d'imprimer chez Jean de Murbeeck*, 1628. Pet. in-4 de plus de 600 pag., avec plan gravé, dem.-rel., mar. r.

1112. — Copie de la lettre de MM. les Estats de Hollande, envoyée au Roy très chrestien le 18 may 1619, après l'exécution de mort du sieur d'Oldenbarneveld. *S. l.*, 1619, pièce pet. in-8, cart.

1113. — La deffaite générale de l'armée du comte de Mansfeld et de l'évesque d'Alberstad par l'armée d'Espagne en laquelle ont esté mis et taillez en pièces plus de huict mille hommes ennemis ; la prise de l'évêque d'Alberstad mené prisonnier à Bruxelles et autres particularitez de la bataille donnée ès Pays-Bas près S.-Fiacre le 29 aoust 1622. *Paris*, 1622, pièce pet. in-8, cart.

1114. — Le manifeste de MM. les Estats des Provinces-Unies de Hollande au reste des villes catholiques qui sont subjettes au Roy d'Espagne, ensemble ce qui s'est passé à la Cour de Bruxelles dep.le 20 de sept. 1632. *Paris*, 1632, pièce pet. in-8, cart.

1115. — La réduction de la ville de Limbourg et de toute la province, avec les articles accordés aux habitans par le seigneur de Stackembrock, lieutenant-général de la cavalerie, commandant au siège de lad. ville, de la part de S. E. le prince d'Orange, de Limbourg, le 8 sept. 1632. *Paris*, 1632, pièce pet. in-8, couv. en pap.

1116. — L'ordre du siège de la ville de Breda contre les forces espagnoles, par M. le prince d'Orange, général de l'armée hollandoise, suivant l'arrêté qui en a esté fait au camp de Son Altesse le sixiesme de septembre 1634. *Paris*, 1634, pièce pet. in-8, cart.

1117. — Diarium obsidionis Lovaniensis, ab exercitu

Gallico et Batavico (auctore Joa. Rivio, Ordin. Eremitarum S. Augustini). *Lovanii, ap. P. Pangartium*, 1635, pet. in-4, cart., ébarbé seulement.

1118. — Le grand combat nouvellement donné entre les trouppes impériales et hollandoises et la furieuse deffaicte de deux mille Allemands par l'admiral Vandorp, hollandois. *Paris*, 1634, pet. in-8, cart.

1119. — L'ordre du siège de la ville de Bréda contre les forces espagnolles, par M. le Prince d'Orange, général de l'armée hollandoise, suivant l'arresté qui en a esté fait au camp de Son Altesse le 10e de septembre 1634. *Paris*, 1634, plaquette pet. in-8, cart. en toile. (*Behrends*).

1120. — Eryci Puteani historiæ Belgicæ liber singularis de obsidione Lovaniensi anni 1635, novi sub Ferdinando principe belli auspicio. *Antuerpiæ, J. Cnobbar*, 1636, in-24, avec plan des fortifications et figures des projectiles envoyés par l'artillerie assiégeante, v. m.

1121. — Relation de tout ce qui s'est passé au siège et prise de Brême, par les armes du roy Philippe IV, sous la conduite du marquis de Leganez, le 27 mars 1638. *Anvers, Imprimerie Plantinienne*, 1638, in-4, cart.

1122. — Histoire de Hollande, dep. la trève de 1609, où finit Grotius, jusqu'à nostre temps, par de la Neuville. *Paris*, 1693, 4 vol. in-12, v. br.

1123. — Ad. Brachelii Historia nostri temporis, bello et pace per Europam atque in Germania maxime gestarum ab anno 1618 usque ad annum 1654. *Amst., apud Jac. van Mœurs*, 1655, 2 vol. pet. in-12, front. gr., nombr. portraits gravés en taille-douce, v. br.

Cette édition peut s'annexer aux Elsevier.

1124. — Le Mercure Allemand ou histoire véritable de ce qui s'est passé de plus mémorable tant ès hautes que basses Allemagne, Bohême, Hongrie, Austriche, Palatinat et autres provinces depuis le mois de juillet de la présente année 1620 jusques au présent mois de décembre, recueilli et mis en lumière par Jacob Franc, historien allemand, trad. de ladite langue en françois. A *Francfort, de l'imprimerie d'André Weschel (sic)*, 1620, pet. in-8, dem.-rel., toile lustrée.

1125. — La prise de la forteresse et chasteau de Stain par Dom Gonzales de Cordoüa, lieutenant des trouppes du Roy d'Espagne, au Palatinat, avec un récit au vray de la suitte des affaires du marquis de Spignola et ce qui se passe en son armée. *Paris*, 1621, pièce pet. in-8, couv. en pap.

1126. — Ambassades du mareschal de Bassompierre en Espagne et en Suisse en 1621 (et 1625). *Cologne, P. du Marteau (à la Sphère)*, 3 tom. en 2 vol. pet. in-12, v. marbr.

1127. — Sommaire de la dern. conclusion de la négociation de Monseigneur le Légat faict par le principal ministre de l'Estat sur les affaires de la Valtoline, le quatriesme jour du mois d'octobre en l'année mil six cens vingt et cinq. — Pet. in-fol., cart.

MANUSCRIT DU XVIIᵉ SIÈCLE d'une belle écriture.

1128. — Histoire véritable de ce qui s'est passé en la Valtoline par l'armée de Sa Majesté commandée par M. le Marquis de Cœuvre, aussi le serment de fidélité, fait à Sa Majesté, au duc de Savoye et à la République de Venise par les ambassadeurs de la comté de Wumbes et de trois cantons, ensemble ce qui s'est passé en Hollande et au siège de Breda, tant dedans que dehors. *Paris*, 1625, pièce pet. in-8, cart.

1129. — Histoire de la Valteline et Grisons, cont. les mémoires, discours, traitez et négociations sur le sujet des troubles et guerres survenues esdits

pays, depuis l'an 1620 jusques à présent. *Genève,
Albert*, 1632, pet. in-8, vél.

1130. — Le Mercure Suisse (par Fréd. Spanheim, le
père). *Rouen, Centurion Lucas*, 1634, in-8, vél.

Rare. — Exemplaire très bien conservé, dans sa première reliure.

1131.— Négociations diplomatiques en Suisse de 1635
à 1643. — Minutes originales de M. de Melian, ambassadeur de France. — 20 cahiers mss. dans un
portefeuille in-fol., dos de toile.

Manuscrit du xvii° siècle, provenant des papiers d'Estavayer de Mo-
londin, secrétaire interprète et agent du roi Louis XIII en Suisse. —
Ces cahiers paraissent présenter quelques lacunes. Ils commencent par
une dépêche *à MM. de Zurich pour leur donner avis de l'arrivée de
Mgr l'ambassadeur Mélian en Suisse, avril* 1635.

1132. — Copie de la lettre du Roy de Boëme envoyée
au Roy très chrestien de France, d'Amberg, le
20 d'octobre 1619. *S. l.*, 1619, pièce pet. in-8, non
rel.

1133. — Ambassade extraordinaire de MM. les duc
d'Angoulesme, comte de Béthune et de Préaux de
Chasteauneuf, envoyez par le Roy Louis XIII
vers l'empereur Ferdinand II et les princes et potentats d'Allemagne en l'année 1620, avec les observations politiques de M. de Béthune employé
en ceste ambassade et en plus. autres considéra-
bles sous les règnes de Henry IV et de Louis XIII.
Paris, 1667, in-fol., v. br.

1134. — Mercurius Austro-Bohemo-Germanicus, hoc
est rerum memorabilium inter Ferdinandum II,
Rom. imperatorem, et Imp. Romani proceres, toto-
que terrarum orbe gestarum, a vernalibus 1612
usque ad presentes autumnales 1622 continuatis
annus tertius, interprete Mich. Casp. Lundorpio.
Francofurti, 1622, pet. in-8, vél. (*Mouillé*).

1135. — Histoire générale de la rébellion de Bohême,
contenant la vie et les exploix du comte de Buc-
quoy, général des armées impériales jusques au
jour de sa mort déplorable ; la guerre menée en

Hongrie contre Bethléem Galaor, prince de Transylvanie, les traictez faicts avec l'empereur, B. Gabar, etc., par l'entremise des duc d'Angoulesme, de Béthune et de Préaux, ambassadeurs de S. M. tr. chrét. en Allemagne, la sanglante bataille gagnée devant Prague par les ducs de Bavière et comte de Buquoy, exploits de guerre du marq. de Spinola au bas Palatinat du Rhin, victoires gaignez contre le Palatin, Mansfeld, etc.,par le baron de Tilly, etc., la réduction de la Bohême, Austriche, etc., à l'obéissance de l'empereur, etc. (par C. Malingre). *Paris, J. Petit-Pas*, 1623, in-8, vél.

1136. — Histoire des armes victorieuses de Gustave-Adolphe, roy de Suède, cont. les guerres et victoires par luy obtenues en Danemark, Moscovie, Lithuanie, Livonie, la Prusse royale, de Pologne, et les guerres et victoires par luy obtenues dès sa venue en Allemagne jusques à présent, trad. d'allem. en franç. *Genève, Alex. Pernet*, 1632, pet. in-8, vél. de Hollande.

> Bel exemplaire d'un livre rare. — Au commencement on remarque une complainte en vers « *entre le roy de Suède et la ville de Magdebury.* »

1137. — La nouvelle delfaitte de quatre mille Impériaux devant la ville de Ratisbonne et la déroute générale des troupes de la Ligue par les armées des Suédois. *Paris*, 1634, pièce pet. in-8, cart.

1138. — Le furieux combat donné à l'assaut général contre l'importante ville de Ratisbonne par le Roy de Hongrie, avec perte de trois à quatre mille hommes de l'armée impériale et la prise de 80 chariots de vivres. *Paris*, 1634, pièce pet. in-8, cart.

1139. — La prise par force de la ville, chasteau et citadelle de Madegourt (*sic*) et la deffaite de douze cens Poullonnois au passage du Loucar, par la nouvelle armée des Suédois. *Paris*, 1634, pièce pet. in-8, cart.

1140. — Relation générale de tout ce qui s'est fait et passé au siège de Schencken-Schans, depuis le commencement jusques à présent, avec les nouvelles fortifications et toutes les circonstances du siège d'un et d'austre costé. *Paris*, 1635, pièce pet. in-8, couv. en pap.

1141. — La défaite générale de l'armée de l'Empereur commandée par le général Tilly par le Roy de Suède, avec la prise de six vingt cornettes, soixante drapeaux et vingt-cinq pièces de canon ; ensemble la prise de la ville de Hal par ledit Roy et la mort de Tilly. *Paris. s. d.*, pièce pet. in-8, cart.

1142. — Historia delle guerre di Ferdinando II e III imperatori, e del Re Filippo IV di Spagna, contro Gost. Adolfo, Re di Suetia, e Luigi XIII Re di Francia, 1630-1640, del conte Galeazzo Gualdo Priorato. *Appr. la copia stamp. in Venetia*, 1642, gros in-8, vél.

1143. — Le Soldat Suédois ou hist. véritable de ce qui s'est passé depuis la venue du Roy de Suède (Gustave) en Allemagne jusques à sa mort (par de Grenaille, Sr de Chatonières). *Rouen, J. Cailloué*, 1642, in-8, v. gr.

1144. — Les Impériaux en Hongrie ou le maréchal Bassompierre et le marquis de Lassay (1603-1685), étude historique par J. Bellanger. *Paris*, 1881, broch. in-8.

1145. — Mémoires de Hambourg, de Lubeck, de Holstein, de Dannemarck, Suède et Pologne, par Aubery du Maurier. *La Haye*, 1737, in-12, v. m.

1146. — Hist. de Gustave-Adolphe, roi de Suède, comp. sur les manuscrits de Arkenholtz, par M. D. M. (El. Mauvillon). *Amsterdam*, 1744, in-4, portr. et pl. grav., v. marbr.

1147. — Del l'historia di P. Giov. Cappriata, libri

dodici ne quali si contengono tutti i movimenti
d'arme successi in Italia dal 1613 fino al 1634. *Appr. la copia stampata in Genova*, 1639, in-8, vél.
bl.

> Légère mouillure.

1148. — Lettre à M. le Rédacteur du Globe au sujet
de la prétendue ambassade en Russie de Charles
de Talleyrand (marquis d'Excideuil), avec un
post-scriptum contenant une lettre inédite de
Louis XIII (relative à cette affaire). *Paris*, 1828,
broch. in-8.

> Cette lettre, tirée à petit nombre, est du prince Alex. Labanoff, et la
> lettre de Louis XIII est extraite des archives de St-Pétersbourg.

1149. — La Conjuration du comte Jean-Louis de
Fiesque (par le Cardinal de Retz).*Cologne (Amst.,*
Dan. Elsevier, à la Sphère), 1665, pet. in-12,dem.-
rel., mar. r.

> Véritable Elsevier d'Amsterdam. (Voir WILLEMS, *les Elsevier*,
> N° 1352).

1150. — D. Ant. Possevini junior. philosophi et medici Mantuani Belli Monferratensis historia ab
anno salut. 1612 usque ad ann. 1618. *S. l. (Ge-*
nevæ), P. *Chouet*, 1637, in-fol., v. m.

1151. — Ordonnance de Sa Majesté contre la République de Gennes, du quatriesme octobre 1625.
Jouxte la copie, 1625, pièce pet. in-8.

1152. — Historia della vita d'Alberto de Valstein
duca di Fritland del conte Gualdo Priorato, alla
Maesta Christianiss. di Luigi XIII. *Lion, J.Aymé-*
Candi, 1643, pet. in-4, port., cart.

1153. — Hist. du gouvernement de Venise, par Amelot de la Houssaye. *Paris, F. Léonard*, 1685,2 vol.
in-8, v. br. (*Bel exemplaire*).

> On a relié à la fin du 2° volume les traités suivants : *Mémoire pour*
> *servir à la défense de l'histoire du gouvernement de Venise. S. l.,*
> *ni date. — Examen de la liberté originaire de Venise, trad. de l'i-*
> *talien, avec une harangue de Louis Hélian, trad. du latin, et des*
> *notes. Ratisbonne, chez J. Aubri, 1684.*

1154. — Hist. de la République de Venise, dep. sa fondation jusqu'à présent, par l'abbé L. (Laugier). *Paris*, 1759-68, 12 vol. in-12, v.marbr. (*Bel exemplaire*).

1155. — Historia delle guerre di Ferdinando II, e Ferdinando III imperatori, e del Re Filippo IV di Spagna contro Gostavo Adolfo Re di Suetia e Luigi XIII Re di Francia (1630-1640), del conte Galeazz Gualdo. *Venetia*, 1640, in-4, vél.

1156. — Conférence tenue entre le Pape et le Roy d'Espagne sur le discord arrivé entre leurs personnes. *S. l.*, 1623, pièce pet in-8, dem.-rel.

1157. — Successi principali della monarchia di Spagna nell' anno 1639, scritti dal Marchese V. Malvezzi. *Anversa, nell' offic. Plantiniana*, 1641, pet. in-12, dem.-rel., mar. br., à nerfs.

1158. — Histoire de tout ce qui s'est passé en la Catalogne, depuis qu'elle a secoué le joug de l'Espagnol, cont. les progrez de la guerre de Catalogne, es années 1640 et 1641, avec la signalée victoire de Monjuique, les secrets publiques de la Catalogne, ou la pierre de touche des intentions de l'ennemy, avec un éclaircissement de la vérité, et l'appuy de la vérité Catalane, oppugnée par un libelle, qui commence : La justification royalle (par le P. M. Gaspard Sala, trad. d'espagnol en françois, par P. Lacavalleria). *Rouen, J. Berthelin*, 1642, 3 ouvr. avec titre et pagination séparés, sous un titre collectif, en 1 vol. pet. in-4, v. fauve, fil., tr. dor.(*Reliure ancienne*).

1159. — Hist. de la vie et des actions de D. Jean II, treizième roy de Portugal, dict le plus grand roy, fils du meilleur homme, trad. de l'espagnol de D. Aug. Eman. de Vasconcelos, gentilh. Portugais et chev. de l'ordre du Christ. *Paris*, 1641, in-8,dem.-rel., mar. r.

1160. — Récit véritable de l'embarquement, du
voyage et de l'heureuse arrivée de la Reyne de
Portugal, avec la magnifique entrée qui luy a esté
faite à Lisbonne en la présente année 1666. *Paris,
Ant. de Nogent*, 1666, pet. in-4, cart.

Curieuse relation en vers.

1161. — Edit du Roy pour l'establissement de la
Compagnie des Indes Occidentales. *Paris*, 1664,
pièce pet. in-4, cart.

1162. — Discours d'un fidèle sujet du Roy touchant
l'établissement d'une Compagnie françoise pour le
commerce des Indes Orientales, adressé à tous les
François. *Paris*, 1664, 57 pag. — Articles et condi-
tions sur lesquelles les marchands négotians du
royaume supplient très humblement le Roy de
leur accorder sa déclaration et les grâces y contenues pour l'establissement d'une Compagnie pour
le commerce des Indes Orientales. *Paris*, 1664,
21 pag. — Ens. en un vol. pet. in-4, dem.-rel.,
toile lustrée.

IV. — ARCHÉOLOGIE. — NUMISMATIQUE.
SIGILLOGRAPHIE.

1163. — Voyage du jeune Anacharsis en Grèce, par
l'abbé Barthélemy. *Paris*, 1822, 7 vol. in-8, figures
et atlas in-4, br.

1164. — A dictionnary of greek and roman anti-
quities, edited by Will. Smith. *London*, 1842, gr.
in-8, fig., rel. en toile, non rog.

1165. — Dictionnaire des antiquités romaines et
grecques, accomp. de 2,000 grav. par Ant. Rich,
trad. par Chéruel. *Paris*, 1859, in-8, fig. s. bois,
dem.-rel., mar. vert du Lev., non rogné.

1166. — Pompéia, décrite et dessinée par Ern. Breton, avec une notice sur Herculanum. *Paris*,1855,
gr. in-8, fig., br.

1167. — Herculanum et Pompei, recueil général des peintures, bronzes, mosaïques, etc., découvertes jusqu'à ce jour, gravées au trait sur cuivre par Roux aîné, avec texte explicatif par L. Barré. *Paris, Didot*, 1840, 7 vol. gr. in-8, avec de nombr. planches, dem.-rel., v. vert.

1168. — Recueil de fragmens de sculpture antique en terre cuite (par Seroux d'Agincourt). *Paris*, 1814, in-4, portr. et fig., dem.-rel.

1169. — Le palais impérial de Constantinople et ses abords, Sainte-Sophie, le Forum et l'Hippodrome, par J. Labarte. *Paris*, 1861, in-4, fig., br.

1170. — Recueil de monumens antiques, la plupart inédits, et découverts dans l'anc. Gaule, par Grivaud de la Vincelle. *Paris*, 1817, 3 vol. in-4, dont 2 vol. de texte et 1 vol. de planche, dem.-rel., toile.

1171. — Antiquités gauloises et romaines, rec. dans les jardins du Palais du Sénat, pendant les travaux d'embellissement qui y ont été exécutés depuis l'an IX jusqu'à ce jour, pour servir à l'histoire des antiquités de Paris, préc. de recherches sur cette capitale, sur le Palais du Sénat, etc., par C.-M. Grivaud. *Paris*, 1807, in-4, nombr. planch., br.

1172. — Essai sur les poteries romaines, et les nombreux objets d'antiquité qui ont été trouvés au Mans en 1809, par Daudin et de Caumont. *Paris*, 1829, in-8, fig., tiré gr. in-4, br.
Exemplaire sur TRÈS GRAND-PAPIER.

1173. — Notice sur un atelier de fondeur gallo-romain du Ier siècle découvert à Rezé, par Parenteau. *Caen*, 1865, broch. in-8.

1174. — Catalogue du musée de Nismes, notice histor. sur la maison carrée, biographie de Sigalon, par Aug. Pelet. *Nimes*, 1858, in-8, br.

1175. — Essai sur les Dolmens, accompagné d'une

carte, de planches et de dessins, par le baron de
Bonstetten. *Genève, Fick,* 1865, in-4, dos et coins
de vél. bl.

1176. — Cours d'archéologie, professé à la Bibliothèque du Roi, par Raoul-Rochette. *Paris,* 1828, in-8,
br.

1177. — Abécédaire ou rudiment d'archéologie, par
de Caumont. *Paris,* 1851, in-8, fig., dem.-mar. br.
du Lev., non rogné.

1178. — Cours d'antiquités monumentales, par de
Caumont. *Paris,* 1830-35, 5 vol. in-8 et atlas in-4,
obl., dem.-rel., mar. br., non rog.

1179. — Hist. de l'art monumental dans l'antiquité
et au moyen-âge, avec un traité de la peinture sur
verre, par Batissier. *Paris,* 1845, gr. in-8, fig.,
dem.-rel., mar. br., à nerfs.

1180. — Rapport verbal fait à la Soc. Française pour
la Conservation des Monuments historiques, sur
divers monumens et plus. excursions archéologiques, par de Caumont. *Paris,* 1856, in-8, fig., br.

1181. — Dictionnaire des antiquités chrétiennes, par
l'abbé Martigny. *Paris,* 1865, gr. in-8 à 2 col., fig.,
dem.-rel. mar. Lavall., à nerfs, non rogné.

1182. — Sépultures gauloises, romaines, franques et
normandes, faisant suite à la Normandie souter-
raine, par l'abbé Cochet. *Paris,* 1857, gr. in-8, figures, dem.-rel., mar. br., à nerfs, non rog.

1183. — La sépulture chrétienne en France, d'après
les monuments du xie au xvie siècles, av. grav. par
A. Murcier. *Paris,* 1855, in-8, br.

1184. — Sépultures de Boucicault en la basilique de
S. Martin (1363-1490), par Nobilleau. *Tours,* 1864,
in-8, pap. vergé, br.
Tiré à 100 exemplaires numérotés.

1185. — La tombe de Jehan de Bailleul à Bailleul-

12.

sur-Eaulne, par le vic. d'Estaintot. *Rouen*, 1878,
in-8, br.

1186. — Mélanges d'archéologie, par les PP. Cahier
et Martin. *Paris*, 1847-49, in-4, planch., dem.-rel.,
mar. n. (*Tome Ier seul*).

1187. — Les inscriptions grecques (du musée du Louvre), interprétées par W. Froehner. *Paris*, 1865,
in-12, fig., br.

1188. — Épigraphie de la Gaule Sceltane, par G. Tou-
flet. *Rouen*, 1883. — Onomastique de la Gaule
Sceltane (par le même). *Rouen*, 1884.— Ens. 2 vol.
gr. in-8, br.

1189. — Inscriptions tombales et autres de la Touraine, rangées par ordre alphabétique de localités,
travail manuscrit de M. Pécard, relevé sur cartes-
fiches. — Environ 200 cartes.

1190. — Mémoires de l'Académie Celtique ou recherches sur les antiquités Celtiques, Gauloises et
Françaises. *Paris*, 1807-09, 4 vol. in-8, cart., non
rogn. — Mémoires et dissertations sur les antiquités nationales et étrangères, publ. par la Soc.
Roy. des Antiquaires de France (faisant suite aux
Mém. de l'Acad. Celtique). *Paris*, 1817 à 1869 inclus, 31 vol., fig., rel. et br.

> Les 21 prem. volumes sont en dem.-rel., et les suivants sont bro-
> chés.

1191. — Annuaire de la Société des Antiquaires de
France. *Paris*, 1849-50, 2 vol. in-18, br.

> L'année 1850 de cet annuaire contient deux tables, l'une analytique,
> l'autre alphabétique des *Mémoires de l'Académie Celtique*, et les
> *Itinéraires romains de la Gaule*, par L. Rénier.

1192. — Revue archéologique ou recueil de documents et de mémoires relatifs à l'étude des monuments et à la philologie de l'antiquité et du moyen-
âge, publ. par les princip. archéologes et accomp.
de planches grav. d'après les monuments originaux. *Paris, Leleux*, 1844-46, 3 vol. gr. in-8, et

atlas de 46 planches, dem.-rel., v. fauve. — La même revue. *Années* 1849 et 1850, 2 vol. gr. in-8, fig., cart., non rogn. — Revue archéologique, nouvelle série. *Paris, Didier*, 1860-64, 5 années en 10 vol. gr. in-8, fig., br. — La même, de *janvier* 1865 *à octobre* 1871, inclus, 6 années en livraisons. — En tout 14 années, rel., br. ou en livrais.

1193. — Almanachs de l'Archéologue français, publiés par les membres de la Société française d'archéologie. *Caen, années* 1865-68, 4 vol. in-16, fig. sur bois, br.

1194. — Mémoires de la Société des Antiquaires de la Morinie. *St-Omer*, 1833-58. (Tomes 1 à 10). 10 vol. in-8, et 4 atlas in-4, obl., br.

1195. — Mémoires de la Société d'archéologie du dép. de la Somme. *Amiens*, 1838-40, 3 vol. in-8, fig. et atlas de 40 planches in-4, dem.-rel.

> Les II⁰ et III⁰ volumes portent le titre modifié de *Mémoires de la Société des Antiquaires de Picardie.*

1196. — Bulletins de la Société des Antiquaires de Picardie. *Amiens*, 1844-79, 13 vol. in-8, br. ou en livrais.

1197. — Description des médailles antiques grecques et romaines, avec leur degré de rareté et leur estimation, par T.-E. Mionnet. Recueil des planches. *Paris*, 1837, in-8, avec 79 planch. grav., br.

1198. — De la rareté et du prix des médailles romaines, par Mionnet. *Paris*, 1858, 2 vol. gr. in-8, fig., dem.-rel., v. bl., non rogn.

1199. — Nouveau manuel complet de numismatique ancienne, par J.-B.-A. Barthélemy. *Paris*, 1851, in-18, dem.-rel. et atlas gr. in-8, obl., dem.-rel.

1200. — Essai de classification des suites monétaires byzantines, avec atlas, par F. de Saulcy. *Metz*, 1836, gr. in-8 et atlas in-4 de planches, br.

1201. — Descript. des médailles gauloises faisant

partie de la Bibliothèque Royale, av. notes, par
Ad. Duchalais. *Paris*, 1846, in-8, fig., br.

1202. — Descript. des monnaies seigneuriales françaises compos. la collection de Poey-d'Avant, essai
de classification, par Poey-d'Avant. *Fontenay-
Vendée*, 1853, in-4, nombr. pl. de médailles, dem.-
rel., mar. v.

1203. — Notice des monnaies françaises compos. la
collection de J. Rousseau, préc. de considérations
sur la numismatique française, par Ad. de Long-
périer. *Paris*, 1847, in-8, fig. de méd., dem.-rel.,
mar. br.

1204. — Catalogue des monnaies nationales de
France, collection Rousseau, par Rollin et Feuar-
dent. *Paris*, 1861, in-8, dem.-rel., v. r., ébarbé.

1205. — Recueil factice de catalogues de monnaies et
médailles. — 3 catalog. en un vol. gr. in-8, fig.,
dem.-rel., v. viol.

Collection Jean Rousseau. Monnaies féodales françaises, décrites par
Benj. Fillon. *Paris, J. Rousseau*, 1860, front. gr., fig. de méd. — Catalogue des monnaies grecques et romaines comp. la collection de
P.-F.-G. Gosselin. *Paris*, 1864. — Catalogue des objets d'art et d'antiquités des tableaux, dessins et médailles des xve et xvie siècles, de la
collection Eug. Piot. *Paris*, 1864. *(Prix d'adjudication)*.

1206. — Essai sur la numismatique gauloise du
nord-ouest de la France, par Lambert. *Caen*, 1849,
in-4, fig., br.

1207. — Nouveau manuel complet de numismatique
du moyen-âge et moderne, par J.-B.-A. Barthélemy. *Paris*, *s. d.*, 1 vol. in-18 et atlas in-fol., br.

1208. — Bibliothèque Impériale, départem. des médailles, pierres gravées et antiques, descript. sommaire des monuments exposés. *Paris*, 1867, in-12,
dem.-rel., v. bl., à nerfs, non rog.

1209. — Hist. du jeton au moyen-âge, par J. Rouyer
et Eug. Hucher. *Paris*, 1858, gr. in-8, 17 pl. de je-
tons, dem.-rel., mar. bl., non rog. (*Petit*).

Première partie, seule parue.

1210. — Collection de plombs historiés trouvés dans
la Seine et rec. par Arth. Forgeais. *Paris, chez
l'auteur*, 1862-66, 5 vol. gr. in-8, nombr. figures,
br.

Ire série : Méreaux des corporations de métier ; IIe série : Enseignes
de pélerinage ; IIIe série : Variétés numismatiques ; IVe série : Ima-
gerie religieuse ; V^e série : Numismatique populaire.

1211. — Iconographie des Sceaux et Bulles conservés
dans la partie antérieure à 1790, des archives dé-
partementales des Bouches-du-Rhône, par L.Blan-
card. *Marseille,* 1860, 1 vol. gr. in-4 de texte, br.,
et un vol. gr. in-4 de 114 planches, en feuilles, dans
un cart.

V. — CHEVALERIE. — NOBLESSE. — MÉLANGES HISTORIQUES.

1212. — LE VRAY THÉATRE D'HONNEUR et de chevalerie, ou le Miroir héroïque de la Noblesse, par
Marc de Vulson, Sr de la Colombière, dédié à Monseign. le Cardinal Mazarin. *Paris, Aug. Courbé,*
1648, in-fol., fig. et port. par Nanteuil, mar. rouge.
fil. à compart., dent. sur les plats, tr. dor.

Exemplaire de dédicace aux armes du CARDINAL MAZARIN ; un des
plats est un peu noirci et la reliure un peu fatiguée ; elle est néanmoins
réparable.

1213. — L'establissement des Estats et Offices de la
maison et couronne de France, recherché dans les
anciens manuscripts des abbayes royalles de S.
Denis en France, S. Germain des Prez et S. Victor lez Paris, par M. Mathieu, Forésien. *Paris,
Nic. Rousset,* 1616, pet. in-8, v. marbr.

Volume rare ; quelques feuillets un peu courts en tête.

1214. — Observations curieuses sur l'estat et gouvernement de France, avec les noms, dignitez et
familles principales comme il est en la présente
année 1649. *Paris,* 1649, pet. in-4, cart.

Curieux état de la France.

1215. — Origine des Dauphins de France et de Viennois. — Placard du dix-septième siècle, *imprimé
sur vélin*, avec armoiries peintes à la main. Gr.
in-fol.

1216. — Lettres-patentes du Roy portant érection de
duché et pairie de France données en faveur de
Monseign. le prince de Mourgues, vérifiée en Parlement le 18 juillet 1642, les Trois Chambres assemblées, ensemble sa réception et le serment de
fidélité presté à Sa Majesté par dev. MM. dud. Parlement le 19 février 1643. *Paris, Cl. Preud'homme,*
1643, pet. in-4, cart.

Acte de donation au prince de Monaco des « terres de Crest, Grave,
Sauzet et Savasso, des domaines de Montlimar *(sic)* et de Romans, de
la terre et baronnie du Buys, du sesterrage de Valence et des péages de
l'Estoille, Brun et Charma, le tout situé en Dauphiné... »

1217. — Hist. de la maison de Montmorenci, par Désormeaux, cont. la généalogie de la maison et son
histoire, depuis l'année 960 jusqu'en 1531. *Paris.*
1764, 5 vol. in-12, v. marbr.

1218. — Armorial des archevêques de Tours, par H.
Lambron de Lignim. *Tours,* 1854, broch. in-8.

Tiré à 100 exemplaires seulement.

1219. — Table ou abrégé des 135 volumes de la Gazette de France, dep. son commencement en 1631
jusqu'à la fin de l'année 1765. *A Paris, de l'imprimerie de la Gazette de France, aux Galeries du
Louvre,* 1767, 2 vol. in-4, v. m.

Très rare et fort recherché. — Nous n'avons que les tomes II et III,
allant de la lettre C *(Colbert)* à la lettre Z *(Zurlauben).* — Ces volumes
contiennent le *supplément* et l'*index* complet des *surnoms et noms
de seigneuries.*

1220. — Beso los manos, clausula, quid significet
apud Hispanos, ad N. amicum. *Parisiis,* 1612,
pet. in-4 de 7 pag., cart.

Pièce en vers latins, signée : MAMERANUS *ludebat.*

1221. — Histoire des contestations sur la diplomatique, par Mabillon. *Naples,* 1767, in-8, br.

1222. — De l'état réel de la Presse et des pamphlets
depuis François Ier jusqu'à Louis XIV, par C. Le-
ber. *Paris*, 1834, in-8, dem.-rel., mar. br. du Lev.,
non rog.

1223. — Manuel de l'amateur d'autographes, par
Fontaine. *Paris*, 1836, in-8, dem.-rel., mar. br. du
Lev., à nerfs.

1224. — Les collections de Bastard d'Estang à la Bibliothèque Nation., catalogue analytique, par
Léop. Delisle. *Nogent-le-Rotrou*, 1885, gr. in-8,
br.

1225. — Mémoires de l'Athénée de Vaucluse, conten.
le compte rendu des travaux de cette société dep.
son institution. *Avignon*, 1804, gr. in-8, br.

1226. — Histoire miraculeuse et très certaine envoyée à D. Frère André de S. Marie, evesque de
Cochin, en laq. est rapporté qu'ès Indes de Portugal se trouve un homme marié aagé de 380 ans lequel a esté marié huict fois, à qui par deux fois les
dents sont tombées et après revenues, trad. de lat.
en françois par le Sr François de Vézelize. *Paris,
Est. Perrin, rüe de Versaille, près la porte
Sainct-Victor*, 1613, pet. in-8, couv. en pap.
   Pièce très rare et bien conservée.

1227. — Punition exemplaire et jugement de Dieu
contre Anth. Panetier, voicturier de Gennes en-
glouty en terre jusqu'au menton pour avoir exé-
crablement blasphémé le sainct nom de Dieu, trad.
de l'ital. en franç. par André Devant, advocat, le
15 juin 1613, avec les arrests de la Cour de Parlement de Paris contre les blasphémateurs. *Paris,
s. d.* (1613), pet. in-8, dem.-rel.
   Pièce très rare ; la dernière ligne du texte est en partie coupée.

1228. — Les tragiques accidents des hommes illustres et autres personnes signalées de l'univers depuis le premier siècle jusques à présent, recerchez
dans les plus rares bibliothèques de la France,

par P. Boitel, Parisien. *Paris. Touss. du Bray,*
1616, in-12, dem.-rel., v. antiq.

Ce recueil présente de grandes différences de rédaction avec le
N° suivant. C'est presque un livre différent.

1229. — Le théâtre tragique sur lequel la fortune représente les divers malheurs, advenus aux hommes illustres et personnes plus signalées de l'univers, depuis la création du monde jusques à présent, par P. Boitel, sieur de Gaubertin. *Paris,*
1621-22, 3 tom. en un vol. pet. in-8, dem.-rel.

Le titre de ce recueil devait être *Théâtre du Malheur,* ainsi qu'on
peut le constater en tête des seconde et troisième parties, datées de
1621. Quand le livre fut terminé et qu'il fallut imprimer un titre spécial, on le modifia en inscrivant : *Théâtre tragique.* — La partie la
plus intéressante est sans contredit la dernière qui commence à la mort
d'Henri IV et relate des événements contemporains avec des particularités qu'on ne trouve dans aucun historien. Pour beaucoup de ces histoires tragiques, l'auteur termine son récit par ces mots : « *Je suis témoin oculaire et spectateur de cette histoire,* » ou : « *J'ay esté spectateur de cette mort tragique...* » ou bien encore : « *Cette histoire
tragique est arrivée à ma porte,* » de sorte que l'on y peut ajouter
entièrement foi.

1230. — Histoires tragiques de nostre temps dans
lesq. se voyent plusieurs belles maximes d'Estat
et quantité d'exemples fort mémorables de constance, de courage, de générosité, de regrets et re-
pentances (par Cl. Malingre, sieur de St-Lazare,
historiographe). *Paris,* 1635, in-8, v. br.

Du vicomte de Boisse-Pardaillan. — Des baron de Bouteville et
comte des Chapelles. — De Louis, sieur de Maine, baron de Chabans,
gouverneur de Sainte-Foy, puis grand-maistre de l'artillerie de la Séréniss. République de Venise. — Du baron de Guemadeuc, gouverneur
de la ville de Fougères en Bretagne.— Du sieur Valérian Mussard et de
Jeanne Presto, sa concubine. — Etc.

1231. — Discours sur la délivrance d'un jeune gentilhomme françois condamné à la mort en la ville de
Salemanque en Espagne. *Paris,* 1617, pièce pet.
in-8, dem.-rel., toile lustrée.

1232. — Exécrable cruauté de trois voleurs habillez
en hermites lesquels tuoyent et desvalisoient tous
les passagers et voyagers aux environs de Nantes

en Bretagne, ensemble les meurtre et violement
d'une damoiselle de Poictiers, femme d'un riche
seigneur de ladicte ville, commis par lesdits voleurs habillez en hermites. *A Paris, de l'imprimerie de N. Alexandre*, 1625, pièce in-12, n. rel.

Réimpression fac-simile faite à Lyon, chez Perrin en 1875. — Exemplaire sur PEAU DE VÉLIN.

1233. — L'estrange et récréative ruse d'un filou ha-
billé en femme ayant duppé et attrappé un jeune
homme de bonne maison soubs apparence de mariage. *Jouxte la copie imprimée à Paris (Lyon)*,
1631, pet. in-8, couv. en pap.

Pièce fort rare.

1234. — Deux cruels, horribles et pitoyables meur-
tres commis à Steinhausen la grosse, village du
duché de Deux-Ponts, par une femme nommée
Catherine, vefve de Quirin, bourgeois dud. village,
par faim et famine intolérable, le dernier jour de
l'an passé 1636, comme aussi deux autres cruelles
actions commises en deux villages de la Comté de
Hannau Liechtenberge pour le mesme subject, le
2 janvier 1637 (en français et en allemand). *Stras-
bourg, Marx von der Heyden*, 1637, plaquette
pet. in-12, dem.-rel., toile lustrée.

VI. — BIOGRAPHIE.

1235. — Vita Urbani Papæ Quarti a Gregorio decano
ecclesiæ Bajocassium et a Theodorico Vallicolore
scripta, Ancheri cardinalis studio (edidit Alex. As-
sier). *Troyes*, 1854, in-8, pap. vergé, br.

1236. — Hommes du temps de Louis XIII. Leurs
noms et principaux faits relevés d'après les documents du temps, avec indication des sources. —
Travail manuscrit dressé avec soin par M. Pécard
et disposé par ordre alphabétique. — Environ
1500 fiches.

50- 1237. — Tables manuscrites spéciales dressées par
M. Pécard sur fiches. — Environ 1800 fiches.

Table des noms de personnes mentionnées dans les Mémoires manuscrits inédits de Favreau, sieur de Chizay (Voir le n° 822). — D° dans
les Mémoires de Mathieu Molé. — D° dans les Mémoires de Du Plessis-
Praslin. — D° dans les Mémoires de Motteville. — D° dans la vie de Du
Perron, par Burigny. — D° dans les Mémoires d'Héroard, médecin de
Louis XIII. — Etc., etc. — Tables des noms de lieux mentionnés
dans les Mémoires de Mlle de Montpensier, d'Omer Talon, de La Roche-
foucault, du journal d'Héroard, etc., etc. — Ce travail important ne fait
pas double emploi avec le précédent et était destiné à y être annexé
pour le compléter. — Ce Numéro et le précédent pourront être vendus
ensemble s'il en est fait la demande.

12- 1238. — Lieux d'inhumation et de sépulture de divers personnages de toutes les époques. Travail
manuscrit fait par M. Pécard, d'après Moréri, le
P. Anselme, la Biographie universelle et autres
sources et relevé sur fiches. — Environ 500 petites
cartes détaillées.

6- 1239. — Hist. de la vie de Messire Philippes de Mor-
nay, Sgr du Plessy-Marly, conten. la relation de
plus. événem. notables soubs Henri III, Henri IV
et Louis XIII. *Leyde, Bonavent. et Abrah. Elsevier*, 1647, in-4, v. br.

Reliure fatiguée, mais très bon état intérieur.

Retiré 1240. — Remarques d'Estat et d'histoire sur la vie et
les services de M. de Villeroy (par P. Matthieu).
Lyon, Cl. Cayne, 1618, pet. in-12, dem.-rel., anc.

30- 1241. — Relation des principales actions de Monseigneur le Cardinal de La Valette durant les cinq
années qu'il a commandé les armées du Roy en
Allemaigne, en Lorraine, en Flandres et en Italie,
recueillie par le Sr de Talon, son secrétaire. — In-
fol., vél.

MANUSCRIT ORIGINAL DE LA PREMIÈRE MOITIÉ DU XVIIe SIÈCLE. — Très
intéressant et bien conservé.

10- 1242. — Hist. des plus illustres favoris anciens et
modernes, par P. D. P. (P. Dupuy), avec un journal de ce qui s'est passé à la mort du mareschal

d'Ancre. *Leyde, Jean Elzevier*, 1659, in-4, v. br.,
fil.

> Bonne édition. — Exemplaire grand de marges et bien conservé. —
> Le volume commence par une épître dédicatoire de J. Elsevier au comte
> Fabien, comte de Dona, etc. Cette édition est la seule qu'aient imprimée
> les Elsevier, mais l'ouvrage ayant eu du succès, on ne tarda pas à la
> contrefaire en France.

1243. — P. Pithœi vita, elogia, opera, bibliotheca,
accurante J. Boivin. *Parisiis*, 1715, in-4, portr., v.
br.

1244. — La vie de Grotius, avec l'hist. de ses ouvrages, par de Burigny. *Amsterd.*, 1754, 2 tom. en un
vol. in-12, v. marbr., fil.

1245. — Vie du cardinal du Perron, archev. de Sens,
par de Burigny. *Paris*, 1768, in-12, v. marbr.

1246. — Histoire de la vie du connestable de Lesdiguières, conten. toutes ses actions dep. sa naissance jusques à sa mort, avec plusieurs choses mémorables servant à l'intelligence de l'histoire
générale, le tout fidèlement recueilli par Louis
Videl, secrétaire dud. connétable. *Paris*, 1638, in-
fol., v. gr., fil.

> Piqûre tout à fait à l'extrémité de la marge dans le bas.

1247. — Mémoires de la vie et actions mémorables de
Monseign. le duc de la Force, pair et mareschal
de France. — Abrégé des plus mémorables actions
de deffunct, hault et puissant seigneur Mre Charles de Schomberg, duc d'Haluin, pair et mareschal
de France, pour servir à l'hist. de sa vie. — Eloge
de Pierre de Rohan, duc de Marle et de Porcien,
seigneur de Gié, de Penhouet et du Verger, mareschal de France, second fils de Louis de Rohan,
premier du nom, seigneur de Guéménée et de Marie Dame de Montauban. — In-fol., dem.-rel.,
toile.

> MANUSCRITS ORIGINAUX DU XVIIe SIÈCLE.

1248. — Vie de Marie de Médicis, reine de France et
de Navarre (par Mongez). *Paris, Ruault*, 1774,

3 vol. in-8, beau portr. de Marie de Médicis gravé
d'après Porbus, v. marbr. (*Derome*).

Retiré 1249. — Histoire des prosperitez malheureuses d'une
femme cathenoise grande seneschalle de Naples
(la maréchale d'Ancre). *Paris*, 1617, in-12 réglé, v.

Par de Matthieu, historiographe de France.

1250. — Abbrégé de la vie et de la mort de Mess. Ch.
de la Saussaye, doct. en théologie, chanoine de
Paris et curé de St-Jacques-la-Boucherie, par de la
Saullaye. *Paris, L. Boulenger*, 1622, in-12, vél.

Petit volume très rare, dont il a été fait une réimpression chez
Perrin, à Lyon, il y a quelques années. — Exemplaire grand de marges
et dans sa première reliure.

1251. — Vie de P. Gassendi, prévôt de l'église de
Digne et profess. de mathématiques (par le P. Bou-
gerel, de l'Oratoire). *Paris*, 1737, in-12, v. marbr.

1252. — Lettres de consolation, escrites de la main
du Roy, à M. et Mme la comtesse de S.-Pol, sur la
mort du duc de Fronssac. *Paris*, 1622, pièce pet.
in-8, couv. en pap.

Cette pièce est datée : *Au camp derant Montpellier, ce 4 sept.*
1622.

1253. — Hist. de Henry, duc de Rohan, pair de
France (par Ant. Fauvelet du Toc). *Paris*, 1666,
in-12, portr., v. br.

1254. — La vertu resuscitée, ou la vie du card.
Albornoz, histoire parallèle, dédiée au card. de
Richelieu, par le chev. de Lescale. *Paris*, *T. du
Bray*, 1629, pet. in-8, titre gr. et portr. par Crisp.
de Passe, v. marbr.

Rare. — Non cité par Brunet, ni dans le supplément par Deschamps,
qui cependant citent les autres ouvrages de l'auteur.

1255. — Jean Guiton, dernier maire de l'anc. commune de La Rochelle, 1628, par P.-S. Callot. *La
Rochelle*, 1847, in-8, br.

1256. — Hist. de la vie de Henry, dernier duc de
Montmorency, cont. tout ce qu'il a fait de remar-

quable depuis sa naissance jusqu'à sa mort, par
Simon du Cros. *Paris, Ant. de Sommaville*, 1643,
in-4, front. gr. par Daret, portr. par C. Mellan,
dem.-rel., vél.
> Bel exemplaire.

1257. — Hist. de Henry II, dernier duc de Montmorency, pair et maréchal de France, gouverneur en
Languedoc. *Paris, J. Guignard*, 1699, in-12, v. br.
> L'épître dédicatoire à la duchesse de Lesdiguières est signée des ini-
> tiales C. D.

1258. — Lettre escritte à M. le duc d'Halluin, sur la
mort de M. le mareschal de Schomberg. *Paris*,
1632, pièce pet. in-8, cart.

1259. — Hist. de la vie du duc d'Espernon, par Gi-
rard. *Paris, 1730*, 4 vol. in-12, v. br.
> « Cette vie, qui contient ce qui s'est passé depuis 1570 jusqu'en 1642,
> est écrite avec sincérité par Guill. Girard, secrétaire du duc d'Espernon,
> comme il le marque au commencement de son épître dédicatoire, au duc
> de La Valette, où il dit qu'il lui présente le recueil qu'il a fait des prin-
> cipales actions du duc d'Epernon, son père ; mais c'est moins son his-
> toire que celle de Henri III, Henri IV et Louis XIII, sous les règnes
> desquels ce duc eut grande part à tout ce qui s'y passa de considérable.
> Au reste, elle est exacte et bien écrite. »

1260. — François de Jussac d'Ambleville, sieur de
Saint-Preuil, mareschal des camps et armées du
Roi Louis XIII, par Aug. Janvier. *Abbeville*, 1859,
in-8, br.

1261. — Commentaire hist. de la vie et de la mort de
Mess. Christophle, vicomte de Dhona (par F. Spanheim). (*Genève*), *chez J. Chouet*, 1639, in-4, portr.,
titre gr., dem.-rel.

1262. — Viri illust. Nic. Cl. Fab. de Peiresc, sena-
toris Aquisextiensis vita, per P. Gassendum, præ-
positum ecclesiæ Diniensis. *Parisiis, Seb. Cramoisy*, 1641, in-4, bas., fil.
> Exemplaire aux armes et avec la devise de CLAUDE ENOCH VIREY.

1263. — Hist. de la vie du R. P. Joseph Leclerc du
Tremblay, Capucin, employé par le Roy Louis XIII

dans les affaires d'Estat, par l'abbé Richard. *Paris*,
1702, 2 vol. in-12, portr., dem.-rel., v. ant.

1264. — La vie de Jean-Bapt. d'Ornano, fils, mareschal de France, colonel des bandes Corses, lieutenant pour le Roy en Normandye (par Canaut, secrétaire du maréchal). Pet. in-8 de 146 pag., v. br.
MANUSCRIT DE LA FIN DU XVIIe SIÈCLE, d'une belle écriture. Il porte
des corrections et additions qui paraissent être de l'auteur.

1265. — Le maréchal d'Ornano, martyr d'Estat. *S. l.*
(*Paris*), 1643, pet. in-4, parch.

1266. — Vita Alphonsi Ludov. Plessaei Richelii
presb. Cardinalis, archiepiscopi et comitis Lugdu-
nensis, Sorbonnae Provisoris auctore M. D. P.
(Mich. de Pure). *Parisiis, Vitré*, 1653, pet. in-12,
vél.

1267. — Recueil factice de 15 pièces diverses, manuscrites et imprimées, tant en vers qu'en prose, rela-
tives au cardinal de Richelieu et à sa famille. Pet.
in-4, cart.

Recueil intéressant formé par l'historien Secousse et provenant en
dernier lieu de M. de Cayrol. Voici l'intitulé des pièces : Extrait d'un
mémoire manuscrit d'André Duchesne, sur l'origine des Maisons de La
Porte, La Meilleraye, Du Plessis de Richelieu, de Vignerod, de Pont de
Courlay. (*Manuscrit*). — Commenc. des mémoires secrets pour serv. de
supplém. à l'hist. de la vie et du ministère du card. de Richelieu, par
Amelot de La Houssaye. (*Manuscrit*). — Joa. Armandi Plessaei Richelii S. R. E. Cardinal. Eminentiss. Franciae ducis potentissimi et
Regis Christianiss. Ludovici XIII ministri famosissimi vitae synopsis
inscribenda tumulo. *S. l., n. d.* (*vers 1643*). — Abrégé de la vie
du cardinal de Richelieu pour luy servir d'épitaphe. *S. l.*, 1643. — Observations sur la vie et les services de M. le cardinal duc de Richelieu.
S. l., n. d. (*vers 1640*). — Eloge (en vers) de Monseign. l'Eminentiss.
cardinal duc de Richelieu, ensemble un poëme sur la harangue de mondit Seigneur faite au Parlement, le Roy y séant, le 18 janvier 1634, par
le Sr Bordier. *Paris*, 1634. — Le monument incomparable du grand
cardinal de France, duc de Richelieu. *Paris*, 1663. — Arm. Joa.
Cardin. Plessaei Richelii ducis Elogium. (*Circa 1640*). — Genio Galliae
sospitali Armando Card. duci de Richelieu, Retiam ab Anglo liberatam,
Rupellam captam, Hector-Ant. de Gaillard de Sainct-Cyr D.D.D. *Parisiis*,
1639. — L'ombre du grand Armand, duc de Richelieu (en vers). *Paris*,
1643. — Le Mausolée-Cardinal ou l'éloge funèbre de feu Monseign. le
cardinal duc de Richelieu, conten. sa naissance, sa vie, sa mort et sa
sépulture (par Chatounières de Frenville). *Paris*, 1643. — Tombeau du

grand cardinal duc de Richelieu (en vers, par Desmarets). *Paris*, 1643.
— Cardinalis Armandi epitaphium. *S. l.*, 1643. — Oraison funèbre sur
la mort de l'Eminentiss. cardinal de Richelieu, conten. l'origine de son
illustre maison, l'observation de sa vie, le progrez des armes de Sa Majesté, etc. (prononcée à Pontoise par F. V., ecclésiastique de la même
ville). *Paris*, 1643. — Eminentiss. principi Arm. Richelio cardinali,
F. du Monstier gratulabatur. *Paris.*, 1648.

1268. — Le Portrait de Scipion l'Africain, ou l'i-
mage de la Gloire et de la Vertu représentée au
naturel dans celle de Mgr le cardinal duc de
Richelieu (par Puget de la Serre). *Bourdeaux*,
Guill. Millanges, 1641, in-fol., frontispices allégo-
riques et fig. gravés par Mich. Lasne et Nic. Carré,
v. r. imitant le maroq., fil., comp. à la Duseuil, tr.
dor. (*Rel. du temps*).

> Bel exemplaire en GRAND-PAPIER.

1269. — Abrégé de la vie du cardinal de Richelieu,
pour luy servir d'épitaphe, par le sieur de Sainct-
Germain. *S. l.*, 1643, pet. in-8 de 15 pag., couv. en
pap.

1270. — La vie du card. duc de Richelieu, princip.
ministre d'Etat de Louis XIII, roi de France et de
Navarre (par J. Leclerc). *Cologne*, 1695, 2 vol. in-12,
portr., bas.

1271. — La vie du cardinal duc de Richelieu, augm.
de pièces curieuses et historiques, qui servent
à son éclaircissement, par Leclerc. *Paris*, 1753,
5 vol. in-12, portr., plan, v. marbr.

1272. — Anecdotes du cardinal de Richelieu et du
règne de Louis XIII, avec quelq. particularités du
commencem. de la Régence d'Anne d'Autriche,
trad. de l'italien du Mercurio de Siri, par de V.
(Valdory). *Amst.*, 1717, 2 vol. in-12, v. br.

1273. — Vie du cardinal de Richelieu, premier ministre de Louis XIII. *Paris, Berton*, 1779, in-12, v.
marbr.

1274. — Le cardinal de Richelieu, par Ch. Crapelet.
Paris, 1839, broch. in-8.

1275. — Parallèle du cardinal Ximénès, prem. ministre d'Espagne, et du cardinal de Richelieu, par l'abbé Richard. *Rotterdam, J. Malherbe*, 1705, pet. in-12, cart. à la Brad., ébarbé seulement.

1276. — Histoire du mareschal de Toiras, où se voyent les effets de la valeur et de la fidélité avec ceux de l'envie et de la jalousie de la Cour, ens. une bonne partie du règne du Roi Louis XIII, par Michel Baudier, historiogr. de Sa Majesté. *Paris, Séb. et Gabr. Cramoisy*, 1644, in-fol., portr., plan de l'île de Ré et autres fig., v. m.

Exemplaire tiré sur TRÈS GRAND PAPIER.

1277. — Le maréchal de la Meilleraye, par de la Fontenelle de Vaudoré. *Niort et Paris*, 1839, in-12, dem.-rel., v. r.

Opuscule tiré à petit nombre.

1278. — De vita et rebus gestis Francisci de la Rochefoucauld, libri III, auctore P. Roverio. *Parisiis, S. Cramoisy*, 1645, pet. in-8, vél.

1279. — Viri eximii P. Puteani Regi Christ. a consiliis et Bibliothecis vita, cura N. Rigaltii. *Lutetiæ, ex offic. Cramosiana*, 1652, pet. in-4, cart.

Exemplaire en GRAND-PAPIER.

1280. — La vie de Descartes, réduite en abrégé (par Adr. Baillet). *Paris*, 1692, in-12, v. br.

1281. — Vie de Jérôme Bignon, avocat général et conseiller d'Etat, par l'abbé Pérau. *Paris*, 1757, in-12, v. f., fil.

1282. — Histoire du maréchal de Fabert (par G. Sandras de Courtilz). *Amst., H. Desbordes*, 1697, in-12, v. fauve. (*Reliure ancienne*).

1283. — Vie de M. le marq. de Fabert, maréchal de France, par le P. Barre, chanoine régulier, chancelier de l'abbaye Ste-Geneviève et de l'Université de Paris. *Paris*, 1752, 2 vol. in-12, dem.-rel., v. ant.

Bel exemplaire relié sur brochure.

1284. — La vie du vicomte de Turenne, par du Buis- - *3 fo*
son. *La Haye*, 1688, in-12, v.

1285. — Hist. du vicomte de Turenne, maréchal-gé- - *18*
néral des armées du Roy (par de Ramsay). *Paris*,
1735, 2 vol. in-4, portr. gr. par de Larmessin,
planch., v. fauve, fil. (*Reliure ancienne*).

1286. — Hist. du vicomte de Turenne, par l'abbé - *3 fo*
Raguenet. *Paris*, 1769, 2 vol. in-12, v. marbr.

1287. — Mémoires de la vie de Franc. Dusson, Sr de - *5*
Bonrepaux, Bonac, Bezac, Seignaux et Montolieu,
sur les dern. troubles de France au sujet de la religion (par La Troussière). *Amst., P. François*,
1677, pet. in-12, dem.-rel. anc.

1288. — La vie de Madame la duchesse de Longue- - *2 fo*
ville (par Bourgoin de Villefore). *S. l.*, 1738. 2 tom.
en 1 vol. in-12, v. gr.

1289. — Biographie ardennaise ou histoire des Ar- *25*
dennais qui se sont fait remarquer par leurs écrits,
leurs actions, leurs vertus et leurs erreurs, par
l'abbé Boulliot. *Paris*, 1830, 2 vol. in-8 à 2 col., br.
Ouvrage très bien fait, rempli de détails bibliographiques très exacts
et des plus intéressants.

FIN

TABLE DES DIVISIONS

THÉOLOGIE

JURISPRUDENCE

SCIENCES ET ARTS

BELLES-LETTRES

HISTOIRE

DOLE. — TYPOGRAPHIE CH. BLIND.

ORDRE DES VACATIONS :

1re Vacation

Lundi 23 juillet :

Nos 115 à 215.
1 à 114.

2e Vacation

Mardi 24 juillet :

Nos 216 à 427.

3e Vacation

Mercredi 25 juillet :

Nos 469 à 639.
428 à 468.

4e Vacation

Jeudi 26 juillet :

Nos 640 à 699.
824 à 858.
700 à 823.

5e Vacation

Vendredi 27 juillet :

Nos 859 à 1078.

6e Vacation

Samedi 28 juillet :

Nos 1079 à 1289.

CONDITIONS DE LA VENTE

Les acquéreurs paieront, suivant l'usage, 5 % en sus des enchères, applicables aux frais de vente.

Les livres sont vendus complets et conformes à l'annonce du Catalogue. Néanmoins, l'exposition mettant chacun à même d'examiner et de vérifier à loisir, il ne sera repris aucun article que dans le cas où les livres seraient notoirement incomplets.

Il y aura chaque jour, **de deux heures et demie à cinq heures,** dans le local de la vente, exposition des articles qui seront vendus le soir.

La Librairie A. Claudin se charge des commissions des personnes qui ne pourraient assister à la vente.

DOLE. — TYP. CH. BLIND

www.ingramcontent.com/pod-product-compliance
Ingram Content Group UK Ltd.
Pitfield, Milton Keynes, MK11 3LW, UK
UKHW021514090726
13657UKWH00001B/237